高等教育"十三五"经管类精品教材

项目管理理论与方法

杨　坤　主　编
李　仲　宋燕飞　副主编

上海财经大学出版社

图书在版编目(CIP)数据

项目管理理论与方法/杨坤主编. —上海:上海财经大学出版社,2019.3

高等教育"十三五"经管类精品教材

ISBN 978-7-5642-3182-8/F·3182

Ⅰ.①项… Ⅱ.①杨… Ⅲ.①项目管理-高等学校-教材
Ⅳ.①F224.5

中国版本图书馆CIP数据核字(2019)第000388号

□ 策划编辑 杨 闯

□ 责任编辑 柳萍萍

□ 封面设计 张启帆

项目管理理论与方法

杨 坤 主 编

李 仲 宋燕飞 副主编

上海财经大学出版社出版发行

(上海市中山北一路369号 邮编200083)

网 址:http://www.sufep.com

电子邮箱:webmaster @ sufep.com

全国新华书店经销

上海华教印务有限公司印刷装订

2019年3月第1版 2019年3月第1次印刷

710mm×1000mm 1/16 17.5印张 276千字

印数:0 001—2 000 定价:45.00元

前　言

项目管理是一门理论与实践紧密结合且伴随产业发展而不断发展变化的课程。编者基于对项目管理课程性质及其面向群体具体需求的特征分析，在参考大量相关教材的基础上，进一步思考符合现代项目管理规律、面向高校本科生及研究生等群体的《项目管理理论与方法》教材建设。本教材分为上、下两篇，分别涉及理论基础及案例分析。

"上篇：项目管理基本理论与方法"侧重于基本理论及方法的介绍，分 10 个章节依次展开：第一章项目与项目管理，第二章项目管理与组织战略，第三章项目组织结构，第四章项目管理过程，第五章项目的范围管理，第六章项目的资源管理，第七章项目质量管理，第八章项目沟通管理，第九章项目风险管理，第十章项目采购管理。为便于读者对重点内容及逻辑脉络的把握，在每章的章首部分给出【本章关键词】及【本章要点】提示，每章的章末归纳给出相应的【拓展阅读】和【本章思考题】，以帮助学习者加深理解及巩固所学知识。

"下篇：项目管理综合案例"围绕上篇的基本理论，精心编写及整理 4 个综合案例，以凸显实践的相关性和实用性。与枯燥的理论内容相比，可以更好地提高学习者学生的兴趣，加强学习者对理论知识的理解，及提升其运用相关理论分析解决实际问题的能力。

本教材具有体系完整、思路清晰、案例丰富、深入浅出、注重实际分析和应用能力培养的特点：一是以现代项目管理为导向，结合现代项目管理与产业发展及相关政策的关系，力求理论的简明性、系统性，以实现对读者展开独立思考的启迪性；二是以项目管理理论为基础，在保证理论的科学性和系统性的前提下，突出项目管理方法的应用性和发展性，以实现对读者深入拓展研究的激发性；三是以项目管理实践为落脚点，通过丰富翔实的案例和多样化的授课形式，进一步具体刻画教材中讲述的项目管理理论和方法，以实现对读者进行实践应用的引导性。本教材适合作为高校工商管理类、工业工程类、管理科学与工程类专业的本科生及研究生教材，也可作为相关实践领域专业人士的参考书籍。

本教材在撰写过程中引用和参考了大量国内外的文献资料，并得到了上海工程技术大学研究生教材建设项目的支持，在此向相关专家、学者等一并致以诚挚的感谢。受作者水平和时间所限，书中疏漏和不当之处在所难免，敬请各位专家及读者批评指正。

编 者

2019 年 1 月

目　录

下篇：项目管理综合案例

上篇

项目管理基本理论与方法

第一章　项目与项目管理

本章关键词

项目(Project);项目管理(Project Management);发展历程(Development Process);知识体系(Knowledge System)

本章要点

本章首先讨论了项目与项目管理的基本概念、基本特性、内容、性质、分类等内容;其次讨论了现代项目管理国际国内的发展历程,以及项目管理的知识体系构成、与其他知识之间的关系、所涉及的一般管理知识等。

1.1　项目的概念

项目的定义和概念可以从许多不同的角度给出,既可以从项目的投资者、所有者、使用者、实施者和项目的政府监管部门等不同的角度,也可以从不同的专业领域,如建筑、软件开发、新产品试制、服务提供、管理咨询等角度,以及其他各种各样的角度给出。对于现代项目管理理论而言,项目的定义是从一般和广义的角度给出的。

1.1.1　项目的定义

现代项目管理认为:项目是一个组织为实现既定的目标,在一定的时间、人员和其他资源的约束条件下，所开展的一种有一定独特性的、一次性的工作。项目是人类社会特有的一类经济、社会活动形式，是为创造特定的产品或服务而开展的一次性活动。因此，凡是人类创造特定产品或服务的活动都属于项目的范畴。项目可以是建造一栋大楼、开发一个油田，或者建设一座水坝等，如国家大剧院的建设、大庆油田的建设、三峡工程的建设都是项目；项目也可以是一项新产品的开发、一项科研课题的研究或者一项科学试验等，如调频空调的研制、艾滋病新药的研究、转基因作物的实验研究都是项目；项目还可以是一项特定的服务、一项特别的活动或者一项特殊的工作等，如组织一场婚礼、安排一项救灾义演、开展一项缉毒活动等也都是项目。对于项目的定义，人们从不同的角度给出了许多不同的定义，其中有代表性的有如下几种：

(1)美国项目管理协会(PMI)的定义①

项目是为创造特定产品、服务或成果而进行的一项有时限的任务。其中："时限"是指项目的"临时性"，即每一个项目都有明确的起点和终点；"特定"是指一个项目所形成的产品、服务或成果在关键特性上不同于其他的产品和服务。当项目目标达成时，或项目因不会或不能达到目标而中止时，或项目需求不复存在时，项目就结束了。

(2)麦克·吉多的定义②

麦克·吉多提出，项目是以一套独特而又相互关联的任务为前提，有效利用资源，为实现一个特定的目标所做的努力。

从上述定义可以看出，项目可以是一个组织的任务或努力，它们小到可以只涉及几个人，大到可以涉及几千人；项目也可以是多个组织的共同努力，它们甚至可以大到涉及成千上万人。项目的时间也长短不同，有的在很短时间内就可以完成，有的则需要很长时间，甚至很多年才能够完成。实际上，现代项目管理所定义的项目包括各种组织所开展的各种一次性、独特性的任务与活动。现代项目管理所定义的项目的典型类别包括：

---

① Project Management Institute Standard Committee, A Guide to the Project Management Body of Knowledge, PMI, 1996.

② Gido, Jack, James P. Clements, *Successful Project Management*, South-Western College Publishing, 1999.

①新产品或新服务的开发项目

例如，新型家用电冰箱、空调器的研制开发项目和新型旅游服务开发项目等。

②技术改造与技术革新项目

例如，现有设备或生产线、生产场地的更新改造项目和生产工艺技术的革新项目等。

③组织结构、人员配备或组织管理模式的变革项目

例如，一个企业的组织再造项目，或一个政府机构的职能转变与人员精简项目等。

④科学技术研究与开发项目

例如，纳米技术和材料的研究与开发项目、生命科学的技术与理论研究和开发项目等。

⑤信息系统的集成或应用软件开发项目

例如，国家金税工程、金卡工程等经济信息系统等信息系统的集成与开发项目，企业的管理信息系统、决策支持系统的集成与开发项目；会计软件、游戏软件、办公软件、操作软件、教育软件等各种各样的软件的开发项目等。

⑥建筑物、设施或民宅的建设项目

例如，政府的办公大楼，学校的教学和行政管理大楼，商业写字楼，大型旅馆饭店，民用住宅、工业厂房、商业货栈、水利枢纽、物流中心等的建设项目。

⑦政府、政治或社会团体组织和推行的新行动

例如，希望工程项目、光彩工程项目、农村经济体制改革项目、对外开放项目、申办奥运会项目、国庆阅兵项目等。

⑧大型体育比赛项目或文娱演出项目

例如，奥运会比赛项目、世界杯比赛项目、国庆晚会演出项目、春节晚会演出项目、救灾义演项目、巡回演出项目、系列大奖赛项目等。

⑨开展一项新经营活动的项目

例如，有奖销售活动、降价促销活动、大型广告宣传活动、新型售后服务推广活动等，也都属于项目的范畴。

⑩各种服务作业项目

例如，替客户组织一场独特的婚礼、为客户提供一项独特的旅游、为客户安排一份特殊的保险等都属于项目的范畴。

1.1.2 项目的特性

各种不同专业领域中的项目在内容上可以说是千差万别，不同项目都有自己的特性。但是从本质上说，项目是具有共同特性的，不管是科研项目、服务项目还是房地产开发项目，它们的根本特性是相同的。项目的这些共同特性可以概括如下：

(1)目的性

项目的目的性是指任何一个项目都是为实现特定的组织目标服务的。因此，任何一个项目都必须根据组织目标确定出项目的目标。这些项目目标主要分两个方面，其一是有关项目工作本身的目标，其二是有关项目产出物的目标。前者是对项目工作而言的，后者是对项目的结果而言的。例如，对一栋建筑物的建设项目而言，项目工作的目标包括项目工期、造价、质量和安全等方面的目标，项目产出物的目标包括建筑物的功能、特性、使用寿命和使用安全性等方面的目标。同样，对于一个软件开发项目而言，项目工作的目标包括软件开发周期、开发成本、质量、软件开发的文档化程度等方面的目标，项目产出物(软件产品)的目标包括软件的功能、可靠性、可扩展性、可移植性等方面的目标。在许多情况下，项目的目的性这一特性是项目最为重要和最需要项目管理者关注的特性。

(2)独特性

项目的独特性是指项目所生成的产品或服务与其他产品或服务都有一定的独特之处。通常一个项目的产出物，即项目所生成的产品或服务，在一些关键方面与其他的产品和服务是不同的。每个项目都有某些方面是以前所没有做过的，是独特的。例如，每个人的婚礼都是一个项目，和另一个人的婚礼总会有许多独特的(不同的)地方，虽然按照一定的习俗，婚礼会有一些相同的成分，但是这并不影响个人婚礼的独特性。再比如，人们建造了成千上万栋办公大楼，这些大楼在某个或一些方面都有一定的独特性，这些独特性包括：不同的业主、不同的设计、不同的位置和方位、不同的承包商、不同的施工方法和施工时间等。许多社会生产或服务业务项目都会有一定的共性，即相同的东西，但是这并不影响项目的独特性这一重要特性。

(3)临时性

项目的临时性(也被称为“一次性”)是指每一个项目都有自己明确的时间起点和终点，都是有始有终(不是不断重复、周而复始的)。项目的起点是项目开始的时间，项目的终点是项目的目标已经实现，或者项目的目标已经无法实现，从而中止项目的时间。项目的临时性与项目持续时间的长短无关，不管项目持续多长时间，一个项目都是有始有终的。例如，树立一座纪念碑所用的时间是短暂的，各种计算机操作系统的开发时间相对比较长，但是它们都有自己的起点和终点。这就是项目的一次性特性，项目在其目标确立后开始，项目在达到目标时终结，没有任何项目是不断地、周而复始地持续下去的。项目的一次性是项目活动不同于一般日常运营活动的关键特性。

(4)制约性

项目的制约性是指每个项目都在一定程度上受客观条件和资源的制约。客观条件和资源对于项目的制约涉及项目的各个方面，其中最主要的制约是资源的制约。项目的资源制约包括：人力资源、财力资源、物力资源、时间资源、技术资源、信息资源等各方面的资源制约。因为任何一个项目都是有时间限制的，任何一个项目都有预算限制；而且一个项目的人员、技术、信息、设备条件、工艺水平等也都是有限制的。这些限制条件和项目所处环境的一些制约因素构成了项目的制约性。项目的制约性也是决定一个项目成败的关键特性之一。通常，一个项目在人力、物力、财力、时间等方面的资源宽裕，制约很小，那么其成功的可能性就会非常高；情况相反时项目成功的可能性就会大大降低。

(5)其他特性

项目除了上述特性以外还有其他一些特性，包括项目的创新性和风险性、项目过程的渐进性、项目成果的不可挽回性、项目组织的临时性和开放性等。这些项目特性是相互关联和相互影响的。例如，项目的创新性和风险性就是相互关联的，而项目的风险性又是由于项目的独特性、制约性和一次性造成的。因为一个项目的独特之处多数需要进行不同程度的创新，而创新就包括各种的不确定性,从而造成项目风险。另外,项目组织的临时性和项目成果的不可挽回性也主要是由于项目的一次性造成的,因为一次性的项目活动结束以后,项目组织就需要解散,所以项目组织就是临时性的;而项目活动是一次性的不是重复性的,所以项目成果一旦形成,多数是无法改变的。例如,一次大型的体育比赛活动就是一个项目,这种项目的管理组织多数是临时的,比赛结束以后项目组织就解散了,而比赛过程中所形成的、有问题的比赛结果多数都是无法变更的,像参赛者因迟到而弃权的结果就是无法改变的。

1.1.3 项目与运营的不同

人类的社会经济活动可分为两大类:一类是在相对封闭和确定的环境下所开展的重复性的、周而复始的、持续性的活动或工作,如企业定型产品的生产与销售、铁路与公路客运系统的经营与运行、影院与宾馆的日常营业、政府的日常办公等,通常人们将这种活动或工作称为日常"运营或运行"(Operation)。另一类是在相对开放和不确定的环境下开展的独特性、一次性活动或工作,这就是本书前面讨论和定义的"项目"。这两种不同的社会、经济活动有许多本质的不同,充分认识这些不同之处,有助于我们对于项目和项目管理的认识与掌握。"项目"与"运营"最主要的不同之处包括下述几个方面:

(1)工作性质与内容的不同

一般在日常"运营"中存在着大量的常规性、不断重复的工作或活动,而在"项目"中则存在较多创新性、一次性的工作或活动。因为运营工作通常是不断重复、周而复始的,所以运营中的工作基本上是重复进行的常规作业,但是每个项目都是独具特色的,其中的许多工作是开创性的,所以二者的工作性质与内容是不同的。例如,企业日常生产经营一种产品或服务的工作内容多数时间是相同的,很少有创新的成分;而企业新产品的研究与开发项目的工作多数是不同的,基本上都是创新性的工作。因为,如果没有创新就不会有这种项目,也就不会有新产品。

(2)工作环境与方式的不同

一般日常"运营"工作的环境是相对封闭和相对确定的,而"项目"的环境是相对开放和相对不确定的。因为运营工作的很大一部分是在组织内部开展的,所以它的运营环境是相对封闭的，譬如企业的生产活动主要是在企业内部完成的。同时，运营中涉及的外部环境也是一种相对确定的外部环境，比如，企业一种产品的销售多数是在一个相对确定性的环境中开展的，虽然企业的外部环境会有一些变化和竞争，但是从相对的角度而言，还是比较确定的。由于工作环境的这种相对封闭性，加上运营工作的重复性，所以运营中的不确定性较低，而且在不断重复的作业过程中还可以使许多不确定性因素逐步得以消除。然而，项目工作基本上是在组织外部环境下开展的，所以它的工作环境是相对开放的，譬如工程建设项目只能在外部环境中完成，而新产品研制项目主要是针对外部市场新的需求开发的。由于项目所处环境的这种相对开放性，再加上项目工作的一次性和独特性，就使得项目的不确定性较高，因为人们对新的尝试很难全面预先认识和预测事物的未来和发展。

(3)组织与管理上的不同

由于“运营”工作是重复性的和相对确定的，所以一般运营工作的组织是相对不变的，运营的组织形式基本上是分部门成体系的。由于项目是一次性的和相对不确定的，所以一般项目的组织是相对变化的和临时性的，项目的组织形式多数是团队性的。同时，运营工作的组织管理模式以基于部门的职能性和直线指挥管理系统为主；而项目的组织管理模式主要是基于过程和活动的管理系统为主。例如，一项产品的生产经营管理基本上是按照供应、生产、销售部门的供产销计划、组织和领导与人、财、物、信息的控制展开的，而一个工程项目的管理基本上是按照项目建议书、可行性分析、工程设计、工程施工、完工交付的过程以及其中的各项具体活动展开的。

1.1.4 项目的分类

项目可以按照不同的标志进行不同的分类。对项目进行分类的主要目的是要对项目的特性有更为深入的了解和认识。项目的主要分类有如下几种：

(1)业务项目和自我开发项目

业务项目是指由专业性项目公司为特定的业主/客户所完成的一次性工作，这是一种商业性服务或开发、生产项目。自我开发项目是项目团队为自己的企业或组织所完成的各种开发项目，是一种企业内部的研究与开发性项目。

例如，由房地产开发商出资，由建筑设计部门和施工承包商完成的住宅建设项目、由管理顾问公司为某个企业所做的战略管理或组织再造咨询项目等都属于业务项目；而由加工制造企业自己的产品设计或研究开发部门完成的新产品开发项目、由企业内部人员组成项目团队完成的技术改造项目等都属于自我开发项目。这两类项目的划分标志是项目的所有者和项目的实施者是否属于同一个组织。

(2)企业项目、政府项目和非营利机构的项目

企业项目是由企业提供投资或资源，并作为项目业主/客户，为实现企业的特定目标所开展的各种项目，不管企业的性质是国有企业、集体企业还是私营企业或合资企业。政府性项目是由国家或地方政府提供投资或资源，并作为业主/客户，为实现政府的特定目标所开展的各种项目。非营利机构的项目是指像学校、社团、社区等非营利性组织提供投资或资源，为满足这些组织的需要而开展的各种项目。例如，企业出资的新产品开发项目属于企业项目，而国家投资的国防项目属于政府性项目，学校出资的建设项目则属于非营利机构的项目。这种项目分类的标志是项目投资者的社会属性。

(3)营利性项目和非营利性项目

营利性项目是以获得利润为目标而开展的项目，非营利项目是以增加社会福利或公益为目标所开展的项目。商品的开发与生产项目和商业服务项目都属于营利性项目，如商用计算机的开发与生产、管理咨询公司的咨询服务项目等；而像城市基础设施建设项目和希望工程项目、城市道路的建设项目和希望工程小学的捐助项目等都属于非营利性项目。这种项目分类的标志是项目本身的目的性。

(4)大项目、项目和子项目

在英文中有关"项目"的单词按照项目的规模和从属关系有"Program""Project"和"Subproject"三个。它们都有自己相对应的中文，"Project"通常被翻成"项目"，而"Subproject"被翻成"子项目"，这种翻译大家是非常一致的。但是对于"Program"的翻译就有很大的不同，有的翻成"项目"，有的翻成"计划"，有的翻成"工程"。例如，阿波罗"计划"就是美国一个非常大的航天工程项目，中国的三峡"工程"就是一个典型的工程项目。但是从分类的角度，我们认为

“Program”翻成“大项目”就可以与项目和子项目并列而构成一个体系，同时这还可以避免与一般意义的“计划”和“工程”等名词相混淆，避免翻译成“计划”与“项目”的歧义性。确切地说，“大项目”是由一系列“项目”构成的一个集合，而“项目”是“大项目”的一个子集。同时，任何一个“项目”又可以进一步划分为多个可管理的部分，即“子项目”。“子项目”多数是可以分包出去，由其他的企业或本企业的其他职能部门完成的一个项目的子集。一个项目可以组合分解成各种不同层次的子项目。

1.2　项目管理的概念

1.2.1　项目管理的定义

(1)项目管理的基本概念

现代项目管理认为：项目管理是为满足或超越项目有关各方对项目的要求与期望所开展的项目组织、计划、领导、协调和控制等各种管理活动。另外，美国项目管理协会(Project Management Institute，PMI)还从创新的角度对项目管理做出了进一步的定义。他们认为：“项目是一种创新的事业，所以项目管理也可简洁地称为实现创新的管理，或创新管理。”[①]他们认为项目管理已发展成为管理学的一个独立分支，同时也发展成了一个新兴的专门性职业。他们还提出了一整套的项目管理的知识体系，他们认为项目管理的知识体系主要由九个部分组成，它们分别是项目的：集成管理、范围管理、时间(工期)管理、成本(造价)管理、质量管理、人力资源管理、沟通管理、风险管理和采购管理。

(2)项目管理的根本目的

项目管理的根本目的是满足或超越项目干系人对项目的需求与期望。项目干系人是指一个项目的所有相关利益者，这包括：一个项目的业主和用户、项目的承包商或实施者、项目的供应商、项目的设计者或研制者、项目所在的社

① Project Management Institute Standard Committee，*A Guide to The Project Management Body of Knowledge*，PMI，1996.

区、项目的政府管辖部门等。这些项目的相关利益者对项目会有完全不同的要求和期望。项目业主/客户要求和期望以最小的投资获得最大的收益和项目产出物的功能;项目承包商或实施者要求或期望以最小的成本获得最大的利润,项目供应商要求或期望能够获得更多的销售收入,而项目设计者或研制者要求或期望能够留下传世之作和有所收益,项目所在社区要求、期望不要破坏环境和造成污染,项目政府主管部门要求和期望扩大就业与提高社会福利等。项目管理的根本目的就是要努力使这些不同的要求和期望能够很好地实现与综合平衡,并最终使项目合理地、最大限度地满足这些不同的要求和期望,甚至超越这些要求和期望。这既是项目管理的难点所在,也是项目管理的挑战性之所在。

(3)项目管理的根本手段

为使项目能够最大限度地满足或超越项目所有相关利益者的要求和期望,就必须运用各种知识、技能、方法和工具开展各种各样的管理活动。项目管理活动与一般的运营管理活动的原理和方法有所不同,因为二者管理的对象不同。前者管理的是具有一次性、独特性和相对不确定性的项目工作,而后者管理的是重复性、常规性和相对确定性的日常运营工作。因此,项目管理需要运用各种知识、技能、方法和工具,既包括独特的项目工期、质量、成本、风险管理等方面的知识、技能、方法和工具,也包括项目本身所涉及具体专业领域的专门知识、技能、方法和工具,同时还包括一般管理的计划、组织、领导、协调、控制等一系列的知识、技能、方法和工具。其中,“知识”是指人类对以前的成功经验和对于客观规律的认识与总结;“方法”是指按照这些客观规律去分析问题和解决问题的程序与做法;“工具”是指分析和解决具体问题的手段;而“技能”则是指人们掌握和运用知识、方法和工具的能力。由于项目管理十分复杂和艰巨,涉及的活动和问题非常广泛,所以项目管理需要运用“各种”知识、技能、方法和工具,去开展“各种各样”的管理活动。

1.2.2 项目管理的具体内容

美国项目管理协会(PMI)根据项目管理的定义,从项目管理所需“知识体系”的角度给出了项目管理的内容。从美国项目管理协会给出的“知识体系”的具体内容可以看出，他们的项目管理“知识体系”已经包括了项目管理知识、技能、方法和工具的全部内容。例如，项目的“集成管理”实际上属于“方法”的范畴，项目的“沟通管理”则主要是“技能”的内容，项目“范围管理”有很大的成分属于“工具”的内容。实际上，美国项目管理协会的定义与一般的项目管理定义在具体内容上是基本一致的。

需要注意的是，有时“项目管理”也用于描述一个组织在管理其日常运营业务中所使用的一种方法。这种方法更确切的叫法是“按照项目管理模式进行日常运营管理”。采用项目管理模式进行日常运营管理是将日常运营的许多工作与活动都看作是项目，以便使用项目管理的方法去管理这些日常运营工作和活动。尽管对使用“按照项目管理模式进行运营管理”的组织而言，充分理解和掌握项目管理的理论和方法非常重要，但是对“按照项目管理模式进行运营管理”做详细讨论不属于本书的范畴。

1.2.3　项目管理的基本特性

（1）普遍性

项目作为一种创新活动普遍存在于我们人类的社会、经济和生产活动之中，人类现有的各种文化物质成果最初都是通过项目的方式实现的。现有的各种运营活动都是各种项目的延伸和延续，人们的各种创新的想法、建议或提案或迟或早都会转化成项目，并通过项目的方式得以验证或实现。由于项目的这种普遍性，使得项目管理也具有了普遍性。在人类社会中，小到个人的婚礼，大到阿波罗计划都是项目，都需要项目管理。同时，不管是企业、政府、社团、个人的项目（住宅建设），都需要开展项目管理。

（2）目的性

项目管理的另一个重要特性是它的目的性，一切项目管理活动都是为实现“满足或超越项目有关各方对项目的要求与期望”这一目的服务的。其中“有关各方对于项目的要求”是一种已经明确和清楚规定的项目目标，而“有关各方对于项目的期望”是一种有待识别、未明确的、潜在的项目追求。项目管理的目的性不但表现在要通过项目管理活动去保证满足或超越那些项目有关各方已经明确提出并清楚地规定出的项目目标，而且要通过项目管理去识别和满足、超越那些尚未识别和明确的潜在需要。例如,一个私人别墅的建设项目,业主/客户会提出一些要求和目标,但是由于业主/客户并不是建筑专业人士,所以他提出的要求会在一些方面存在疏漏或不足,但是他期望房子建得越来越好,尤其在房子的结构和功能方面,这就要求项目的设计者和施工者要努力运用自己的专业知识和技能去找出这些期望的内容,并设法满足甚至超越这些期望。

(3)独特性

项目管理的独特性是指项目管理既不同于一般的生产、服务的运营管理,也不同于常规的行政管理,它有自己独特的管理对象、自己独特的管理活动和自己独特的管理方法与工具,是一种完全不同的管理活动。虽然项目管理也会使用一些一般管理的原理和方法,但是项目管理同时也有许多自己独特的管理原理与方法。例如,项目计划管理中所使用的关键路径法,工程项目设计管理中的三段设计法,项目造价管理中的全造价管理方法等就是项目管理自己独特的管理方法。

(4)集成性

项目管理的另一个特性是它的集成管理特性。项目管理的集成性是相对于一般运营管理的专门性而言的。在一般运营管理之中,分别有生产管理、质量管理、成本管理、供应管理、市场营销管理等各种各样的专业管理,它们是针对一个企业或组织的不同生产、经营活动所开展的管理,这种专业管理是由于一般运营的重复性和相对确定性、运营管理的详细分工而形成的。但是项目管理要求的主要是管理的集成性,虽然项目管理也有一定的分工要求,但是项目管理要求充分强调管理的集成特性。例如,对于项目工期、造价和质量的集成管理,对于项目、子项目的集成管理等都是十分重要的。

(5)创新性

项目管理的创新特性是由项目本身的独特性和创造性造成的,任何一个项目都有不同于其他项目之处,这种不同要求在对项目的管理过程中不断地开展创新活动。同时,项目中的创新和创新过程也是项目管理的对象和核心内容之一。因此,项目管理的创新性包括两层含义,其一是指项目管理是对于创新(项目所包含的创新之处)的管理,其二是指任何一个项目的管理都没有一成不变的模式和方法,都需要通过管理创新去实现对于具体项目的有效管理。在现实生活中,即使是一个工业或民用建设项目,但是由于是新的建设地点、新的业主/客户、新的建设材料与施工方法等各种新的因素,仍然需要各种各样的管理创新。对于像企业新产品的研究与开发之类的创新性强的项目就更需要管理创新了。

另外,尽管项目管理有许多特性,但是它与一般运营管理也有一些共性。例如,项目管理的科学性与一般运营管理的科学性是一致的,只是在内容和方法上不同,其中项目管理的科学性主要体现在对于项目的集成性管理、工程性管理、客观性管理等方面。项目管理的艺术性与一般运营管理的艺术性也是一致的,只是在内容和方法上有所不同,项目管理的艺术性主要体现在对于项目相关利益者的利益和要求的协调与沟通方面、项目团队的建设与领导方面等。

1.3　项目管理的发展历程

1.3.1　国际上项目管理的发展历程

现在通行的看法认为,项目管理是第二次世界大战后的产物,主要是战后重建和冷战阶段为国防建设项目而创建的一种管理方法。项目管理的发展基本上可以划分为两个阶段:20 世纪 80 年代之前被称为传统的项目管理阶段,80 年代之后被称为现代项目管理阶段。

(1)传统项目管理发展阶段

从 20 世纪 40 年代中期到 60 年代,项目管理主要应用于发达国家的国防工程建设和工业/民用工程建设方面。此时采用的传统项目管理方法主要是致力于项目的预算、规划和为达到项目目标而借用的一些一般运营管理的方法,在相对较小的范围内所开展的一种管理活动。当时的项目经理仅仅被看作是一个具体执行者,他们只是被动地接受一项给定的任务或工作,然后不断接受上级的指令,并根据指令去完成自己负责的项目。从 20 世纪 60 年代起,国际上许多人对项目管理产生了浓厚的兴趣。随后建立的两大国际性项目管理协会,即以欧洲国家为主的国际项目管理协会(International Project Management Association,IPMA)和以美洲国家为首的美国项目管理协会(Project Management Institute,PMI),以及各国相继成立的项目管理协会,为推动项目管理的发展发挥了积极的作用,做出了卓越的贡献。但是在这一传统项目管理阶段中,发达国家的国防部门对于项目管理的研究与开发占据了主导地位,他们创造的许多项目管理方法和工具一直沿用至今。例如,由美国空军最早开发的项目计划评审方法(Project Evaluation and Review Technique,PERT)、由美国国防部提出并推广的项目工期与造价管理规范(Cost / Schedule Control Systems Criteria,C/SCSC)等一大批项目管理的方法和工具现在仍然被广泛使用。

(2)现代项目管理阶段

项目管理的实践从人们开始共同合作,进行社会生产与活动之日起就已经开始了,但是现代项目管理却是近年来发展起来的一个管理学科的新领域。现代项目管理所涉及的管理理论和管理方法与传统的项目管理和一般的运营管理都有很大的不同。现代项目管理是有关现代社会活动中各种项目的一般管理理论和方法,而不是主要限于工程建设项目的传统项目管理方法。现代项目管理的理论和方法可以适用于我们现代社会中各种项目的管理,不管是科技开发项目、房地产开发项目、软件开发项目,还是各种服务提供项目。现代项目管理的理论和方法是在总结了各种各样项目管理的一般规律而建立起来的项目管理理论和方法论,它具有非常广泛的适用性,所以它是现代管理科学中的一个重要领域。

20 世纪 80 年代之后项目管理进入现代项目管理阶段,随着全球性竞争的日益加剧、项目活动的日益扩大和更为复杂的项目数量的急剧增加、项目团队规模的不断扩大、项目相关利益者的冲突不断增加、降低项目成本的压力不断上升等一系列情况的出现,迫使作为项目业主/客户的一些政府部门与企业以及作为项目实施者的政府机构和企业,先后投入了大量的人力和物力去研究和认识项目管理的基本原理,开发和使用项目管理的具体方法。特别是进入 90 年代以后,随着信息系统工程、网络工程、软件工程、大型建设工程以及高科技项目的研究与开发项目管理新领域的出现,促使项目管理在理论和方法等方面不断地发展和现代化,使得现代项目管理在这一时期获得了快速的发展和长足的进步。同时,项目管理的应用领域在这一时期也迅速扩展到社会生产与生活的各个领域和各行各业,而且项目管理在企业的战略发展和例外管理(这些都属于企业高层管理者所做的管理工作）中的作用越来越重要。例如，欧洲的ABB公司作为一个处于领先地位的全球性工程公司，其绝大部分工作都要求开展项目管理；IBM公司是世界上最大的计算机制造商之一，它公开承认项目管理是对其未来发展起关键作用的因素；摩托罗拉公司是世界上最成功的通信设备和服务供应商之一，它在20世纪90年代中期启动了一个旨在改善其项目管理能力的计划，这一计划使公司获得了很大的发展。今天，项目已经成为我们社会创造精神财富、物质财富和社会福利的主要生产方式（以前主要是运营和生产），所以现代项目管理也就成了发展最快和使用最为重要的管理领域之一。

现代项目管理在当今社会中的用途也是非常广泛的。因为在当今信息社会和知识经济之中，人们创造财富和社会福利的途径与方式已经由过去周而复始、重复进行的生产活动为主，逐步转向了以项目开发和项目实施活动为主的模式。仔细观察我们今天的社会，在许多领域中项目开发与项目实施已经成了最主要的社会生产运营方式。例如，在软件业的生产活动中，软件开发项目是主要的生产方式，而软件复制这种传统意义上的生产活动只剩下对于“复制”命令的执行。这种“复制性”的生产活动，不管从生产成本、生产时间，还是生产所付出的努力等各个方面都只占整个软件生产全过程的很小一部分，而软件开发项目在整个软件的生产成本、时间和努力等方面都占有很大的比重。同样，在制药业、建筑业、管理咨询业、保险业等行业，当今不是全部以项目的形式来实现，就是主要依靠项目的形式来实现。特别是现在许多新兴知识产业和高科技产业的主要或全部生产都是按照项目的模式开展的。确切地说，随着知识经济的发展和信息社会的进步，我们已经迈入了一个以项目开发与实施为主要物质财富生产和精神财富生产以及服务提供手段的社会。因此，现代项目管理也就逐步成了现代社会中一个主要的管理领域。我们只有充分学习和掌握现代项目管理的理论、方法和技能才能在现代社会中立足和发展，才能为企业和社会创造更多的财富。

现代项目管理在这一阶段的高速发展主要表现在两个方面：一是项目管理的职业化发展；二是项目管理的学术性发展。在职业化发展方面，这一阶段的项目管理逐步分工细化，形成了一系列的项目管理的专门职业。例如，专业项目经理、造价工程师、监理工程师、营造师等。同时，在这一阶段还诞生了一系列的项目管理职业资格认证体系。例如,美国项目管理协会(PMI)和国际项目管理协会(IPMA)主办的项目管理专业人员职业资格认证,美国造价工程师协会(Association of American Cost Engineers,AACE)主办的造价工程师资格认证,英国皇家特许测量师协会(Royal Institute of Chartered Surveyor,RICS)主持的工料测量师、营造师资格认证,等等。这些工作极大地推动了项目管理职业的细分和职业化的发展。例如,国际项目管理协会(IPMA)开展的项目管理专业人员资格认证就分为A、B、C、D四个级别,其中A级是工程主任级证书、B级为项目经理级证书、C级为项目管理工程师级证书、D级为项目管理技术员级证书,对不同资格证书的要求也各异,获得证书者分别可负责大项目或国际项目、一般项目、一般项目的主要工作和一般项目工作的管理;虽然这些项目管理人员资格认证的侧重有所不同,方法有所不同,但是都为推进项目管理的职业化发展做出了很大的贡献。现在,项目经理已经不再被认为是项目的执行者,他们拥有了正式的头衔和更大的权利与责任。他们不仅要实施项目,而且要他们参与项目决策,要与项目业主/客户一起高效率地工作,全面开展项目管理,并且要对项目的经济财务结果负责。

现代项目管理阶段在项目管理的学术发展方面主要体现在项目管理专业教育体系的建立和项目管理理论与方法的研究方面。在现代项目管理阶段,国际上有许多大学相继建立和完善了项目管理专业的本科生和研究生教育体系,美国的大学不但设立有项目管理的硕士学位,而且这种硕士学位大有取代工商管理硕士(MBA)专业学位的趋势。在这一阶段有许多项目管理的研究机构先后建立起来,这些研究机构、大学、国际和各国的项目管理专业协会以及一些大型企业共同开展了大量的项目管理理论与方法的研究,并取得了丰硕的成果。像美国项目管理协会(PMI)、美国造价管理协会(AACE)等组织提出的项目管理知识体系(Project Management Body of Knowledge)、项目全面造价管理(Total Cost Management)、项目风险造价管理、已获价值管理(Earned Value Management)、项目合作伙伴式管理(Partnering Management)等都是在这一阶段创立和发展起来的。通过这一阶段的学术发展,今天的现代项目管理在项目的范围管理、时间管理、成本管理、质量管理、人力资源管理、沟通管理、采购管理、风险管理和集成管理等方面已经形成了专门的理论和方法体系。另外,在这一阶段，国际标准化组织还以美国项目管理协会（PMI）的项目管理知识体系指南（Guide to Project Management Body of Knowledge ）等文件为框架，制定了关于现代项目管理的标准（ISO10006）。所有这些现代项目管理在职业化和在学术性方面的发展，使得项目管理的理论和方法取得了长足的进步。

1.3.2 我国项目管理的发展历程

我国对项目管理的理论研究和管理实践起步较晚，尤其是在现代项目管理方面，不管是从现代项目管理的职业化发展，还是从现代项目管理的学术性发展，以及现代项目管理的实践方面，我们都与国际发达国家存在着一定的差距。

（1）传统项目管理方面

我国在传统项目管理方面的研究和实践起步早，但是后续的发展却十分缓慢。我国早在2 000多年前就已经开始了项目管理的实践，并且创造了许多很好的传统项目管理方法。例如，我国战国时期的都江堰工程从工程项目设计到项目施工等各个方面都使用了系统思想，创造出了举世公认的都江堰分洪与灌溉工程项目。在工程项目管理方面，由于宫廷建设项目的实施管理，很早就有了自己的"工料定额"和"工时""造价"管理方法，并且许多朝代的"工部"都有相应的"国家标准"。但是，我国自宋朝以后开始在科技和管理方面走下坡路，未能跟上世界科技与管理的快速发展，所以我们在项目管理的理论和方法方面开始落后于世界发达国家。尤其是从清朝以后到解放以前，我们与世界发达国家在科技和管理方面逐步拉开了距离，从而使我们在传统项目管理方面一直处于落后的地位。

（2）学术研究方面

在现代项目管理的学术发展方面，尽管我国一些高校和研究机构在 70 年代末就开始做这方面的引进和介绍工作，但是现代项目管理作为管理科学的一个分支，到 1997 年教育部新修订的学科目录中还没有列入，至今尚未设立专门的学科。尽管有些高校已经在尝试开设现代项目管理的课程和培养现代项目管理的人才，但是国家至今尚未设立这样的高等教育本科和研究生专业。到目前为止，我国还没有一个正式出版发行的现代项目管理的专业刊物，我国现已出版的项目管理教材和书籍基本上都是针对工程建设项目或投资项目管理的，除了少数翻译的书籍，尚没有真正意义上的针对一般项目管理的现代项目管理教科书。我国到1991年才成立了全国性的项目管理协会——中国项目管理研究会，而且还只是一个挂靠在相关一级学会下面的一个二级学会，由于资金缺乏和缺少支持等原因，研究会到2000年总共开过三次学术年会和两次国际研讨会。

(3)职业化方面

在项目管理的职业化方面我们至今还没有建立起自己的项目经理职业资格认证的制度和方法。虽然我国现在已经有了自己的造价工程师和监理工程师的职业资格认证和注册制度与办法，但是这些是由国家人事部和建设部以及相关协会共同推出的，主要是针对工程建设项目管理的职业资格认证和注册制度与方法，而不是面向一般项目管理的职业项目经理的认证制度和方法。综上所述可以看出我国在现代项目管理的职业化和学术发展方面与国际上还是存在很大差距的。现代项目管理这个学科和专业的重要性和现实意义还没有在我国的各个方面引起足够的重视，我们还需要在这一方面做进一步的研究和推动，以便使我国的现代项目管理职业化和学术发展能够尽快地与国际发达国家接轨，并逐步走向成熟。

(4)实践管理方面

我国的项目管理实践也开展得非常晚，从80年代后期我国才在建筑业和国内工程建设项目的管理体制和管理方法上做了许多重大的改革，才开始借鉴和采用一些国际上先进的现代项目管理方法。最先开展现代项目管理实践的项目是我国的鲁布革水电站项目，它是利用世界银行贷款项目，在1984年首先采用国际招标和项目工期、质量、造价等的办法所开展的现代项目管理的实践，结果大大缩短了项目的工期，降低了项目造价，取得明显的经济效益。此后，我国的建设部、电力部、化工部、煤炭部等政府部门在许多政府性项目上先后采用了承包商项目经理管理体制，我国财政部、农林部等政府部门也结合世界银行贷款开展了一些项目管理的培训。我国财政部于1994年向世界银行申请了一笔IDF赠款，专门用于项目管理的人才培养，建立了项目管理培训网，至今举办国内外培训班20余期，培训了来自十多个省市的各种层次的项目管理干部500多人。但是这些主要都是针对工程建设项目管理的，因为世界银行主要关注的是它们贷款投资的工程项目管理，而不是面向一般项目管理的现代项目管理。

我们必须承认我国的现代项目管理理论与实践水平和国际水平相比，现在还有相当大的差距，不管是从学术研究和专业教育方面，还是职业化发展与管理实践方面，现阶段我们需要各方面能共同努力去做好各种引进、消化、培养人才、开展学术研究等方面的工作，还需要进一步研究中国国情下的现代项目管理的特殊性问题，逐步形成有中国特色的现代项目管理理论和方法体系，以及相应的职业化和学术发展道路。实际上现在的韩国、日本、俄罗斯、波兰、越南等国家都在积极探索、研究和发展自己的项目管理模式、项目管理理论和方法。另一点值得注意的是，在我们努力与国际接轨的同时，国际上现代项目管理的理论和方法还在迅速发展，还在不断地提出一些新的理论、概念和方法。我们迫切需要一个由官、产、学、研共同合作的体制和专业性与学术性的组织，以便从组织上保障我们能够与国际上现代项目管理的发展保持一致，从而不断地促进我国现代项目管理的全面发展。

1.4　项目管理的知识体系

所谓项目管理的知识体系是指在现代项目管理中所要开展的各种管理活动、所要使用的各种理论、方法和工具，以及所涉及的各种角色的职责和他们之间的相互关系等一系列项目管理理论与知识的总称。项目管理知识体系包括许多方面的内容，这些内容可以按多种方式去组织，从而构成一套完整的项目管理知识体系。这套知识体系与一般运营管理知识体系一样，可以分成许多不同的专业管理或职能管理方面。

1.4.1　项目管理知识体系的构成

按照美国项目管理协会提出的现代项目管理知识体系的划分方法，现代项目管理知识体系主要包括 10 个方面，这 10 个方面分别从不同的管理职能和领域，描述了现代项目管理所需要的知识、方法、工具和技能。本书将围绕这 10 个不同的项目管理方面进行较为深入的讨论。

(1)项目集成管理

项目集成管理是在项目管理过程中为确保各种项目工作能够很好地协调与配合而开展的一种整体性、综合性的项目管理工作。开展项目集成管理的目的是要通过综合与协调去管理好项目各方面的工作,以确保整个项目的成功,而不是某个项目阶段或某个项目单项目标的实现。这项管理的主要内容包括:项目集成计划的编制、项目集成计划的实施和项目总体变更的管理与控制。

(2)项目范围管理

项目范围管理是在项目管理过程中所开展的计划和界定一个项目或项目阶段所需和必须要完成的工作,以及不断维护和更新项目的范围的管理工作。开展项目范围管理的根本目的是要通过成功地界定和控制项目的工作范围与内容,确保项目的成功。这项管理的主要内容包括:项目起始的确定和控制、项目范围的规划、项目范围的界定、项目范围的确认、项目范围变更的控制与项目范围的全面管理和控制。

(3)项目时间管理

项目时间管理是在项目管理过程中为确保项目按既定时间成功完成而开展的项目管理工作。开展项目时间管理的根本目的是要通过做好项目的工期计划和项目工期的控制等管理工作,去确保项目的成功。这项管理的主要内容包括:项目活动的定义、项目活动的排序、项目活动的时间估算、项目工期与排产计划的编制和项目作业计划的管理与控制。

(4)项目成本管理

项目成本管理是在项目管理过程中为确保项目在不超出预算的情况下完成全部项目工作而开展的项目管理。开展项目成本管理的根本目的是全面管理和控制项目的成本(造价),确保项目的成功。这项管理的主要内容包括:项目资源的规划、项目成本的估算、项目成本的预算和项目成本的管理与控制。

(5)项目质量管理

项目质量管理是在项目管理过程中为确保项目的质量所开展的项目管理工作。这一部分的主要内容包括:项目质量规划、项目质量保障和项目质量控制。开展项目成本管理的根本目的是要对项目的工作和项目的产出物进行严格的控制和有效的管理,以确保项目的成功。这项管理的主要内容包括:项目产出物质量和项目工作质量的确定与控制，以及有关项目质量变更程序与活动的全面管理和控制。

(6)项目人力资源管理

项目人力资源管理是在项目管理过程中为确保更有效地利用项目所涉及的人力资源而开展的项目管理工作。开展项目人力资源管理的根本目的是要对项目组织和项目所需人力资源进行科学的确定和有效的管理，以确保项目的成功。这项管理的主要内容包括：项目组织的规划、项目人员的获得与配备、项目团队的建设等内容。

(7)项目信息管理

项目信息管理是在项目管理过程中为确保有效与及时地生成、收集、储存、处理和使用项目信息，以及合理地进行项目信息沟通而开展的管理工作。开展项目信息管理的根本目的是要对项目所需的信息和项目相关利益者之间的沟通进行有效的管理，以确保项目的成功。这一部分的主要内容包括：项目沟通的规划、项目信息的传送、项目作业信息的报告和项目管理决策等方面的内容。

(8)项目风险管理

项目风险管理是在项目管理过程中为确保成功地识别项目风险、分析项目风险和应对项目风险所开展的项目管理工作。开展项目风险管理的根本目的是要对项目所面临的风险进行有效识别、控制和管理，是针对项目的不确定性而开展的降低项目损失的管理。这一部分的主要内容包括：项目风险的识别、项目风险的定量分析、项目风险的对策设计和项目风险的应对与控制等内容。

(9)项目采购管理

项目采购管理是在项目管理过程中为确保能够从项目组织外部寻求和获得项目所需的各种商品与劳务的项目管理工作。开展项目采购管理的根本目的是要对项目所需的物质资源和劳务的获得与使用进行有效的管理，以确保项目的成功。这一部分的主要内容包括：项目采购计划的管理、项目采购工作的管理、采购询价与采购合同的管理、资源供应来源选择的管理、招投标与合同管理和合同履行管理。

(10)项目干系人管理

项目干系人管理是指对能够影响项目决策、活动或结果的个人、群体或组织，以及会受或自认为会受项目决策、活动或结果影响的个人、群体或组织的项目管理工作。项目干系人管理包括用于开展下列工作的各个过程：识别能影响项目或受项目影响的全部人员、群体或组织，分析干系人对项目的期望和影响，制定合适的管理策略来有效调动干系人参与项目决策和执行。干系人管理还关注与干系人的持续沟通，以便了解干系人的需要和期望，解决实际发生的问题，管理利益冲突，促进干系人合理参与项目决策和活动。

1.4.2 项目管理知识与其他知识之间的关系

现代项目管理所需的许多知识是独特的，或者说基本上是独特的。例如，项目工期管理与计划管理中的关键路径分析和工作结构分解方法等都是专门用于项目管理的。但是现代项目管理的知识体系还包括许多其他方面的知识，或者说与其他方面的知识是相互关联的。与项目管理知识体系关联最紧的是一般管理知识和项目所涉及的具体专业领域知识。图 1－1 给出了现代项目管理知识体系与一般管理知识和项目所涉及的具体专业领域知识之间的关系图示说明。现代项目管理知识关联的这两方面知识的主要内容如下：

(1)一般管理知识

一般管理知识体系的主要内容包括：

①对于企业运营过程的管理知识

这包括：企业运营的计划管理、组织管理、决策、领导和管理控制等方面的内容。

②对于企业资源的管理知识

这包括：企业人力资源管理、财务管理、设备与固定资产管理、信息资源管理、供应与存货管理等方面的内容。

③一般管理中的专业性管理知识

这包括：企业信息系统的管理、产品与服务质量的管理、企业物流管理、企业形象管理等方面的内容。

(2)项目所属专业领域的专业知识

这是指与具体项目所涉及的专业领域有关的各种专业知识。项目所涉及的专业知识通常包括下列三个方面：

①专业技术知识

这是指项目所涉及的具体专业领域中的专业技术知识。例如，软件开发项目中的计算机编程技术、新药研制项目中的药物毒理和病理知识、建筑工程项目中的结构设计和施工技术知识等。

②专业管理知识

这是指项目所涉及的具体专业领域中的专业管理知识。例如，政府性项目中涉及的政府财政拨款等行政管理方面的知识、科技开发项目中的国家或企业的科技政策方面的知识等。

③专门行业知识

这是指项目所涉及的具体产业领域中的一些专门的知识。例如，汽车行业项目中的相关行业知识(相关的能源消耗、环境保护知识等)、化工行业项目中的相关行业知识(相关的流程工业和上、下游行业的知识等)、金融行业项目中的相关行业知识(相关的保险、信托、证券行业知识等)等。

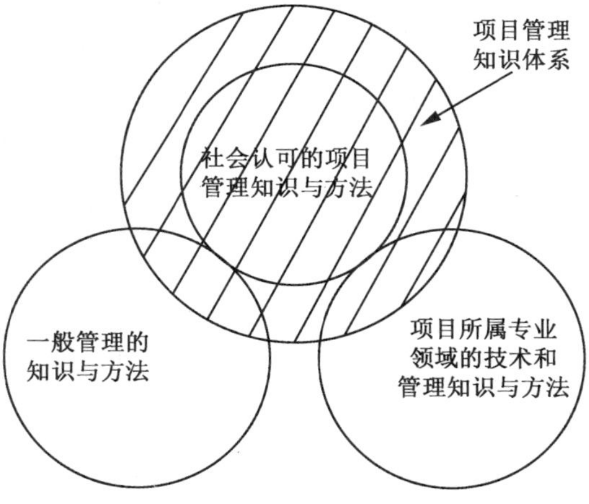

图 1—1　项目管理知识与其他知识的关系

1.4.3　项目管理所涉及的一般管理知识

一般管理的知识是用于管理企业运营各方面工作的一整套理论与方法，它也可以在项目管理中使用。在项目管理中一般管理知识的应用与在运营管理中的应用原理基本上是相同的。现代项目管理所涉及的一般管理知识主要包括下述几个方面：

(1)计划管理知识

计划管理是一般管理中的首要职能，因为任何一项有关组织的工作都必须从计划管理开始。实际上，没有计划管理，任何有组织的活动就失去了管理的依据，都无法很好地开展，就更别说完成计划任务和实现工作目标了，因为没有计划管理就根本没有计划和目标。中国有句格言，“凡事预则立，不预则废”。“预”就是计划管理，由此可见计划管理的重要性。

计划管理的主要作用是制定各种各样的计划和安排，从大政方针性的战略计划一直到一般工作的作业计划的制定。计划管理的另一项作用是对既定计划的调整和修订，这是在出现各种环境和条件发生变化的情况下，或工作目标发生变化的时候所开展的一种计划管理工作。不管是计划制定还是计划修订，这些计划管理工作以及它所生成的计划管理文件通常有如下作用：是管理者进行指挥和协调的依据，是管理者开展管理控制的基准，是降低不确定性的手段，是提高效率和效益的工具，同时也是激励人员士气的武器。

计划管理是一项非常重要的管理职能，不管是一般运营管理，还是项目管理，计划管理是首要的和必不可少的，只是一般运营管理和项目管理的计划管理在原理、方法和指导思想等方面有所不同而已。其中，有许多一般运营管理中所使用的原理、方法和指导思想是可以在项目管理中使用的。

(2)组织管理知识

在一般管理中组织管理同样是一项重要的管理职能，它的主要职能包括：分工和部门化的职能(将组织的任务按一定的标志分工后，再按一定的准则将有共性的工作组合在一起，从而构建承担相同任务的组织部门)；确定和安排一个组织中的责、权、利关系(这种责、权关系使组织的每个部门和岗位都有明确的权力和责任，使整个组织有明确的上下级负责关系和指挥命令体系)；构建组织的分工协作体系(将一个组织集成为一个有机的整体)；组织能力的培养(提升一个组织的整体能力)。

组织管理的主要作用是使一群毫无关联的个体组织成为一个有机的整体，使这些个体能够通过组织管理构件的组织系统去实现既定的组织目标和使命，同时使组织的每个个体能够获得受益。组织管理的另一个职能是分配和协调组织的权力与责任，从而形成组织的指挥与命令系统和权力体系。这既包括各个部门的权力和责任的分配与协调，也包括各个管理岗位的责任与权力的分配与协调。另外，组织管理还具有促进和实施组织变革的作用，这可以使一个组织保持活力、积极适应环境变化和保持高效。

一般管理中的组织管理知识只有一部分可以在项目管理中使用。因为二者在组织形式上有很大的不同，一般管理的运营组织多数采用直线职能制或事业部制的组织形式，而项目组织多数采用项目制或矩阵制的组织。这使得一般运营管理和项目管理在组织管理方面存在着一定的差别，所以我们在项目组织管理中不能够完全生搬硬套一般管理中的组织管理知识。

(3)领导知识

领导同样是一般管理中的一项非常重要的管理职能。关于领导的概念历来有许多不同的解释。传统管理认为：领导是指由组织赋予一个人权力以率领其部下去实现组织既定目标的管理工作。现代管理认为：领导是一种行为和过程，是运用各种组织赋予的职权和个人拥有的影响权等方面的权力，去影响他人的行为，为实现组织目标服务的管理行为和过程。

领导的主要管理工作内容包括：为被领导者指明方向和任务，这既包括为组织指明未来的远景和为此所需要采用的战略，也包括为被领导者指明方向和日常工作任务；运用权力影响他人行为的工作，这包括如何组织和协调全体人员的行动，如何将组织的目标、远景、任务等传达给组织成员，使他们能够共同合作并为实现组织的目标和远景而工作；运用各种方式方法去激励自己的下属，这既包括运用身先士卒的方法去激励士气，也包括运用各种激励手段去促进人们的工作和提高工作绩效。

一般管理理论认为，影响领导效果的关键因素有三个：其一是领导者，因为领导者本身的能力、经验、背景、知识和价值观念等因素直接影响领导工作的效果；其二是被领导者，被领导者本身的能力、经验、背景、专业知识、责任心、成熟程度和价值观念等因素也直接影响领导工作的效果；其三是领导环境，即领导工作所面临的各种环境因素。领导效果的这些决定因素可以用图 1—2 给出更为清楚的说明。

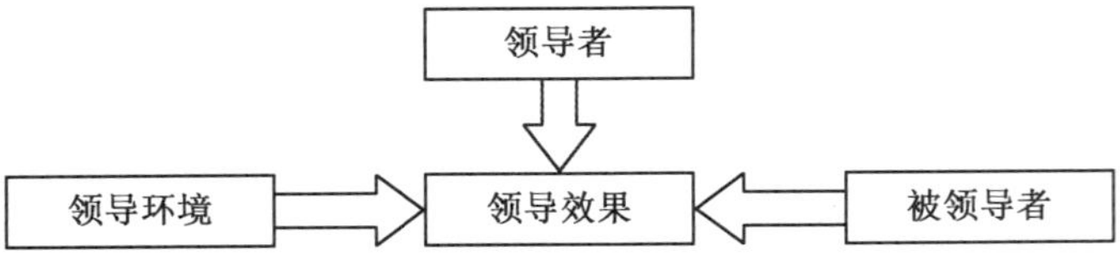

图 1—2　领导效果的决定因素

一般管理中的领导理论和方法等方面的知识有一部分是可以在项目管理中使用的，但是也有一些不能够简单地套用。在一个项目中，尤其是一个大型项目的管理过程中，项目经理是领导者，但是项目的领导工作却并不仅仅是项目经理的事，因为在项目管理中项目相关利益主体的各种管理人员都会进行一些领导活动，尤其是决策活动，而在一般管理中这一类的领导工作只是高层管理者的事情。

(4)管理控制知识

管理控制在一般管理中与计划管理、组织管理和领导等一起构成了管理的基本职能。管理控制知识中最主要的内容是对照管理控制标准找出组织实际工作中的问题和原因，然后采取纠偏措施，从而使组织工作能够按计划进行，并最终实现组织目标。

管理控制的主要作用是：限制工作偏差的积累，从而避免给组织造成严重的问题和损失；适应环境和条件的变化，在实际环境和条件发生变化时，通过管理控制可以从设法改进实际工作和设法调整计划与修订目标去适应环境的变化；降低成本和提高绩效，管理控制通过各种专项和集成的控制措施去实现这一目标；使组织工作处于受控状态，通过全面的管理控制使组织处于一种有序和受控的状态，而不出现失控的情况。

在一般管理中，管理控制的主要工作内容包括：制定管理控制标准，因为控制标准是管理控制的依据；度量实际工作，即衡量、检查和给出具体度量结果，生成实际工作情况信息的管理控制工作；比较实际和标准并找出问题、原因和解决方法；采取纠偏措施，通过采取纠偏措施解决问题、消除偏差和产生问题与偏差的原因，从而使工作恢复到正常运营和受控状态。

一般管理的控制工作与项目管理的控制工作从原理上有许多相同之处，但是在管理控制的许多内容、方法、程序等方面也有不同之处。这些不同之处都是由于项目管理与一般运营管理的诸多不同特性所造成的。

拓展阅读

1. 戚安邦著:《现代项目管理》,对外经贸大学出版社,2001 年。

2. [美]杰克·吉多、詹姆斯·P. 克莱门斯著,张金成等译:《成功的项目管理》,机械工业出版社,1999 年。

3. 吴之明、卢有杰编著:《项目管理引论》,清华大学出版社,2000 年。

4. Project Management Institute Standard Committee, *A Guide to The Project Management Body of Knowledge*, PMI, 1996.

5. Meredith J. and Mantel S., *Project Management: A Managerial Approach*, 3rd ed, John Wiley, 1995.

本章思考题

1. 什么是项目？项目有哪些特性？项目与运营有什么不同？

2. 什么是项目管理？具体内容有哪些？

3. 现代项目管理与传统项目管理有什么不同,现代项目管理是如何发展起来的？

4. 项目管理体系中包含哪些方面？

5. 在项目管理中,你认为哪种一般管理的知识是最重要的？为什么？

6. 随着知识经济和网络化社会的发展,你认为项目管理会有哪些大的变化？

第二章　项目管理与组织战略

本章关键词

项目管理(Project Management);组织战略(Organization Strategy);组织治理(Organization Governance);组织文化(Organization Culture);项目经理(Project Manager);商业价值(Commercial Value)

本章要点

通过本章的学习,了解组织与项目管理之间的关联,认清组织治理、组织战略以及组织文化都对项目管理有不同程度的影响。在此基础上,介绍了项目经理的内涵、职责及技能和素质要求等,进一步明确项目的商业价值。

2.1　组织与项目管理

组织在其治理框架上确定了战略方向,设置了绩效指标。战略方向规定了用于指导业务工作的目的、期望、目标和行动,战略方向应该与业务目标相协调。项目管理活动应该服从总体战略方向。如果战略方向发生变化,就应该相应调整项目目标。在项目环境中,调整项目目标会影响项目效率甚至项目成功。但在业务环境中,如果项目能够与组织的战略方向持续保持一致,那么项目成功的概率就会显著提高。因此,如果战略方向发生变化,项目就因此随之进行调整。

(1)基于项目的组织

基于项目的组织(project-based organizations,PBO)是指建立临时机构来开展工作的各种组织形式。在各种不同的组织结构中,都可以建立 PBO。采用 PBO 可以减轻组织中的层次主义和官僚主义,因为在 PBO 中,考核工作成败的依据是最终结果,与职位或政治因素无关。

在 PBO 中,大部分工作都被当作项目来做,并按照项目方式而非职能方式进行管理。可以在整个公司层面采用 PBO,如在电信、油气、建筑、咨询和专业服务等行业中;可以在多公司财团或网络组织中采用 PBO;也可以仅在组织的某个部门或分支机构内部采用 PBO。一些大型的 PBO 可能需要职能部门的支持。

(2)项目管理和组织治理之间的联系

开展项目(或项目集)是为了实现战略业务目标。现在,很多组织都采用正式的组织治理流程和程序来管理战略业务目标。组织治理规则对项目有强制性的制约作用,当项目所交付的服务将受制于严格的组织治理时,情况尤其如此。

项目产品或服务能够在多大程度上支持组织治理,这可能是判断项目成败的依据。所以,项目经理必须了解与项目产品或服务相关的公司或组织治理政策和程序。例如,某个组织已经制定了支持可持续发展的政策,那么新办公楼建设项目的项目经理就必须了解与工程建设有关的可持续发展要求。

(3)项目管理和组织战略之间的关系

组织战略应该为项目管理提供指导和方向,特别是当人们认为项目就是为支持组织战略而存在时,就尤其如此。通常由项目发起人或项目组合经理或项目集经理来识别组织战略与组织目标的一致性或潜在冲突,并向项目经理通报情况。在项目中,如果项目目标与既定的组织战略存在冲突,项目经理有责任尽早记录并确认冲突。有时,制定组织战略就是项目本身的目标。在这种情况下,明确定义什么才能构成支持组织发展的合理战略,对项目来说非常重要。

(4)项目管理与组织文化之间的关系

组织是对实体(人员或部门)的系统化安排,以便通过开展项目等方式实现某种目的。组织文化和风格会对如何执行项目产生重要影响。文化和风格是经过长期积淀而形成的群体现象，被称为“文化规范”，包括既有的项目启动和规划方法、可接受的工作执行手段，以及公认的决策制定者或决策影响者。

组织文化由组织成员的共同经验积淀而成。基于长期实践和共同经验，大多数组织已经形成自己独特的文化，其共同经验包括：共同的愿景、使命、价值观、信念和期望；规章、政策、方法和程序；激励和奖励制度；风险承受能力；对领导力、层级体系和职权关系的看法；行为准则、职业道德和工作时间；经营环境。

组织文化是项目团队不能控制的，将对项目产生影响、限制或指令作用的各种条件。因此，项目经理应该了解可能对项目产生影响的不同组织风格和文化。项目经理应该知道谁是组织中的决策者或影响者，并通过与他们合作来提高项目成功的可能性。在全球化的大环境下，对于那些涉及多个组织、分布在全球不同地理位置的项目而言，了解文化对项目的影响更为重要。文化已成为决定项目成功的关键因素，多元文化能力已成为项目经理的重要能力。

2.2 项目经理

2.2.1 项目经理的概念

项目经理是负责管理整个项目的人，是一个项目团队的核心人物，他的能力、素质和工作绩效直接关系项目的成败。项目经理既是一个项目的领导者、组织者、管理者和项目管理决策的制定者，也是项目重大决策的执行者。一个项目经理需要领导和组织好自己的项目团队，需要做好项目的计划、实施和控制等一系列的项目管理工作，而且还需要制定各种的决策。但是在有关项目工期、质量和成本等方面的重大决策上，项目经理就需要听命于项目业主/客户或者项目最主要的相关利益者了。项目经理对于一个项目的成败是至关重要的，所以他必须具有很高的管理技能和较高的素质，他必须能够积极与他人合作并能够激励和影响他人的行为，为实现项目的目标与要求服务。

2.2.2 项目经理的角色与职责

项目管理的主要责任是由项目经理承担的，项目经理的根本职责是确保项目的全部工作在项目预算的范围内，按时、优质地完成，从而使项目业主/客户满意。项目经理在整个项目管理中处于核心地位，在项目管理中承担着诸多不同的角色，项目经理所承担的主要角色和职责包括下列几个方面：

(1)项目团队的领导者和决策人

项目经理是项目团队的最高领导，是项目管理和工作的决策制定者。项目经理在项目实现过程中，要确定项目及各项目阶段的目标、范围、任务，要规定各项工作的要求，这些都属于项目决策的工作，所以项目经理是项目团队的决策者。因为在确定项目或项目阶段的目标时项目经理需要充分考虑和尊重项目业主/客户的要求和期望，所以项目经理并不是整个项目的决策者，而只是项目团队的决策者，而项目业主/客户才是一个项目的最终决策者。

项目经理在带领项目团队完成项目任务和工作的过程中还必须承担领导者的角色。在项目管理中，有很多情况需要项目经理身先士卒地带领项目团队去“冲杀”，带领团队成员去“攻克堡垒”。在另外一些情况下，项目经理要指导项目团队按照正确的方向和方法去完成项目工作，此时项目经理需要“坐镇指挥”，需要通过积极授权使下属能够根据指导去完成任务。项目经理的领导职责主要是充分运用自己的职权和个人权力去影响他人，为实现项目的目标而服务。

(2)项目的计划者和分析师

项目经理也是一个项目的主要计划者和分析师。任何项目都有一系列的计划工作，既有集成计划工作也有各种专项计划工作，因为一个项目的各项活动和任务都需要通过计划工作去做出安排。虽然每个项目团队都有自己的计划管理人员，但是项目经理是项目计划的主要制定者，而项目计划管理人员只是项目计划决策的辅助者，因为一个项目的计划最后还是要由项目经理进行审查和批准，然后才能实施和执行，所以项目经理是一个项目的计划者。

同时，在项目的计划和安排过程中，项目经理必须全面地分析项目或项目阶段所处的外部环境和所具有的内部条件，深入地分析这些环境与条件可能给项目或项目阶段所带来的机遇和威胁，深入地分析和估算项目或项目阶段所需的各种资源，综合地分析项目或项目阶段所面临的各种风险，以及应对这些风险的措施。同样，尽管有项目管理人员或专家去做项目分析的一些具体工作，但是项目经理承担着通过分析得出正确结论的最终职责，所以项目经理又扮演着项目分析师的角色。

(3)项目的组织者和合作者

项目经理同时又是一个项目的组织者与合作者。作为项目的组织者项目经理要组织项目团队，设计项目团队的组织结构，分配项目团队成员角色，安排项目管理人员的管理职责，自上而下地进行授权，进行项目团队人员的配备，分派各种项目管理任务，组织和协调团队成员的工作等，这些都属于项目组织管理方面的工作，所以说项目经理还是一个项目团队的组织者。

同时，项目经理在整个项目的实现过程中还要扮演合作者的角色，他要与项目团队的全体成员和所有的项目相关利益者进行合作。项目管理是一种基于团队作业的管理，而不是一种基于部门作业的管理，而在基于团队作业的管理中，任何人都是以合作者的身份出现的，项目经理也不例外，也需要以合作者的身份出现，尤其是在与项目业主/客户的合作中更是如此，所以项目经理又是项目团队中的合作者之一。

(4)项目的控制者和评价者

项目经理的角色还包括项目的控制者和评价者。作为项目的控制者，项目经理需要全面、及时地控制项目的全过程，他要根据项目的目标和项目业主/客户的要求与期望制定出项目各项工作的管理控制标准，组织项目管理人员去对照标准度量项目的实际绩效，对照标准分析和确定项目实际工作中所出现的各种偏差，并决定采取何种措施去纠正已出现的各种偏差，这些都是项目经理作为项目控制者这一角色，在项目的实现过程中所要做的工作。

与此同时，项目经理还需要扮演项目评价者的角色，他要从一个评价者的角度出发，客观地衡量和评价一个项目的工期进度、项目质量和项目成本与预算的实际完成情况，并及时评价和判断各种偏差的性质及其对于项目的影响，评价和判断项目实现过程中出现的各种问题。尤其值得说明的是，项目经理还担负着评价各种项目变更的责任，不管是项目设计的变更还是项目实施的变更。

(5)项目利益的协调人和促进者

项目经理在项目相关利益者之间还扮演着项目利益协调人和促进者的角

色。作为项目利益的协调人，项目经理处于全体项目相关利益者的中心位置（如图 2—1 所示），因为项目经理不但要协调项目业主和项目客户的利益，还要协调项目业主/客户与项目团队的利益，以及项目团队、项目业主/客户和项目其他利益相关者之间的各种利益关系。

在协调这些项目相关利益者之间利益的同时，项目经理还需要通过自己的工作去努力促进和增加项目的总体利益，努力追求项目利益的最大化，从而使所有项目利益相关者都能够从项目中获得更大的利益，因此项目经理同时还承担着项目利益促进者的角色。

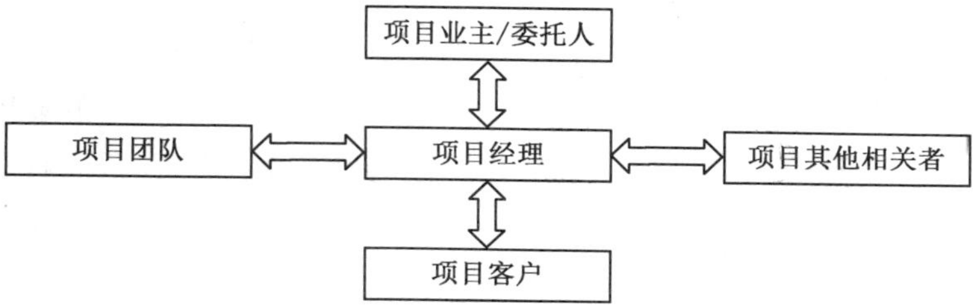

图 2—1　项目经理与项目相关利益者关系示意图

2.2.3　项目经理的技能要求

项目的成功在很大程度上取决于项目经理的工作，因此项目经理必须具备保证项目成功所需的各种技能。这些技能主要包括三个方面，其一是概念性的技能，其二是人际关系技能，其三是专业性技能。这三项技能的具体内涵分述如下。

（1）项目经理的概念性技能

这是指项目经理在项目实现过程中遇到各种意外或特殊情况时，能够根据具体情况做出正确的判断、提出正确的解决方案，做出正确的决策和合理地安排与解决问题的技能。这项技能要求一个项目经理必须具备如下几个方面的能力。

①分析问题的能力

项目经理必须具备分析、识别和发现各种问题的能力，即从复杂多变的情况中能够发现问题，分析和找出问题的实质与问题原因的能力。这方面的能力涉及：发现问题的敏锐性、准确性和全面性；分析问题的逻辑性、可靠性和透彻性。所谓发现问题的敏锐性是指一个项目经理应该能够提前预见项目工作存在的问题，或者在较短的时间内发现项目工作存在的各种问题；发现问题的准确性则是指一个项目经理在敏锐地发现问题的基础上还能够十分准确地发现问题及其问题原因之所在；而发现问题的全面性是指一个项目经理在敏锐和准确地发现问题的基础上，还要能够完全、彻底地发现问题和问题所涉及的各个方面。

同时，分析问题的逻辑性是指一个项目经理必须具有严密的逻辑思维能力，能够透彻地分析项目工作中各类问题的前因后果及各种逻辑关系；分析问题的可靠性是指一个项目经理在分析各类项目工作中的问题时，能够依据可靠的事实、理论根据和实际经验，而不是凭空想象和任意蛮干；分析问题的透彻性是指一个项目经理在分析问题时要能够从正反两个方面和多个不同的角度出发，深入透彻地分析问题的实质和原因。另外，一个称职的项目经理还要具有系统思维的能力，能够集成地考虑问题，综合地分析问题的原因。因为项目经理所面临的是一个开放的、不确定性的工作环境，所领导的是一批各种各样的、临时性项目组织的团队成员和十分有限的时间与资源，所以要实现项目目标，他就必须具备上述发现问题和分析问题的能力。

②解决问题的能力

项目经理每天都会遇到各种各样的问题，所以他必须具备解决问题的能力，因为项目经理这一职务从根本上说就是为解决项目的各种问题而设立的。一个项目经理解决问题能力的度量涉及三个方面：其一是解决问题的针对性；其二是解决问题的正确性；其三是解决问题的完善性。解决问题的针对性是指一个项目经理在解决问题的过程中所采取的各种对策和方法应该具有很强的针对性。因为在解决项目问题的过程中会涉及大量人的因素，所以解决问题是项目管理中一个艺术性很强的工作，需要针对具体问题、具体对象、具体环境条件等因素去找出有针对性解决具体问题的办法，所以项目经理解决问题的能力最为重要的是解决问题的针对性方面的能力。

在具有解决问题的针对性能力的基础上，项目经理还应该能够在解决问题的过程具有解决问题的正确性和完善性方面的能力。此处的“正确性”是指项目经理应该具有采用正确的方式方法解决项目管理问题的能力，而“完善性”是指项目经理应该在解决问题的过程中能够考虑得比较周全，既能很好地解决眼前问题，又能够不留各种后患，既能使解决问题的结果令有关各方都比较满意，而且解决问题的成本又低等。当然，一个项目经理具备所有这些解决问题的能力是非常不容易的，但是他至少要有针对具体情况解决具体问题的能力。

③制定决策的能力

项目经理必须具备在复杂的情况下做出正确决策的能力，即在各种情况下能够找出解决问题的可行性方案，并挑选出最佳或满意的行动方案的能力。这方面的能力包括：搜集信息的能力、加工处理信息的能力、根据各种信息制定行动备选方案的能力和抉择最佳行动方案的能力。所谓搜集信息的能力是指一个项目经理必须具备采用各种手段获得项目信息的能力，这包括采用文献阅读、访谈、问卷和实地观察等手段和方式的能力。其中，“文献阅读”是指通过阅读项目的有关资料、报表、报告和各种文件获得信息的手段；“访谈”是指通过与项目团队成员或项目的其他相关人员，通过面对面的谈话获得信息的手段；“问卷”是指通过向团队成员或其他人发放并回收各种调查问卷来获得信息的手段；“实地观察”是指通过在项目现场实地观察而获得信息的手段。一个合格的项目经理至少要具备使用这几种基本的信息搜集手段去获得项目信息的能力。同时，项目经理还应该具有对各种数据和信息进行加工处理的能力，这包括：数据和信息的汇总能力、信息和数据的分类整理能力、基本的数据统计分析能力和财务分析能力等。

另外，项目经理还应该具备根据各种信息确定行动备选方案的能力，这包括：找出和制定各种可行备选方案的能力，确定各个备选方案的经济、技术、运营等特性指标的能力，分析和比较各个备选方案优劣的能力等。项目经理最重要的决策能力是抉择最佳或满意的行动方案的能力，因为前面所述的三个方面能力虽然也属于广义的决策能力范畴，但实质上它们是属于决策支持能力的范畴，只有行动方案的抉择能力是真正意义上（狭义）的决策能力。这种能力要求项目经理在抉择方案时必须能够运用自己的经验和判断，在信息不完备的情况下能够选择出最佳或满意的行动方案。这是一个项目经理最为重要的决策能力，因为决策支持工作多数可以由项目管理人员完成的，而抉择行动方案的工作是只能由项目经理完成。

④灵活应变的能力

项目本身的可变因素很多，项目相对开放的环境是可变的，项目工期进度和各种资源是可变的，项目的范围和内容是可变的，项目的组织和团队成员是可变的（因为是临时性的），项目业主/客户的要求与期望是可变的。面对这么多的可变因素，一个项目经理必须具有灵活应变的能力。这是一种控制、处理和适应项目各种变更的能力，是一种在各种项目变更中确保项目目标得以实现的应变能力。

项目经理灵活应变的能力主要表现在两个方面，其一是对于各种变更的快速反应能力，其二是灵活地运用各种手段去处理和适应各种变更的能力。所谓"对于各种变更的快速反应能力"是指一旦项目发生变更，项目经理应该能够以最快的速度做出反应，以最快的速度提出应对措施，而不至于使变更或问题发展扩大，使变更和问题所造成的损失不断地增加，项目经理的这种对于变更的快速反应能力对于项目的成功是至关重要的。所谓"灵活地运用各种手段去处理和适应项目变更的能力"包括灵活运用各种手段去处理发生的各种变更和灵活地进行调整项目管理和工作，使整个团队能够适应变更后的环境与情况。

（2）项目经理的人际关系能力

这是指项目经理在与各种人员，包括项目的相关利益者和项目团队的全体成员，打交道的过程中能够充分地与他人沟通，能够很好地进行激励，能够因人而异地采取领导和管理的方式，能够有效地影响他人的行为，以及处理好各方面的人际关系的技能。这项技能要求一个项目经理必须具备如下几个方面的能力。

①沟通能力

项目经理必须具备很强的沟通能力，因为项目经理与一般运营管理人员的情况不同，他需要不断地与项目团队的各个成员、项目业主/客户或他们的代理人、项目其他相关利益者以及其他组织和个人之间进行各种各样的沟通。在这些沟通中，既有管理方面的沟通、技术方面的沟通，也有商务方面的沟通和思想感情方面的沟通；既包括书面语言的沟通，也包括口头语言沟通和非语言沟通

（各种手势和表情等）。项目经理必须能够掌握各种沟通技能，以便在项目管理中能够充分地进行信息传递、思想交流和影响他人的行为，为实现项目目标服务。

项目经理在口头沟通方面必须具备“听”和“说”两个方面的能力。其中，“听”是指项目经理要能够倾听各个方面和各种人的意见和建议，不但能够听懂，而且能够使对方在沟通过程中做到“知无不言”“言无不尽”，使对方真正表达出自己的思想和感情，并从对方那里获得自己所需要的信息。在“说”的方面，项目经理不但需要具有良好的语言表达能力，而且需要具有说服和鼓动的能力，这包括：针对具体人、具体事充分表达出自己的想法、意图和思路的能力，能够使用各种表达方法和沟通渠道（包括正式和非正式沟通渠道）去说服他人的能力，能够通过说教鼓舞士气的能力等。其中，正式的沟通渠道是指正式组织的信息系统渠道，非正式的沟通渠道是指非正式（或非官方）组织的信息系统渠道。在项目管理中项目经理需要运用正式和非正式的沟通渠道去传递信息，进行沟通。

另外，项目经理在书面沟通方面需要具备能够读懂，并会使用各种书面文件的能力，这包括：各种技术文件（像项目的技术图纸、技术说明书、设计文件等使用工程语言给出的技术文件等）、各种书面报告（像各种项目申请和报告文件、项目工期进度报告、项目成本与财务分析报告、项目的质量报告等）、各种项目报表（像各种项目计划进度报表、质量报表、成本与财务报表和其他一些定期与不定期的报表等）和各种备忘录文件（像各种项目会议纪要文件、项目变更文件、项目索赔与纠纷方面的备忘文件等）。

②激励能力

项目经理要管理好一个项目和项目团队，不但需要具备良好的沟通能力，而且需要具备足够的激励能力，这包括对他人的激励和自我激励两个方面的能力。在项目管理中，项目经理需要不断地激励项目团队的每个成员，使整个项目团队能够保持旺盛的士气和工作的积极性，全团队共同为实现项目的目标而努力。同时项目经理还需要不断地激励自己，使自己能够去面对和解决项目出现的各种问题。

项目经理的激励能力首先是深入了解和正确认识项目团队成员的个人需

求的能力。这涉及了解团队成员的个人需求、识别和发现团队成员的真正需要，认识团队成员的主导需求等方面的能力。因为，对任何人进行激励的前提是要了解和清楚他们的个人需求，并针对需求开展激励，所以项目经理首先应该具备这方面的能力。项目经理还要有能够正确选择和使用激励手段的能力。这包括合理选用精神激励或物质激励手段、内在激励或外在激励手段、正强化和负强化的激励手段等各种不同的激励手段的能力。其中，精神激励和物质激励二者多数是结合使用的，内在激励和外在激励手段的选择要根据被激励者本身的情况决定。正强化和负强化激励手段的选择取决于被激励者的行为和组织的期望，一般在被激励者的行为与组织期望背离的时候，需要采用负强化的手段（即批评和惩罚的手段），如果被激励者的行为与组织期望一致的时候，则需要采用正强化的手段（即奖励和表扬的手段）。

另外，项目经理还要能够制定出合理的奖惩制度，并能够适时地采用奖惩和其他一些激励措施。这包括，确定奖惩的适用情况和条件，奖励的间隔周期和惩罚的及时性，奖励和惩罚的力度与具体实施办法等。因为一个项目经理必须依靠制度去开展具体的激励工作，必须采取平等、透明的规定和办法去开展激励工作，而不能采用“黑箱”操作的方式，因此项目经理应该具备制定合理的奖惩制度的能力。同时，项目管理中的激励有很强的时效性要求，项目经理必须具有适时采用激励手段的能力。项目经理要能够根据具体情势，变通各种激励措施，运用各种激励的措施。

在项目管理中，项目经理还需要充分使用自己拥有的权力，通过各种各样的方式去影响他人的行为，为实现项目的目标服务。项目经理影响他人行为的能力来自两个方面，其一是运用职权影响他人行为的能力，其二是运用个人权力去影响他人行为的能力。项目经理的职位赋予了项目经理一定的职权，这包括：奖惩权、强制权和其他一些规定的权力。项目经理必须具备能够正确使用这些职权的能力，能够运用由于职位所获得的权力倾斜优势，去影响和改变他人行为的能力。其中，使用强制权的能力要求项目经理具备较高的法律知识，能够把握强制措施的力度，既不至于因滥用职权而触犯法律，也不至于因强制措施力度不够而失去作用。在使用奖惩权的能力方面要求项目经理充分处理好“公平和效率”的最佳替代，既不能过于强调奖励效率，而引发大多数人在公平方面的不满，也不能过于强调公平而造成项目团队不追求效率的问题。项目经理除了职位赋予的职权以外，还具有一定的专长权、个人影响力、参与权等一系列与个人素质和能力等因素有关的个人权力。项目经理在项目管理过程中必须能够充分运用这些个人权力去影响项目团队成员和其他人的行为。值得注意的是，由于项目是以团队作业方式开展的，团队成员之间的关系相对平等，项目经理的职权相对较弱，所以项目经理必须更好地使用个人权力去影响他人的行为，因为在这种情况下，个人权力是影响他人行为的主要力量。项目经理要能够充分运用自己的专长权（即由于具有专业特长而拥有的权威力量）去影响他人，尤其在一些高技术项目或科研开发项目中更是如此。同时，项目经理要能够使用个人影响力去影响团队其他成员的行为，这包括通过承担风险、身先士卒和行为表率，使团队成员佩服和听从调遣等等，这在探险项目、战争项目、竞赛项目中是非常重要的。

③人际交往能力

项目经理是一个项目的核心人物，他必须与项目业主/客户、项目的其他相关利益者以及项目团队的全体成员打交道，因此他必须具备较高的人际关系交往能力，否则他将无法领导自己的团队，无法与项目全体相关利益者保持正常的工作关系。项目经理的人际交往能力涉及许多方面，这包括：处理与业主/客户的委托代理关系方面的能力、处理与项目其他相关利益者的利益关系方面的能力、处理好项目所涉及公共关系方面的能力、处理好项目团队内部关系方面的能力等。例如，项目经理不但要与每位项目团队成员建立良好的人际关系，而且需要通过各种联谊活动与团队成员的家属建立良好的人际关系，这对于解决项目中发生的一些冲突是非常有用的。项目经理如果能够充分了解上级、业主/客户的想法，了解项目业主/客户的意图，获得他们的信任，这样就会使项目获得更多的资源和更大的支持。总之，项目经理必须具备较好的人际交往能力，才能很好地领导一个项目团队，才能很好地完成一个项目。

④处理矛盾和冲突的能力

项目经理是一个项目的矛盾和冲突的中心，因为所有项目业主/客户、项目的其他相关利益者以及项目团队的各种矛盾和冲突多数需要项目经理进行协调和处理。因此他必须具备处理矛盾和冲突的能力，否则他会陷入各种矛盾和冲突之中，那样不但无法完成项目，而且会引发各种各样的纠纷甚至诉讼。项目经理处理矛盾和冲突的能力同样包括许多方面，其中主要有：协商的能力（因为项目经理处理矛盾和解决冲突的首要手段是协商）、调停的能力（项目经理应能够为项目团队成员或团队成员与其他人调解矛盾和冲突）、妥协的能力（因为任何项目矛盾和纠纷的最终解决都是一种妥协的结果，即牺牲一定的利益或目标以解决矛盾和冲突）、搁置的能力（通过搁置矛盾和冲突使其随着时间的推移而自行消失、化解和解决）、激化的能力（有时矛盾和冲突必须通过激化去促使问题发生转化或得到解决）。另外，项目经理还需要具有一些其他的处理矛盾和冲突的能力。例如，合作的能力、退避的能力、转化的能力等等。

（3）项目经理的专业技能

这是指项目经理在项目实现过程中所需的处理项目所属专业领域技术问题的能力。一个项目经理不但要有项目管理和一般运营管理方面的能力，还必须要有项目相关专业领域的知识和技能（像房地产项目经理的土建和安装专业的知识与技能、化工企业建设项目经理的化学工艺流程专业的知识与技能）。因为项目都是属于一定专业领域中的一种一次性和创新性的工作，这就要求项目的经理必须具备足够的相关专业知识和专业技能。在项目管理中“外行领导内行”是非常困难的，所以多数项目经理都是由项目相关领域中的专家担任的。因为不同的项目涉及不同的专业领域，所以很难具体描述一个项目经理应该具备哪些专业性技能。当然，项目经理也不必一定是具体项目专业领域中的权威，但是项目经理必须具备项目所需的基本专业知识，了解项目所涉及专业的基本原理。例如，一个建设项目的经理必须了解土建工程和安装工程的基本原理和过程；一个信息系统开发项目的经理必须了解系统调查、系统分析、系统设计和系统测试的基本原理与方法，一个管理咨询项目的经理必须懂得企业管理的理论和实务等。

2.2.4 项目经理的素质要求

一个项目经理必须具备项目管理所需的基本素质，以适合项目管理的基本要求。项目经理的素质要求主要包括如下几个方面：

（1）要有勇于承担责任的精神

一个项目经理的管理责任是很重的，因为项目管理与一般运营管理不同，没有职能管理部门去分担各种管理责任，多数管理责任是由项目经理承担的，而且项目管理所处的环境又是相对不确定的，并且在项目管理的过程中，随时都需要项目经理做出各种决策和选择，因此项目经理必须具备勇于承担责任的素质。

(2)要有积极创新的精神

因为项目是一次性的和独特性的，所以往往没有经验和常规办法可以借鉴，因此在项目的实现过程中，项目管理几乎处处需要创新和探索，所以项目经理必须具备积极创新的精神，任何保守的做法、教条的做法和墨守成规的做法都会给项目的实现带来问题和麻烦，甚至根本就是行不通的。

(3)要有实事求是的作风

项目管理需要勇于承担责任和创新，而承担责任和创新的前提必须是坚持原则、尊重客观规律，所以项目经理还必须具有实事求是的作风。不管是项目业主/客户还是上级或政府提出的要求、做出的指示，凡是有问题的，项目经理一定要认真说明和据理力争，决不能唯唯诺诺、唯命是从，更不能贪污腐败，违背客观规律。

(4)要有任劳任怨、积极肯干的作风

项目管理的主要工作是现场指挥和一线的管理，这要求项目经理需要具有吃苦耐劳、任劳任怨、身先士卒、积极肯干的作风。因为在项目管理中有许多需要解决的矛盾和冲突，对项目经理也会有各种各样的抱怨，如果项目经理没有任劳任怨的作风和积极肯干的敬业精神，就无法承担管理整个项目的重担。

(5)要有很强的自信心

项目经理的一个重要的素质是要有很强的自信心，因为项目团队多数时间是在项目经理的独立领导下开展工作的，很少有上级或职能管理人员可以依靠，他们在许多时间和问题上只能相信自己的判断、自己的决策。在这种环境下，一个项目经理如果没有很强的自信心就会犹豫不决、贻误战机，就会耽误项目工作，所以项目经理还需要有很强的自信心。

2.3 项目的商业价值

每个组织都有其独特的商业价值。商业价值指的是组织所从事业务的整体价值,包括全部的有形价值和无形价值。例如,有形价值包括货币价值、固定设施、股东权益、其他有用的物品或器材;无形价值包括商誉、品牌认知度、公共利益、商标等。对于不同的组织,商业价值的范畴可以是短期、中期或长期的。对持续运营的有效管理可以创造商业价值;同时,有效运用项目组合、项目集和项目管理方法,组织就会具备用成熟的流程来实现战略目标的能力,以及从项目投资中获得更大商业价值的能力。虽然并非所有的组织都是商业驱动型组织,但是所有组织都在从事相关的业务活动。不论是政府机构还是非营利组织,所有的组织都非常关注从业务活动中积累商业价值。

商业价值的成功实现始于综合战略规划和管理。组织战略体现在组织的使命和愿景中,包括市场定位、竞争策略和其他环境因素。有效的组织战略为组织的发展和成长提供了明确的方向,以及考核成功的绩效指标。未来在组织战略和商业价值实现之间架起桥梁,就必须应用项目组合、项目集和项目管理技术。

项目集管理可以使组织有能力协调多个项目,实现各项目成本、进度、投入和收益的优化与整合。项目集管理关注项目之间的依赖关系,有助于确定管理和实现预期收益的最优方式。

项目管理可以使组织有能力应用知识、过程、技能、工具和技术来提高各种项目成功的可能性。项目管理关注产品、服务或成果的成功交付。作为项目集和项目组合的组成部分,项目是实现组织战略和目标的一种手段。

通过加强组织驱动因素(如组织结构、组织文化、组织技术和人力资源实践),组织可以更好地协调各种项目组合、项目集和项目管理活动。通过不断协调项目组合与组织战略,优化项目组合,开展业务影响分析,以及建立强健的组织驱动因素,组织可以实现在项目组合、项目集和项目领域之间的成功对接,从而实现有效的投资管理和预期的商业价值。

拓展阅读

1. 戚安邦著:《现代项目管理》,对外经贸大学出版社,2001 年。

2. [美]杰克·吉多、詹姆斯·P. 克莱门斯著,张金成等译:《成功的项目管理》,机械工业出版社,1999 年。

3. 刘新梅等编组:《项目人力资源与沟通管理》,清华大学出版社,1999 年。

4. 刘荔娟、李风云主编:《现代项目管理》,上海财经出版社,1999 年。

5. Lewis, J., *Fundamentals of Project Management*, Amacom Books, 1995.

6. Project Management Institute Standard Committee, *A Guide to The Project Management Body of Knowledge*, PMI, 1996.

7. Adams, J. and Campbell. *Roles and Responsibilities of the Project Managers*, PMI, 1982.

本章思考题

1. 组织与项目管理之间存在哪些关联?

2. 项目经理所承担的主要角色和职责包括哪些方面?

3. 你认为在项目经理应该拥有的概念性技能、人际关系技能和专业技术技能这三种技能中,哪一种技能是最为重要的? 为什么?

4. 你认为项目经理应该具备哪些基本素质? 各自有何用途?

5. 项目的商业价值可以体现在哪些方面?

第三章　项目组织结构

本章关键词

项目组织结构(Project Organization Structure);职能型组织(Functional Organization);项目型组织(Project Organization);矩阵型组织(Matrix Organization);组合型组织(Combined Organization)

本章要点

项目组织结构能够影响资源的可用性和项目的执行方式,其类型包括职能型、项目型、矩阵型以及组合型。不同类型的项目组织结构对项目的管理具有不同的影响,因此,了解项目组织结构的主要类型及其重要特性,对后续项目管理过程等内容的学习非常重要。

3.1　项目组织结构的设计

项目组织结构是项目组织内的全体成员为实现组织目标,在管理过程中进行分工协作,通过职务、职责、职权及相互关系构成的结构体系。项目组织结构的本质是组织成员间的分工协作关系。项目组织结构的内涵是人们的职、责、权的关系,因此,项目组织结构又可称为权责结构。

建立项目的组织结构是对项目的人力资源进行合理的配置和分工,使参与项目的各方的人员能有效地协同工作,发挥最高的效率。项目组织结构的内容主要有：

(1)职能结构

即完成组织目标所需要的各项业务及其比例和关系。如一个企业有经营、生产、技术、后勤管理等不同的业务职能，企业各项工作任务都为实现企业的总体目标服务，但各部分的权责关系却不同。

(2)层次结构

即管理层次的构成，又称组织的纵向结构。如公司机构的纵向层次大致可分为股东大会、董事会、总经理、各职能部门等，而各部门又下设基层部门，基层部门下设班组等，这样就形成了一个自上而下的纵向组织结构层次。

(3)组织结构

即各管理或业务部门的构成，又称组织的横向结构。如企业设置生产部、技术部、财务部、人事部、营销部等职能部门。

3.2　项目组织结构的类型

任何一个组织都是为完成一定的使命和实现一定的目标而设立的，由于每个组织的使命、目标、资源条件和所处的环境不同，所以他们的组织结构也会不同，因此人们无法找到一种适合于各种使命和目标的理想组织结构。对于项目组织管理而言，由于不同项目有不同的目标和要求，所以人们同样无法给出一个适合于各种项目的理想的组织结构，因此会有许多不同的项目实施组织结构的类型。项目实施组织结构的类型按照从面向功能到面向活动的程度进行划分，可分为直线职能型、矩阵型、项目型和综合型四大类。其中，这四大类还可以进一步细分，如矩阵型项目组织又可以分为弱矩阵型、均衡矩阵型和强矩阵型三类。本节将全面地讨论项目实施组织的主要类型和各自的主要特性。

3.2.1　职能型组织

直线职能型组织是一种层次型的，主要适用于运营性企业的组织结构。例如，现有的加工制造企业多数是采用这种组织结构。在这种组织结构中，每个雇员都有一个直接的上级，雇员需要接受他的领导并向他汇报，以保证组织的直线指挥系统能够充分发挥作用。这种组织中的雇员基本上是按照专业化分工和划分部门的，所以在这种组织中除了直线指挥系统之外，还有一系列的职能管理部门，它们负责企业或组织各方面的职能管理工作。例如，企业的供应部门负责原材料的采购与供应，销售部门负责产品的营销，财务部门负责企业的财务管理，人力资源部门负责企业的人力资源管理等。

这种直线职能型组织也可以用于完成某些项目，也可以在组织内部建立相关的项目团队，但是这种项目团队多数是按照直线职能型组织的职能部门组建的，这种项目团队的多数成员属于同一个职能部门。在这种项目团队中，项目经理和项目管理人员都是兼职的，一般不从直线职能型组织的其他部门选调专职的项目工作人员。这种团队的项目经理的权力和权威性很小，甚至很少使用"项目经理"这一头衔，而只是简单地称为"项目协调人"。例如，当一个直线职能型组织开发一项新产品时，他们往往将设计阶段的任务称为"设计项目"，交给由设计部门人员构成的项目团队去完成，而把新产品试制阶段的任务称为"试制项目"，交由试制或生产车间人员构成的项目团队去完成。如果在试制中遇到了问题，试制项目的人员会按照组织层次，通过部门领导去向"设计项目"的人员进行咨询和商讨。这种直线职能型组织对于开展项目管理是十分不利的。

这种直线职能型项目组织的结构如图3—1所示。

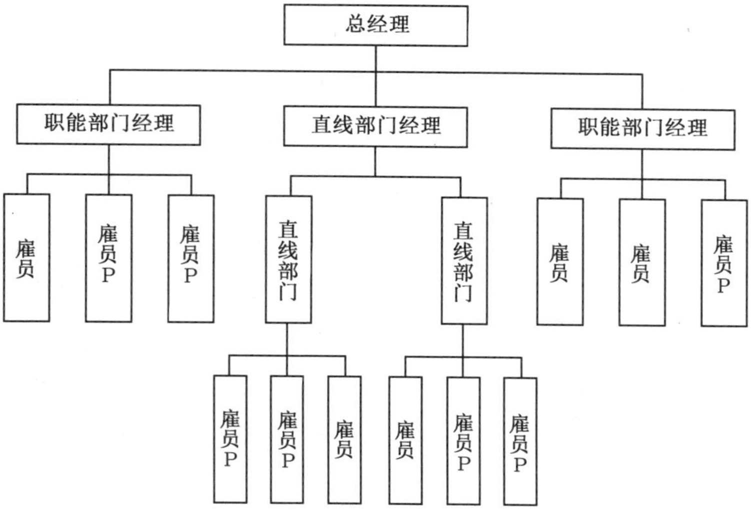

注：带“P”的雇员是分配去做项目的雇员（下同），他们的组合构成了直线职能型组织中的项目团队。

图 3—1　直线职能型组织中的项目团队结构示意图

3.2.2　项目型组织

项目型组织是一种模块式的组织结构，它主要适合于开展各种业务项目的企业，是一种专门为开展一次性和独特性的项目任务而建立的组织结构。例如，现有的建筑施工企业、系统开发与集成企业和管理咨询企业等多数都采用这种组织结构。在项目型组织中，雇员多数属于某个项目团队，而项目团队通常是多种职能人员组合而成的。在这种组织中也会有一定数量的职能部门负责整个企业的职能管理业务。例如，人力资源管理、财务管理和业务管理部门等。项目型组织的职能部门一般不行使对项目经理的直接领导，只是为各种项目提供支持或服务。

这种项目型组织的主要使命是开展各种业务项目。在这种组织中，绝大多数人员专门从事项目工作，只有少数人从事职能管理工作。这种组织中的项目经理是专职的，而且具有较大的权力和很高的权威性。这种组织的项目团队由专职项目经理、项目管理人员、项目工作人员和少量临时抽调的项目工作人员构成。例如，一个管理咨询公司中专门负责"战略管理咨询"的项目团队，有专职的项目经理、项目管理人员和专职的项目工作人员，在开展一些特殊行业的"战略管理咨询"时才会从本公司或外公司聘用少量熟悉这一特殊行业的专业人员参加项目团队的工作。项目型组织是非常适合于开展项目和项目管理的一种组织形式，所以多数从事业务项目经营活动的企业都采取这种组织结构和模式。这种项目型组织的结构如图 3—2 所示。

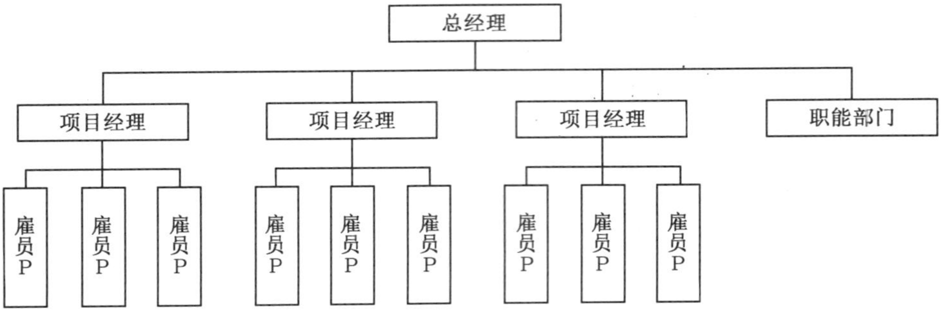

图 3—2　项目型组织的组织结构示意图

3.2.3　矩阵型组织

矩阵型组织是一种直线职能型组织和项目型组织的混合物，这种组织结构中既有适合于日常运营的直线职能型组织结构，又有适合于完成专门任务的项目型组织结构，因此它适合于既有日常运营业务，又有项目工作的企业或组织。例如，各种综合性医院、高等院校、软件开发企业和科研机构等。这种组织结构根据直线职能制和矩阵制的混合程度不同，又可以分为强矩阵型组织、弱矩阵型组织和均衡矩阵型组织。强弱不同的矩阵型组织分别保留了不同程度的直线职能型组织的特点。例如，在弱矩阵型组织中，项目经理的角色主要是协调者或促进者，项目经理的权威性较低，有的项目经理甚至还是兼职的。同时，矩阵型组织也具有许多项目型组织的特点。例如，在强矩阵型的项目组织中，有专职的项目经理、专职的项目管理队伍，项目经理也具有较大的权力等。

矩阵型组织的主要特色是它的专业职能部门构成了矩阵型组织的"列"，同时这种组织建立的项目团队构成了矩阵型组织的"行"。矩阵型组织从不同职能部门抽调各种专业人员组成一个个项目团队，当这些项目团队的任务结束以后，项目团队的人员又可以回到原来的专业职能部门中去，所以它具有很大的灵活性。例如，一个综合性医院会有内科、外科、脑系科等各种各样的医疗科室，但是当需要组织各种救灾、外援医疗队的时候，他们会从不同的科室中抽调各种专业的医护人员，任命专门的医疗队长，组成专门的医疗队去完成一项救灾或外援任务，但是一旦任务完成，医疗队就会解散，这些医护人员就各自回到自己原来的科室。矩阵型组织又有三种强弱不同的类型。

（1）弱矩阵型组织

这种矩阵型组织与直线职能型组织相似，但是这种组织有自己正式设立的项目团队，这种项目团队的一部分人员是专职从事项目工作的。虽然这种项目团队多数是临时性的，但是团队的大部分人是专门从事项目工作的。当然，这种组织的项目团队不是非常正规，其项目团队经理和项目管理人员多数是兼职的，而且他们的权力是十分有限的。由于这种组织中项目团队的临时性很强，它们的权力和影响力较弱，所以它们获得各种资源的权利有限，因此被称为弱矩阵型组织。这种组织的结构如图 3—3 所示。

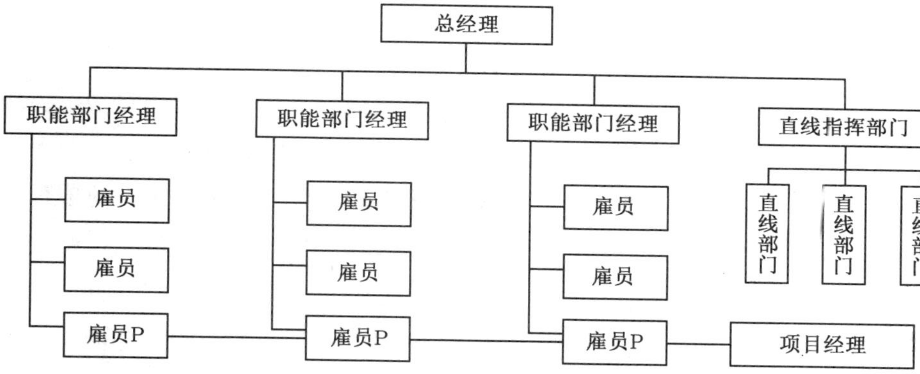

图 3—3　弱矩阵型组织的组织结构示意图

（2）均衡矩阵型组织

这种矩阵型组织是直线职能型组织体制和项目型组织体制两种体制相对均衡的一种组织形式，它兼有直线职能型组织和项目型组织两方面的特性。在这种组织中，不但有正式设立的项目团队，而且这种项目团队有较大一部分人员是专职从事项目工作的。这种组织中的项目团队既有专职的，也有兼职的项目管理人员。项目经理可以是专职的，也可以是兼职的，他们的权力比直线职能型组织中的项目经理大，但是比项目型组织中的项目经理小。这种组织获得资源的权利也是介于直线职能型和项目型组织的项目团队之间的。因此，这种组织被称为均衡矩阵型组织，其结构如图 3—4 所示。

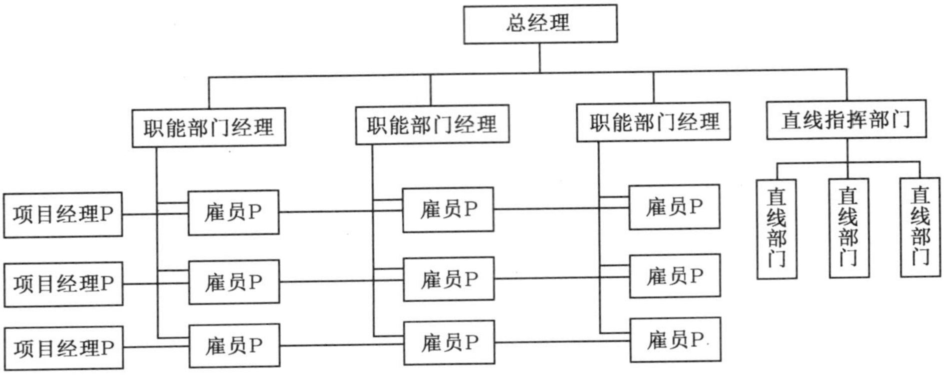

图 3—4　均衡矩阵型组织的组织结构示意图

(3)强矩阵型组织

这种矩阵型组织与项目型组织非常相似，所以在许多方面与项目型组织相近。这种组织中的直线部门只是一些相对不很重要的生产部门，它们所获得的资源和它们所具有的权力性相对都比较弱。这种组织中有正式设立的项目团队，绝大多数人员是专职从事项目工作的。这种组织中会有很多项目，所以专职从事项目工作的人在一个项目团队解散以后会很快转到另一个项目团队。这种组织的项目经理和项目管理人员一般是专职的，他们的权力和他们获得资源的权利都较大。这种组织的主要资源被投入到项目团队中。因此这种组织被称为强矩阵组织，这种组织的结构如图 3—5 所示。

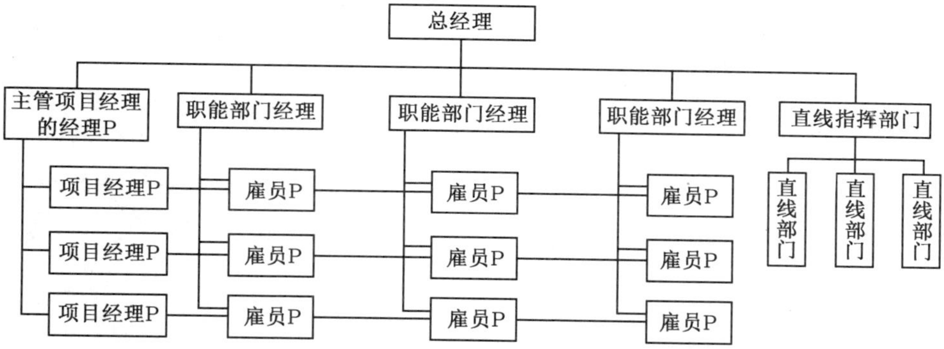

图 3—5　强矩阵型组织的组织结构示意图

3.2.4　组合型组织

组合型组织是一种集成直线职能型、矩阵型和项目型组织的全面组合。这种组织既有直线职能部门，又有为完成各类项目而设立的矩阵型组织和项目型组织。从项目型组织的特性上说，这种组织有自己专门的项目队伍，这种项目队伍有自己的管理规章制度，他们使用与本企业直线职能部门不同的规章制度，他们可以建立独立的报告和权力体系结构。同时，这类组织的直线职能部门和项目部门与项目队伍还可以为完成一些特定的项目而按照矩阵型组织的方法去组织项目团队，在项目完成后这种项目团队的人员可以回到原有的职能部门或项目部门中去，因此这种组织具有浓厚的矩阵型组织的色彩。其结构如图 3—6 所示。

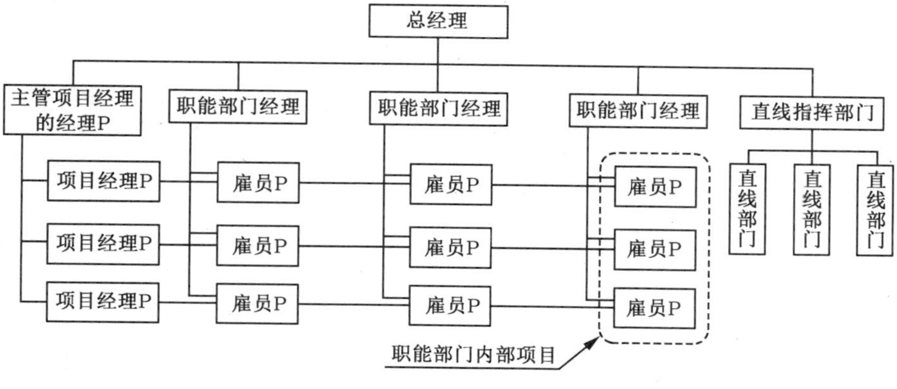

图 3—6　组合型组织的组织结构示意图

3.3 项目组织结构的选择

每一种组织结构形式都有其优点、缺点和使用条件,没有一种万能的、最好的组织结构形式,见表3－1。对不同的项目,应根据项目具体目标、任务条件、项目环境等因素进行分析、比较、设计或选择最合适的组织结构形式。一般来说,部门控制式的组织结构适用于项目规模小、专业面窄、以技术为重点的目标;如果一个组织经常有多个类似的、大型的、重要的、复杂的项目,应采用项目式的组织结构;如果一个项目经常有多个内容差别较大、技术复杂、要求利用多个职能部门资源时,比较适合选择矩阵式组织结构,见表3－2、表3－3。如果要完成一个大型的、重要的、复杂的、要求利用多个职能部门资源的项目则可采用工作队式。

表3－1　不同项目组织结构类型的优缺点比较

名称	定　义	优　点	缺　点	适用范围
职能式	是一个层次化的结构,每个成员有明确的上级	有利于充分发挥资源集中优势; 在人员使用上具有较大的灵活性; 技术专家可同时参与不同的项目; 同一部门的专业人员在一起易于交流知识和经验; 当有人离开项目时,仍能保持项目的技术连续性; 可以为本部门的专业人员提供一条正常的升迁途径	更多地考虑自己的日常工作,而不是项目和客户的利益; 职能部门的工作方式是面向本部门的活动,而项目要成功,必须面向问题; 由于责任不明,容易导致协调困难和局面混乱; 由于和客户之间存在多个管理层次,容易造成对客户的响应迟缓; 不利于调动参与项目人员的积极性; 跨部门的交流沟通有时比较困难	适合小型项目的管理
项目式	从公司组织分离出来的,是一种单目标的垂直组织方式,每个项目都任命了专职的项目经理	项目经理对项目全权负责,享有较大的自主权,可以调用整个组织内外的资源; 命令单一,决策速度快; 团队精神得以充分发挥; 对客户的要求响应较快; 组织结构简单灵活,易于操作; 易于沟通协调	每个项目都有自己独立的组织,资源不能共享,会造成一定程度的资源浪费; 项目与部门之间联系少,不利于与外界的沟通; 项目处于相对封闭的环境中,容易造成不同项目在执行组织规章制度上的不一致; 项目一旦结束,项目成员的工作没有保障,不利于员工的职业发展	大型、复杂的项目管理

续表

名称	定 义	优 点	缺 点	适用范围
矩阵式	在职能式组织的垂直层次上，叠加了项目式组织的水平结构。 强矩阵式组织类似于项目式组织	解决了传统模式中企业组织与项目组织的矛盾； 能以尽可能少的人力，实现多个项目管理的高效率； 有利于人才的全面培养； 对客户的要求响应较快； 能集中各部门的技术和管理优势	项目的成员来自职能部门，故受职能部门控制，因而影响项目凝聚力； 如果管理人员身兼多职，管理多个项目，容易出现顾此失彼的情况； 项目成员接受双重领导，容易产生矛盾，无所适从； 组织形式复杂，易造成沟通障碍； 项目经理与职能经理职责不清，易发生相互推诿，争功夺利的情况	大型、复杂项目或同时承担多个项目的管理
事业部式	在企业内部成立事业部，事业部对企业来说是职能部门，对企业外部来说享有相对独立的经营权，可以是一个独立单位，下设项目部	有利于企业的经营职能，扩大企业的经营业务，便于开拓企业的业务领域； 项目经理有权有职； 能迅速适应环境变化，提高应变能力	企业对项目的约束力减弱，对项目的管理和协调难度较大	多项目的大型企业，特别适合远离公司本部的项目的管理

表 3—2 不同项目组织结构形式选择的对比

名 称	职能式	矩阵式	项目式
不确定性	低	高	高
所用技术	标准	复杂	新
复杂程度	低	中等	高
持续时间	短	中等	长
规模	小	中等	大
重要性	低	中等	高
客户类型	各种各样	中等	单一
对内部依赖性	弱	中等	强
对外部依赖性	强	中等	弱
时间限制性	弱	中等	强

表 3—3　　不同项目组织结构形式选择的对比

组织形式	职能式	矩阵式			项目式
		弱矩阵式	平衡矩阵式	强矩阵式	
项目经理权限	很少或没有	有限	小到中等	中等到大	很高或全权
全职工作人员比例	几乎没有	少于 25%	15%至 60%	50%至 95%	85%以上
项目经理任务	兼职	兼职	全职	全职	全职
项目经理常用头衔	项目协调员	项目协调员	项目经理	项目经理	项目经理
项目管理行政人员	兼职	兼职	兼职	全职	全职

拓展阅读

1. 戚安邦著:《现代项目管理》,对外经贸大学出版社,2001 年。

2. [美]杰克・吉多,詹姆斯・P. 克莱门斯著,张金成等译:《成功的项目管理》,机械工业出版社,1999 年。

3. 刘新梅等编组:《项目人力资源与沟通管理》,清华大学出版社,1999 年。

4. 刘荔娟、李风云主编:《现代项目管理》,上海财经出版社,1999 年。

5. Lewis, J., *Fundamentals of Project Management*, Amacom Books, 1995.

6. Project Management Institute Standard Committee, *A Guide to The Project Management Body of Knowledge*, PMI, 1996.

7. Adams, J. and Campbell. *Roles and Responsibilities of the Project Managers*, PMI, 1982.

本章思考题

1. 项目组织结构具体有哪些内容?

2. 项目组织结构的类型主要有哪些?

3. 不同类型的项目组织结构的区别是什么? 各自优缺点有哪些?

4. 如何选择不同的项目组织结构类型?

第四章　项目管理过程

本章关键词

项目工作阶段(Project Work Phase);项目管理过程(Project Management Process);项目生命周期(Project Life Cycle)

本章要点

本章着重讨论了项目过程、项目管理过程和项目生命周期。对于项目过程的论述包括有关项目阶段的划分和项目阶段特性的全面讨论。对于项目管理过程的论述包括对于项目管理过程组和五种项目管理具体工作过程的详细讨论,以及对于项目管理过程选用的讨论。对于项目生命周期的讨论结合了不同项目生命周期的实例,给出了现代项目生命周期的概念、内容和应用,并进行了深入探讨。

4.1　项目的获得

组织经常直接或间接利用项目去实现战略规划中的目标。项目的批准通常出于以下一项或多项战略考虑:

(1)市场需求,如为应对汽油紧缺,某汽车公司批准一个低油耗车型的研发项目;

(2)战略机会/业务需求,如为提高收入,某培训公司批准一个新课开发项目；

(3)社会需求，如某发展中国家的某非政府组织批准一个项目，向传染病高发社区提供饮用水系统、厕所设施和卫生教育；

(4)客户要求，如为了给新工业园区供电，某电力公司批准一个新变电站建设项目；

(5)技术进步，如基于计算机存储技术和电子技术的发展，某电子公司批准一个更快捷、更便宜、更小巧的笔记本电脑开发项目；

(6)环境考虑，如为降低污染，某上市公司批准一个项目，建立一项共享电动小汽车的新服务；

(7)法律要求，如某化学制品厂批准一个项目，研发新型有毒物品处理指南。

4.2 项目工作阶段的划分

现代项目管理理论认为任何项目都是由两个过程构成的：一是项目的实现过程，二是项目的管理过程，所以现代项目管理特别强调项目管理的过程性和阶段性。现代项目管理将整个项目管理工作看成是一个完整的管理过程，并且将各项目阶段的计划、实施、控制等具体管理活动看成是项目管理的一个个完整的工作过程。现代项目管理要求在项目管理中根据具体项目所属专业领域的特性和实现过程的特定情况，以及项目实现过程中所面临的各种限制条件，将一个项目划分成若干个便于管理的项目阶段，并将这些不同项目阶段的管理活动进一步划分成一系列的具体管理过程，这样就可以分阶段、按过程做好一个项目的管理了。现代项目管理的目标是要在生成项目产出物(成果)的实现过程中，通过项目的管理过程去保障项目目标的实现。

4.2.1 一般项目的工作阶段划分

在项目管理中，划分项目阶段的首要标志是项目工作的相同性，通常相同性质的项目工作会划分在同一个项目阶段中，而不同性质的项目工作会划分在不同的项目阶段中。现代项目管理划分项目阶段的第二个标志是项目阶段成果(项目产出物)的整体性,即一个项目阶段的全部工作必须能够产出自成体系的标志性成果,这种成果既是这个项目阶段的输出,也是下个项目阶段的输入,或者是整个项目的终结。现代项目管理理论将整个项目的全部工作看成是由一系列项目阶段构成的一个完整的项目生命周期。

一个具体的项目可以根据项目所属专业领域的特殊性和项目的工作内容等因素划分成各种不同的项目工作阶段。但是,对于一般意义上的项目,现代项目管理将其划分为四个主要的工作阶段。这四个项目工作阶段分别是:

(1)项目定义与决策阶段

在这一项目阶段中,人们提出一个项目的提案,并对项目提案进行必要的机遇与需求分析和识别,然后提出具体的项目建议书。在项目建议书或项目提案获得批准以后,就需要进一步开展不同详细程度的项目可行性分析,通过项目可行性分析找出项目的各种备选方案,然后分析和评价这些被选方案的损益和风险情况,最终做出项目方案的抉择和项目的决策。这一阶段的主要任务是提出项目、定义项目和做出项目决策。

(2)项目计划与设计阶段

在这一阶段中,人们首先要为已经做出决策、要实施的项目编制各种各样的计划(针对整个项目的工期计划、成本计划、质量计划、资源计划和集成计划等)。在这些计划工作的同时,一般还需要开展必要的项目设计工作,从而全面设计和界定整个项目、项目各阶段所需开展的工作、有关项目产出物的全面要求和规定(包括技术方面、质量方面、数量方面、经济方面等)。实际上,这一阶段的主要工作是对项目的产出物和项目工作做出全面的设计和规定。

(3)项目实施与控制阶段

在完成了项目计划和设计工作以后,人们就可以开始项目实施了。在项目实施的同时人们要开展各种各样的项目控制工作,以保证项目实施的结果、项目设计与计划的要求和目标相一致。其中,项目实施工作还需要进一步划分成一系列的具体实施阶段,而项目控制工作也可以进一步划分成项目工期、成本、质量等不同的管理控制工作。这一项目阶段是整个项目产出物的形成阶段,所以这一项目阶段的成果是生成的项目产出物,不管项目的产出物是实物形态的(例如,一栋建筑物),还是知识或技术形态的(例如,一项科研成果)。

(4)项目完工与交付阶段

项目实施阶段的结束并不意味着整个项目工作的全部结束，项目还需要经过一个完工与交付的工作阶段才能够真正结束。在项目完工与交付阶段，人们要对照项目定义和决策阶段提出的项目目标，和项目计划与设计阶段所提出的各种项目计划和要求，先由项目团队(或项目组织)全面检验项目工作和项目产出物，然后由项目团队向项目的业主(项目产出物的所有者)或用户(项目产出物的使用者)进行验收移交工作，直至项目的业主/用户最终接受了项目的整个工作和工作结果(项目产出物)，项目才算最终结束。

4.2.2 项目定义与决策阶段的工作

项目定义与决策阶段所要做的工作主要包括下列几个方面：

(1)分析和识别项目的机遇与需求

现代项目管理认为项目是将人们的设想(Idea)变为现实的一项根本手段。人类在生产活动、经济和社会活动中会遇到各种各样的问题，从而产生各种各样的设想、主意、建议和计划。人们要想将这些设想、主意、建议和计划变为现实，首先要将这些设想、主意、建议和计划所要解决的问题，所面临的机遇和所能满足的需求识别出来，并定义清楚。因此，在项目定义与决策阶段人们首要的任务是识别出项目的机遇和对于项目的基本需求。这一方面要做的主要工作有：

①发现问题并提出设想

首先要找出为解决什么问题而开展一个具体项目。通常，这类问题都是限制一个企业或组织的生存与发展的关键性问题或瓶颈性问题。这种问题是开展一个项目的基本前提和必要条件。所以项目管理将“发现问题”作为一个项目的起点。当然，在发现问题的基础上，还需要进一步分析问题并找出解决问题的办法，即提出项目的基本设想。

②分析机遇和条件

在发现问题和提出设想的基础上，还需要分析和识别是否存在能够解决问题、实现设想，从而使企业或组织获得发展的机遇和条件。这既包括企业或组织自身内部条件的分析，更重要的是有关外部环境和机遇的分析与研究。人们有许多设想是非常好的，但是由于这些设想“生不逢时”，故而根本无法实现。

③分析需求并提出项目提案

在分析了机遇和条件以后，还需要进一步分析项目设想在满足企业或组织需求方面的情况，即项目能够在多大程度上解决组织所面临的问题。例如，开发企业所需的管理信息系统项目时，要分析这一系统在多大程度上能够满足企业管理与决策的需要。如果项目能够满足组织的基本需要，并解决组织所存在的问题，就可着手提出项目提案或项目建议书了。

（2）给出项目提案或项目建议书

项目定义与决策阶段的第二项任务是给出项目的提案或项目建议书。项目提案和项目建议书在作用和内容上基本是相同的，一般国外习惯使用项目提案的说法，我国习惯使用项目建议书的说法。通常一个项目提案或项目建议书应该包括的内容如下：

①项目的目标

在项目提案或项目建议书中，首先要明确定义项目所要达到的目标。这些目标包括两大类：一类是项目产出物所要达到的目标要求（如项目产出物的质量、数量等）；一类是有关项目工作的目标要求（如项目的工期、成本等）。项目提案或项目建议书定义的项目目标要达到：具体、可行、能够度量、便于检查和表达简洁等方面的要求。

②项目任务和范围

在项目目标确定以后，还需要根据项目目标界定项目的任务和项目的范围。这包括阐明和界定出项目要解决的具体问题、要满足的具体需求、项目的主要任务和最终成果形式与内容，以及实现项目目标所需要开展的主要活动等。项目提案或项目建议书界定给出的项目任务和范围要达到：表述明确、切实必要、有相应的资源保障和有一定的弹性等方面的要求。

③项目工作和项目产出物的具体要求

在项目提案或项目建议书编制中，还需要以项目目标为依据，进一步规定和描述对于项目工作和项目产出物的具体要求。这包括具体地给出度量项目工作的任务、绩效、质量、经济效益等方面的指标（如工期、成本和工作质量的度量指标），度量项目产出物的数量、质量、科技水平、经济技术效果等方面的具体指标(如信息系统开发项目的系统功能、信息处理速度、可扩展性等度量指标)。项目提案或项目建议书中有关项目工作和项目产出物的具体规定和要求,一般应该是切实可行和能够度量的,因为这些是最终检验项目工作和项目产出物的基准。

(3)开展项目可行性研究并做出项目决策

项目管理要求对任何项目都要进行可行性研究,只是不同项目的可行性研究所要求的研究深度和复杂程度不同而已。不同国家对于项目可行性研究的要求有所不同,但是一般项目可行性研究的主要内容和工作如下:

①初步可行性研究

这一工作的内容主要是分析和研究项目提案或项目建议书所提出的项目的必要性、合理性、风险性和可行性,以及分析和评价项目提案或项目建议书中所得出的各种结论,从而做出项目是否立项的初始决策(初始决策是指对于某事物的首次决策)。通常,这一步的可行性分析涉及四个方面的内容:项目的技术可行性分析、项目的经济可行性分析、项目的运营可行性分析、项目的综合可行性分析。其中,项目的技术可行性分析是对于项目所采用的技术手段和项目产出物的技术要求等方面所进行的可行性分析与评价;项目的经济可行性分析是对项目工作的经济投入与产出和项目产出物的技术经济效果等方面的分析和评价;项目的运营可行性分析是对项目所需的各种条件和项目产出物投入运营后所需的各种支持条件的分析与评价;而项目的综合可行性分析是将前面给出的三个单项可行性分析综合在一起而给出的项目可行性分析与评价。项目可行性分析的目的包括两个方面:其一是确定项目是否可行,从而得出项目是否立项的结论;其二是确定项目的哪个备选方案最好,并得出各个备选方案的优先序列。项目的初步可行性分析是一种过渡性的工作,有时可以放在项目提案或项目建议书阶段完成,有时可以与详细可行性分析合并进行。

②详细可行性研究

这一工作的内容是在初步可行性研究的基础上,进一步详细地研究项目的可行性,分析项目的技术可行性、经济可行性、运营可行性,以及项目的不确定性和各种风险,各种环境影响和各个备选方案的优劣。详细可行性分析一般要比初步可行性分析详细和复杂。例如,对于经济可行性分析在这一阶段需要对项目进行财务评价和国民经济评价两个方面的分析。其中，项目财务评价是从企业的角度，按照国家现行财税制度和价格体系，分析和评价项目的财务效益，评估项目的财务可行性，决定项目是否可行的一项重要工作。各项财务评价指标从不同的角度分析和评价一个项目的财务可行性（最主要的有财务静态评价指标与动态评价指标，动态评价指标即考虑了货币时间价值的评价指标）。这种评价对于企业是非常重要的，但是对国家、社会和国民经济的考虑不多，所以项目还要进行国民经济评价。国民经济评价是按照全社会资源合理配置的原则，从国家整体的角度考察项目的效益和费用。这需要运用影子价格、影子工资、影子汇率、社会折现率等经济参数，分析项目对国民经济的贡献，从而对项目的经济可行性做出评价方法。这种评价是国家对于大中型项目的可行性分析所要求的，一个大中型项目只有国民经济评价达到可行，方能获得批准。

③项目可行性分析报告的审批

项目可行性报告一般是由项目提出者、项目业主或项目的主管者自行或委托项目管理咨询单位完成的，项目的可行性分析与研究者必须对研究的真实性、准确性和可靠性负责。同时项目的可行性分析报告还必须经过决策机构的审批，对于影响国计民生或与社区利益关系重大的项目还必须报送主管部门或国家机关，直至国务院审批。项目可行性分析报告审批的过程是一个项目最终决策的过程。不管项目可行性分析报告是否通过审批，这一过程的终结才是项目决策阶段的完成。项目可行性报告一旦获得审批，那么这一文件就成为今后项目投资决策的依据、项目设计的依据、项目资金筹措和资源配备的依据、项目实施的依据和指导文件以及项目实施完成并投入运营以后所做的后评估的依据。

4.2.3　项目计划与设计阶段的工作

项目计划与设计阶段所要做的工作主要包括下列几个方面：

(1)项目集成计划的制定

项目集成计划的制定是对项目总体工作的一种计划安排，是对各种专项计划的一种集成。项目集成计划制定工作的结果是得到一份指导整个项目实施和控制、协调统一的计划文件。项目集成计划的作用是：指导整个项目的实施和控制、协调各专项计划与工作、协调和促进利益相关者之间的沟通、界定项目的工作内容、范围和时间、提供绩效度量和项目控制的标准与基线等。

(2)项目专项计划的制定

项目专项计划的制定是对项目各方面具体工作的一种计划安排,是根据项目各种不同的目标而制定的各种专业工作或者专项工作的计划。项目专项计划制定工作的结果是得到一系列指导项目各专业和专项任务实施、控制与协调的计划文件。项目专项计划的作用是:指导项目某个专业或专项工作的实施与控制,协调专业工作或专项工作各个方面的利益和沟通,明确和界定项目的专业或专项工作的内容、范围和时间,提供度量专业或专项工作绩效和项目控制的标准与基准等。

(3)项目产出物的设计和规定

项目产出物的设计和规定工作包括对项目产出物的技术设计,实施方案设计、技术规范要求设计等方面的工作。这些工作对项目产出物从技术方面、质量方面、数量方面、经济方面等做出了全面的要求和规定。实际上在对项目产出物做出设计和规定的同时,也需要对项目各阶段和各方面所需开展的工作做出了相应的规定和要求,所以可以说这是一项有关项目产出物与项目工作的全面设计和规定的工作。

(4)项目工作的对外发包与合同订立

当一个项目的工作需要使用外部承包商和供应商的时候,在项目计划和设计阶段通常还会包括对外发包和合同订立工作。这项工作也属于计划安排的范畴,所以它被划分在这一阶段。一般这项工作包括:承发包标书的制定、发标、招标、评标、中标和签订承包合同等内容。外包的项目工作可以多种多样,一个项目可以是全部外包,也可以是部分外包。项目工作外包的形式也多种多样,可以是总包、分包、包工包料、只包工不包料等。

4.2.4 项目实施与控制阶段的工作

在项目的实施与控制阶段,主要的工作是项目产出物的生产和这种生产过程的管理与控制,即项目的实施和管理控制工作。其中,项目的实施及其管理工作还可以进一步划分成一系列具体的实施阶段;项目的控制工作又可以进一步划分成对于项目工期、成本、质量等不同方面的控制工作。因为这一阶段是整个项目产出物的生产与形成阶段，所以这一阶段的工作与项目产出物所涉及的专业领域有关。例如，项目的产出物若是一栋建筑物，它的实施、管理与控制工作就包括从土建、安装一直到建成这一全过程的实施、管理与控制工作；而若项目的产出物是一项科研成果，它的实施、管理与控制工作就包括从项目立项以后，到项目成果鉴定这一整个过程的实施、管理与控制工作。项目实施与控制阶段的主要工作包括下述几个方面：

(1)项目控制标准的制定

项目控制标准的制定是项目实施与控制阶段的首要任务，它是整个项目实施与控制阶段所需的各种管理依据和基准的制定工作。项目控制标准的制定包括项目进度控制、成本控制、质量控制等项目成功的关键要素控制标准的制定，和与项目专业特性有关的一些具体控制标准的制定。例如，建筑项目的安全控制标准、科研项目的阶段成果控制标准等。

(2)项目实施工作的开展

项目实施与控制阶段最主要的工作是项目的实施工作，即项目产出物的生产或形成工作。这一工作在每个项目中都有不同的内容，需要开展各种不同的作业。例如，建设一栋教学楼的项目与研制一项新产品的项目，它们的实施作业与活动就完全不同；即使建设同样设计的两栋楼，不同的施工地点、施工时间和施工队伍，它们的实施作业与活动也会有所不同。

(3)项目实施中的指挥、调度与协调

在项目实施与控制阶段的项目产出物生产形成作业与活动中，项目的管理者必须通过指挥、调度和协调等管理工作，使整个实施作业与活动能够处于一种有序的状态，并且使整个项目的实施在一种资源能够合理配置的状态下开展。项目实施中的指挥、调度和协调工作既涉及对于项目实施任务的指挥调度，又涉及对于项目团队关系的协调和对于项目资源的调配。

(4)项目实施工作的绩效度量与报告

在项目的实施工作中，必须定期对项目实施工作的绩效进行度量与报告。项目实施的绩效度量是将实施工作的实际结果与项目控制标准进行对照和比较的工作，项目实施的绩效度量报告工作是对照项目控制标准，统计、分析和报告项目实施实际情况的工作。通常项目实施阶段的这两方面工作给出了项目实施情况与项目标准之间的偏差、造成偏差的原因和纠偏的各种措施等。

(5)项目实施中的纠偏行动

项目实施与控制工作中最重要的管理工作是采取各种纠偏行动,即采取各种行动去纠正项目实施中出现的各种偏差,使项目实施工作保持有序和处于受控状态。这些纠偏措施有些是针对人员组织与管理的,有些是针对资源配置与管理的,有些是针对过程和方法的改进与提高的等。在项目实施与控制阶段,实施纠偏措施是制止偏差、消除问题与错误的具体管理行动。

4.2.5 项目的完工与交付阶段的工作

整个项目工作最后一个阶段是项目的完工与交付阶段。在项目的完工与交付阶段,人们要开展两个方面的主要工作。其一,由项目团队或项目组织开展的项目完工的工作,即全面检验项目工作和项目产出物,对照项目定义与决策阶段、项目计划与设计阶段所提出的项目目标和各种要求,确认项目是否达到目标或要求的工作,当发现项目存在问题或缺陷时,开展相应的返工与整改工作,使项目最终达到目标和要求。其二,由项目团队或项目组织向项目业主/用户进行验收和移交工作,在移交过程中当项目业主/用户对项目工作和项目产出物提出整改要求时,项目团队则需要采取行动满足或拒绝这类要求,直至项目的业主/用户最终接受项目的工作和成果。

(1)项目的完工工作

项目的完工工作主要包括各项工作的完结和项目涉及的各种分包或供货等合同的终结两个方面的工作。不管是由项目业主自行完成的项目实施工作,还是总包或分包出去由其他组织完成的项目实施工作,都需要对完成的实施工作进行全面的检查及整改,并最终完结工作。如果在实施工作中又分包出去的工作,还需要按照合同进行完工和验收工作。最终,项目组织应该将这两部分进行汇总,以完成整个项目的完工工作。

(2)项目的交付工作

项目的交付工作涉及两个方面,其一是项目产出物的实物验收与交付工作,其二是项目产出物的产权或所有权交付工作。对于项目产出物的验收与交付工作通常会涉及对项目产出物的全面验收检查，针对问题的整改、纠正和项目产出物的交付。当然，不同的项目产出物会有不同形式的项目交付工作。例如，住宅建设项目的验收和交付与软件开发项目的验收与交付工作的内容就完全不同，前者是对于建筑物实物的验收和移交，后者是软件功能的验收和移交，因为后者交付的实物（软盘或光盘）只是软件的载体而已。对于项目产出物的产权或所有权的交付工作，通常会涉及不同的所有权和使用权的交付，以及相应文件的签署。例如，对于一个委托的软件开发项目产出物所有权的交付，一般只是软件使用权的交付或专用权的交付，但不涉及软件知识产权的交付，一般软件的源代码是不交付给委托开发方的。

4.3　项目的具体管理过程

4.3.1　项目过程

现代项目管理认为，项目是由一系列的项目阶段所构成的一个完整过程（或叫全过程），而各个项目阶段又是由一系列具体活动构成的一个工作过程。此处所谓的“过程”是指：能够生成具体结果（或叫可度量结果）的一系列活动的组合。一般一个项目是由两种类型的项目过程构成：

（1）项目的实现过程

项目的实现过程是指人们为创造项目的产出物而开展的各种活动所构成的过程（一般也将此简称为“项目过程”）。项目的实现过程一般用项目的生命周期来说明和描述它们的活动和内容。不同专业领域的项目，它们的项目实现过程是不同的，这将在后面的项目生命周期一节中讲述。

（2）项目的管理过程

项目的管理过程是指在项目实现过程中，人们所开展项目的计划、决策、组织、协调、沟通、激励和控制等方面的活动所构成的过程（一般称“项目管理过程”）。在大多数情况下，不同项目的实现过程需要有不同的项目管理过程，但是本章要讨论的是适用于大多数项目的项目管理过程。在一个项目的进程中，项目管理过程和项目实现过程从时间上是相互交叉和重叠的，从作用上是相互制约和相互影响的。例如，如果对一个项目本身界定得不很清楚，项目的计划工作和控制活动就很难开展。相反，如果项目的计划工作很差，那么项目成功实现的可能性就很小了。

4.3.2 项目管理过程

项目的实现过程是由一系列的项目阶段或项目工作过程构成的，任何项目都可以划分为多个不同的项目阶段或项目工作过程。但是，对于一个项目的全过程或者一个项目的工作过程而言，它们都需要有一个相对应的项目管理过程。这种项目管理过程一般是由五种不同的项目管理具体过程构成的。这五种项目管理具体过程构成了一个项目管理过程组，一个项目管理过程组包括：起始过程、计划过程、实施过程、控制过程和结束过程。这些项目管理具体过程的特定描述如下：

（1）起始

一个项目管理过程组的首要管理过程是项目管理的“起始过程”。它包含的管理内容有：定义一个项目阶段的工作与活动、决策一个项目或项目阶段的起始与否，或决定是否将一个项目或项目阶段继续进行下去等。这是由一系列决策性的项目管理工作与活动所构成的项目管理具体过程，其最主要的活动是运用外部环境与内部条件的分析和预测方法、确定性和风险性决策的方法等项目管理分析、预测和决策方面的工具与方法，做出一个项目阶段是否开始实施的决策，并生成相应的文件与信息。例如，一个项目的设计阶段是否应该开始、一个项目的实施阶段是否应该开始的决策，相关文件与信息的生成就属于这一项目管理具体过程中的活动。

（2）计划

一个项目管理过程组的第二种管理过程是项目管理的“计划过程”，它包含的管理内容有：拟定、编制和修订一个项目或项目阶段的工作目标、工作计划方案，资源供应计划、成本预算、计划应急措施等。这是由一系列计划性的项目管理工作与活动所构成的项目管理具体过程。

（3）实施

一个项目管理过程组的第三种管理过程是项目管理的“实施过程”，它包含的管理内容有:组织和协调人力资源及其他资源,组织和协调各项任务与工作,激励项目团队完成既定的工作计划,生成项目产出物等。这是由一系列组织性的项目管理工作与活动所构成的项目管理具体过程。

(4)控制

一个项目管理过程组的第四种管理过程是项目管理的"控制过程",它包含的管理内容有:制定标准、监督和测量项目工作的实际情况、分析差异和问题、采取纠偏措施等管理工作和活动。这些都是保障项目目标得以实现,防止偏差积累而造成项目失败的管理工作与活动。这是由一系列控制性的项目管理工作与活动所构成的项目管理具体过程。在项目实现过程中,项目各个阶段和各项工作的绩效必须不断地进行度量,并将度量的结果与项目或项目阶段的目标、计划和标准进行比较,以便识别出项目实际工作与项目计划和标准之间是否存在偏差和问题。如果项目的偏差超出了允许的范围,那么就需要针对这些偏差的性质与原因,采取各种措施以便纠正这种偏差。纠偏措施一般包括两个方向,其一是努力改进实际工作,提高实际工作绩效,从而使项目的实际与计划相吻合;其二是设法调整项目计划、目标和标准,从而使项目计划或标准与变化了的项目实际情况相一致。例如,一个项目的工期拖延了,既可以通过对实际的人员安排或加班时间进行调整,也可以对项目的进度目标与计划进行调整。"控制过程"的活动进一步可以分为三大类,其一是对于可能发生的问题所采取的预防性控制活动(事前控制),其二是在"实施过程"中所开展的控制活动(事中控制),其三是在实施工作完成以后所开展的控制活动(事后控制)。

(5)结束

一个项目管理过程组的第五种管理过程是项目管理的"结束过程",它包括的管理内容有:制定一个项目或项目阶段的移交与接受条件,并完成项目或项目阶段成果的移交,从而使项目顺利结束。这是由一系列文档化和移交性的项目管理工作与活动所构成的项目管理具体过程。在许多项目的管理中,人们往往最为忽视的就是这一项目管理具体过程,并且因而为项目后续阶段留下了许许多多的问题和麻烦。因为如果没有"结束过程"就盲目地开始项目下一阶段的工作,多数情况是会给项目下一个阶段的工作带来许多隐患。

4.3.3 项目管理具体过程之间的关系

项目管理的这些具体管理过程之间的关系，首先是一种前后衔接的关系。项目管理具体过程的输入和输出是它们相互之间的关联要素。一个项目管理具体过程的结果或输出可以是另一个项目管理具体过程的输入，所以各个项目管理具体过程之间都有文件和信息的传递。当然，这种输入与输出的关系有的时候是单向的，有的时候是双向的。例如，一个项目管理过程组中的“计划过程”，首先要为“实施过程”提供项目计划文件，然后又从“实施过程”获得各种新的情况和更新资料。这种关系在图 4—1 中给出了图示说明。由图中可以看出在一个项目管理过程组的“计划过程”“实施过程”和“控制过程”之间的输入和输出关系都是双向的，而“起始过程”和“计划过程”之间，以及“控制过程”和“结束过程”之间的输入和输出关系则是单向的。

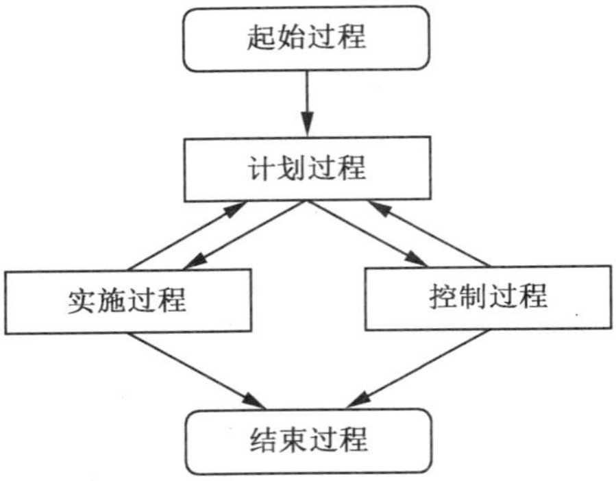

注：图中箭头代表了文件和文件内容的流程。

图 4—1 各管理具体过程之间的相互联系

项目管理过程组的各个管理具体过程之间在时间上也并不完全是一个过程完成以后，另一个过程才能够开始，各个管理具体过程在时间上会有不同程度的交叉和重叠。图 4—2 描述了一个项目管理过程组中各个项目管理具体过程之间是如何交叉和重叠的。其中，“起始过程”最先开始，但是在“起始过程”尚未完全结束之前，“计划过程”就开始了。“控制过程”是在“计划过程”之后开始，但是先于“实施过程”，因为在“控制过程”中有很大一部分管理工作是“事前控制”工作，必须在“实施过程”开始之前完成。另外，“结束过程”在“实施过程”尚未完结之前就已经开始了，这意味着结束工作的许多文档的准备工作可以提前开始，在“实施过程”完成后所开展的“结束过程”的工作只是这一具体过程中的移交性工作。

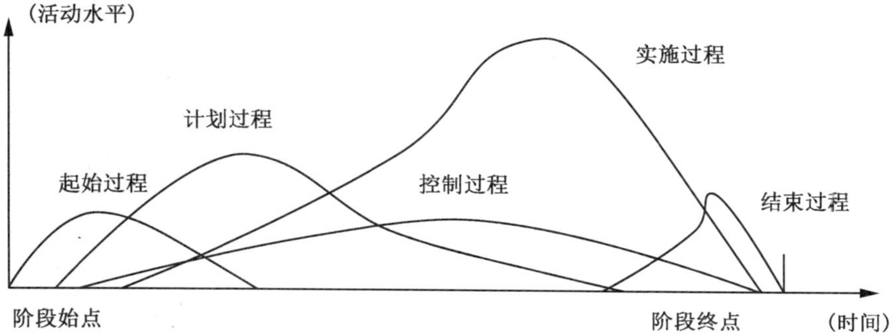

资料来源：根据 PMI，*A Guide to The Project Management Body of Knowledge*，翻译整理。

图 4—2　一个项目阶段中管理工作过程的交叉、重叠关系

项目管理具体过程之间的相互作用和相互影响还会跨越不同的两个项目阶段。换句话说，不同项目阶段的管理具体过程之间也有相互作用的关系，这种关系主要表现在前一个项目阶段的“结束过程”会对下一个项目阶段的“起始过程”发生作用。通常，一个项目阶段的“结束过程”可以为下一个项目阶段的“起始过程”提供输入。例如，一个项目的设计阶段的“结束过程”，可以为客户输出一份项目产出物的设计方案，同时也为随后的项目实施阶段给出了项目产出物的规定和要求。这些都是项目设计阶段的“结束过程”输出的，它们又是项目实施阶段的“起始过程”所接受的输入。这种两个项目阶段的项目管理具体过程之间的相互影响如图 4—3 所示。

尽管图 4—3 所给出的项目阶段和项目管理具体过程组是不连续的，但是在实际的项目管理中，这些项目阶段和项目管理过程组之间也会有很多交叉和重叠的部分。例如，各个项目阶段的“计划过程”不仅要为本阶段任务的顺利完成提出具体计划和要求，同时还应该为顺利完成下一个项目阶段的任务提供一些初步的计划要求和描述。这些计划要求和描述在下一个项目阶段的“计划过

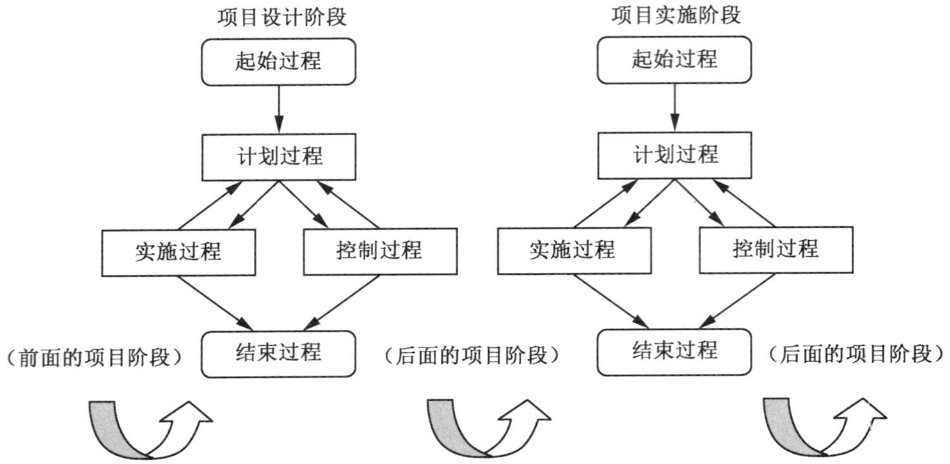

图 4—3　两个项目阶段之间的项目管理具体工作过程的相互作用

程”中将得到进一步的明确，并编制成具体可实施的计划。这种将项目各阶段的计划逐步详尽细化的计划方法通常被称为“滚动计划方法”。在项目管理中，滚动计划方法是一种十分重要的计划方法，它不但会使项目的计划更为科学和符合实际，而且包含着持续改善的思想和做法，以及不断追踪决策的思想和做法。

在项目管理的工作过程组中，“起始过程”和“结束过程”是两个非常关键的管理工作过程。每个项目阶段的实现过程尚未开始之前，项目管理的“起始过程”首先开始。它的作用是正确地做出一个项目阶段是否应该开始的决策。当一个项目阶段的目标已经无法实现（如由于各种天灾人祸使得一个项目阶段的目标无法实现），或者一个项目阶段的目标虽然能够实现，但是这种目标已经不能够满足人们的需要（如由于人们的需要发生了变化或转移）时，在项目管理过程组的“起始阶段”就可以做出决策，终止这个项目阶段或整个项目，即不再“起始”这一项目阶段，而是中止、搁置或终结这个项目阶段或者整个项目。相反，项目管理过程组的“结束过程”的关键工作在于做出一个项目阶段是否结束的决策，这包括项目阶段的实现工作任务的结束、契约与合同关系的结束（如，项目分包合同的结束）和管理工作的结束等方面的决策。这种决策是在确认一个项目阶段的任务已经成功完成和这一项目阶段的目标已经实现的基础上做出的。

4.3.4　项目管理过程的具体应用

前面所介绍的项目管理过程、项目管理过程组和项目管理具体过程都是现代项目管理的客观要求，它们在大多数情况下适用于各种各样项目的管理。但是，对于具体的项目而言，不同的项目会有不同的项目管理工作内容和项目管理活动。前面给定的各种项目管理具体过程之间的相互关系和相互作用也会不同。因此必须根据具体项目所属专业领域和特性，选择和确定项目管理的工作内容和相应的项目管理活动。在项目管理过程的具体应用中需要做好如下几个方面的工作：

(1)不同专业的项目选用不同的项目管理过程

不同专业的项目其管理过程是不尽相同的，在一个具体项目中可能不需要有些项目管理具体过程。例如，一个经常使用承包商的项目组织(房地产开发商)需要制定一个承发包计划，以便开展项目承发包的招投标活动，但是一个企业新产品自行开发项目就不涉及这种承发包(或叫招投标)的项目管理活动。一般对于工程项目而言，项目承发包管理活动是一个非常重要的项目管理内容，需要开展一系列的管理活动，但是对于一个企业自己的项目团队实施的技术改造或产品升级换代项目就不涉及这类项目承发包的管理活动。

(2)不同项目的管理过程会有不同的内容

在许多情况下，不同的项目会有不同的项目管理过程和不同的项目管理具体工作内容。例如，项目管理过程组中的“计划过程”在内容上就会有很大的不同，具体的计划工作内容需要根据具体项目决定。同时，不同项目的项目管理过程组的其他具体工作过程的内容也会不同，也需要根据具体项目的需要进行选用。例如，一个建设项目的“计划过程”与举办奥运会这种大型项目的“计划过程”的工作内容就完全不同，因为举办奥运会这样的项目不仅需要制定场馆建设计划，而且需要制定比赛组织计划，安排生活、交通和组织志愿者服务等一系列工作的计划。

(3)不同项目的管理过程会有不同的工作顺序

不同项目的管理过程会有不同的工作顺序，有些项目的某个项目管理过程会提前开展，而有的会错后开展。例如，对于那些在很大程度上依赖于独特资源的项目，像一种高级商业软件的开发项目、某种特殊生物制药的研制项目、各种科研基金资助的研究项目等，在编制项目计划和定义项目范围的管理工作开展之前，首先要确定项目的主要角色、主要人选及其责任，因为这类项目的成败主要取决于选定合适的主要人选。在这种情况下，项目的“计划过程”就需要错后开展，就需要在确定了项目的主要角色之后，并根据主要角色的人选情况再去制定项目的具体计划了。

（4）不同项目的管理过程会有不同的前提条件和要求

不同项目的管理过程会有一些不同的前提条件或事先给出约束的要求，然后在这些前提条件和约束下，再开展相应的具体项目管理活动。例如，项目计划管理人员通常会要求项目的决策者首先确定出一个项目的完工日期，然后再开展项目的计划编制工作，而不是通过开展计划过程来确定出一个项目的完工日期。实际上在大多数情况下，一个项目或一个项目阶段的工期、成本、预算、质量和其他一些项目要素的前提条件与约束要求都需要预先做出决策，然后才好开展项目管理“计划过程”的具体工作。

（5）不同项目的管理过程需要不同的集成管理程度

不同项目的管理过程需要不同的集成管理程度，大项目（Program）与一般项目的管理过程的集成程度就有所不同，大项目的管理过程的集成程度要求相对较高。例如，大项目要求有专门的项目细分和项目阶段细分方案和计划，像举办奥运会这样的大型项目，既要有分年度的集成计划，还必须有分项目或子项目的集成计划。另外，在项目集成管理的深度方面，大项目也要比一般项目更为深入。例如，在对风险的识别和控制方面，大项目需要进一步将风险细分为成本风险、进度风险、技术风险、质量风险、不可抗力事件等各种风险，并分别进行深入的分析和识别，以便很好地控制这些项目风险。

（6）不同项目的管理过程有不同的简化程度

不同项目的管理过程有不同的简化程度，小型项目或子项目与大项目相比，其管理过程可以简化。对于小项目而言，由于它的时间短、环境和条件都比较确定、任务和工作也比较具体，所以它的管理过程可以大大简化，甚至有一些项目管理的具体工作过程可以省略。例如，有些小项目可以只划分成一个阶段，而且其项目风险的识别与分析等都可以省略，因为项目小、时间短，多数的项目条件和情况是确定的，所以风险很小。对于子项目来说，那些在更高项目层次上已经确定或决策了的事物，在子项目的管理工作过程中就不可以省略。因此，一般小项目或子项目的管理过程会比较简单。

(7)项目变更会使项目管理过程也发生变动

所谓项目变更，是指在项目的实现过程中所出现的，像项目产出物的设计变更(如项目的技术开发人员认为原设计存在缺陷而修改了设计方案)、项目遇到未预见的特殊事件而出现变更(如建设项目挖基坑的过程中发现未预见到的坚硬石)等情况，就需要对项目的实施过程、项目的范围或工作内容做出必要的变更。当发生这种情况的时候，项目的管理过程也必须随之进行变更。在这种情况下，首先要对项目的变更做出明确的界定和说明，同时还要对项目变更进行仔细的评估，进一步根据这些项目变更的情况，进行有效的项目管理过程的变动。

4.4 项目的生命周期

4.4.1 项目生命周期的定义

项目作为一种创造独特产品与服务的一次性活动是有始有终的，项目从始到终的整个过程构成了一个项目的生命周期。与项目的定义一样，对于项目生命周期也有一些不同的定义。其中，美国项目管理协会的定义最具代表性，它对项目生命周期的定义表述如下："项目是分阶段完成的一项独特性的任务，一个组织在完成一个项目时会将项目划分成一系列的项目阶段，以便更好地管理和控制项目，更好地将组织的日常运作与项目管理结合在一起。项目的各个阶段放一起就构成了一个项目的生命周期。"[①]这一定义从项目管理和控制的角

① PMI Standard Committee, *A Guide to The Project Management Body of Knowledge*, PMI, 1996.

度，强调了项目过程的阶段性和由项目阶段所构成的项目生命周期，这对于开展项目管理是非常有利的。

项目生命周期的定义还有许多种，但是基本上大同小异。然而，在对项目生命周期的定义和理解中，必须区分两个完全不同的概念，即项目生命周期和项目全生命周期的概念。项目生命周期的概念如前所述，而项目全生命周期的概念可以用英国皇家特许测量师协会（Royal Institute of Charted Surveyors, RICS）所给的定义来说明。这一定义的具体表述如下："项目的全生命周期是包括整个项目的建造、使用以及最终清理的全过程。项目的全生命周期一般可划分成项目的建造阶段、运营阶段和清理阶段。项目的建造、运营和清理阶段还可以进一步划分为更详细的阶段，这些阶段构成了一个项目的全生命周期。"[①] 由这个定义可以看出，项目全生命周期包括一般意义上的项目生命周期（建造周期）和项目产出物的生命周期（从运营到清除的周期）两个部分，而一般意义上的项目生命周期只是项目全生命周期中的项目建造或开发阶段。弄清这两个定义和概念的不同之处对于学习本书的后续内容是非常有意义的。

4.4.2 项目生命周期的内容

一个项目从始到终的整个过程构成了项目生命周期，项目生命周期包括下述几个方面的主要内容：

（1）项目的时限

项目生命周期的首要内容是给出了一个具体项目的时限。这包括一个项目的起点和终点，以及一个项目各个阶段的起点和终点。这些项目或项目阶段的起点和终点，既给出了与项目有关的时点数据（项目开始和结束的时点），也给出了与项目有关的时期数据（项目持续的时期长度）。例如，一个软件开发项目或一个工程建设项目通常不但需要给定整个项目的起点和终点，而且要给出项目各个阶段的起点和终点，从而界定出项目的具体时限。

（2）项目的阶段

项目生命周期的另一项主要内容是项目各个阶段的划分。这包括一个项

① RICS, *Life Cycle Costing: A Work Example*, London: Surveyors Publication, 1987.

目的主要阶段划分和各个主要阶段中具体阶段的划分，这种阶段划分将一个项目分解成一系列前后接续、便于管理的项目阶段，而每个项目阶段都是由这一阶段的可交付成果所标识的。所谓项目阶段的可交付成果就是一种可见的、能够验证的工作结果（或叫产出物）。例如，一个工程建设项目通常需要划分成项目的定义阶段、设计计划阶段、工程施工阶段和交付使用阶段，而项目可行性研究报告、项目设计方案、项目实施结果和项目竣工验收报告等都属于项目阶段的可交付成果。

(3)项目的任务

项目生命周期还定义了项目各阶段的任务。这包括项目各个阶段的主要任务和项目各阶段主要任务中的主要活动等。例如，一个工程建设项目的生命周期要给出项目定义阶段、设计计划阶段、施工阶段和交付阶段的各项主要任务，以及各个项目阶段主要任务中的主要活动。例如，项目定义阶段的项目建议书编制、项目可行性研究、项目的初步设计和项目可行性报告的评审等这一阶段的主要任务和主要活动。项目生命周期还要定义出究竟哪些任务应该包括在项目范围之中，哪些任务不应该包括在项目范围之中，并按照这种模式将某个项目的范围与项目组织的日常运营活动严格地予以区分。

(4)项目的成果

项目生命周期同时还需要明确给定项目各阶段的可交付成果。这同样包括项目各个阶段和项目各个阶段中主要活动的成果。例如，一个工程建设项目的设计计划阶段的成果包括项目的设计图纸、设计说明书、项目预算、项目计划任务书、项目的招标和承包合同等。通常，项目的阶段性成果是在下一个项目阶段开始之前提交的，但是也有一些项目的后序阶段是在项目前序阶段的工作成果尚未交付之前就开始的。这种项目阶段的搭接作业方法通常被称为快速平行作业法，这种做法在多数情况下可能会引发项目阶段性成果最终无法通过验收的风险。

4.4.3 项目生命周期的描述

对于项目生命周期的描述既可以是一般性的、泛泛的文字说明，也可能是比较详细的具体图表描述。一般项目生命周期的描述包括文字、图、表以及核检表(Check List)等。这些项目生命周期的描述方法通常都属于项目管理的特定工具与方法的范畴。下面给出的是几种用图表和文字描述的、不同种类和不同详细程度的项目生命周期实例。

(1)典型的项目生命周期描述

有些项目的生命周期可以分为4个阶段,但是也有些项目的生命周期可以分成5个、10个、甚至更多的项目阶段。最为典型的项目生命周期是如图4—4所示的四阶段项目生命周期。

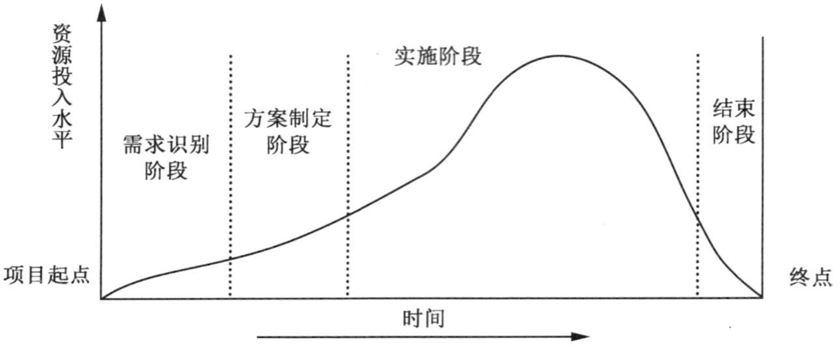

图4—4 典型的项目生命周期示意图

图中的纵轴表示项目的资源投入水平,横轴表示项目及项目阶段的时间。这种典型的项目生命周期描述方法适用于对多数项目的生命周期描述,但是它比较粗略。一般而言,这种典型的项目生命周期描述具有下列特性:

①资源需求的变动

从图中可以看出,在项目初期阶段,有关项目资源、成本和人员方面的需求很低;而进入制定方案阶段以后,项目对于资源的需求升高,越到后来会越高;到项目结束阶段这种需求又会急剧减少。一个项目的资源投入最大的阶段是项目的实施阶段。

②项目风险的变动

在项目初期阶段,项目成功的概率较低而项目的风险和不确定性却很高。但是,随着项目的进展,项目成功的概率会大大升高,而风险和不确定性大大降低,因为随着项目的进展许多原先不确定性的因素会逐步变为确定性的因素。

③影响力的变动

在项目的初始阶段，项目相关利益者（尤其是项目业主/客户）对于项目最终产出物的特性和项目成本的影响力最高，随着项目的进展这种影响力会很快降低。在项目后面的三个阶段中，这种影响力主要体现在对于项目变更和项目成本的修订方面。

这里给出的典型的项目生命周期划分为 4 个阶段，但是有的项目生命周期的阶段可以达到 9 个或十几个。在同一个专业应用领域中，两个类似项目的生命周期阶段划分有时也会有很大的不同。例如，一家公司的软件开发项目将“系统设计”作为项目的一个阶段，而另一家公司可以将“系统设计”划分成“功能设计”和“详细设计”两个独立的阶段。另外，一个项目的子项目也会有自己的生命周期。例如，一个建筑设计公司承担设计一栋办公大楼的任务，这一任务只是整个项目生命周期中的“设计阶段”或“工程设计”子项目。但是对于该设计公司来说，这个子项目的工作可以进一步分为“总体设计”“技术设计”“施工图设计”等一系列的项目阶段。因此，这个建筑设计公司可以将这一子项目看作一个完整的“项目”，并给出其相应的项目生命周期描述。

特别需要注意的是，还需要区分项目生命周期与产品生命周期这两个概念。例如，将一种新的台式计算机推向市场的工作是一个项目，这一项目有自己的生命周期，但是这种新推出的台式计算机也有它自己的产品生命周期（即由投入期、成长期、成熟期和衰退期所构成的产品生命周期）。

（2）美国国防部项目的生命周期描述

美国国防部 1993 年修订的项目管理规程中，给出了图 4—5 所示的项目生命周期的项目阶段划分和对阶段性的里程碑的说明和描述。

这种项目生命周期的描述，不但给出了项目的阶段和时限，而且给出了项目各个阶段的任务和里程碑的新的成果。这些内容的详细说明如下：

①使命与需求确定阶段

这一阶段需要完成项目的“概念研究批准书”（Concept Studies Approval），一旦该文件获得批准，这一阶段即告结束。

②概念扩展和定义阶段

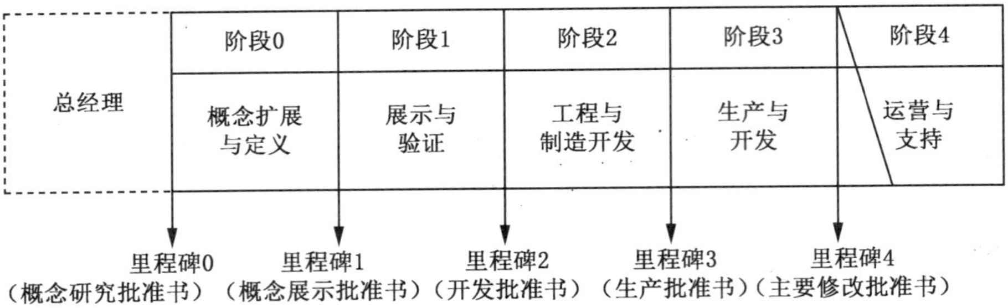

资料来源：根据 PMI，*A Guide to the Project Management Body of Knowledge* 翻译整理。

图 4—5　美国国防部的项目生命周期示意图

这一阶段要完成项目的“概念展示批准书”（Concept Demonstration Approval），而且一旦该文件获得批准，这一阶段即告结束。

③展示与验证阶段

这一阶段要完成项目的“开发批准书”（Development Approval），同样，一旦该文件获得批准，这一阶段即告结束。

④工程与制造开发阶段

这一阶段要完成项目的“生产批准书”（Production Approval），同样，一旦该文件获得批准，这一阶段即告结束。

⑤生产与开发阶段

这一阶段需要完成项目的生产条件建设和生产技术的开发工作，以便能够使整个项目投入日常运营，并获得相应的技术支持。

（3）一般工程建设项目的生命周期描述

一般工程建设项目的生命周期也可以划分为 4 个阶段，图 4—6 为一般工程建设项目四阶段生命周期的图示描述。这些阶段包括：

①项目可行性研究与立项阶段

这一阶段的工作包括：编制项目建议书、开展可行性研究、进行初步设计，以及项目的立项批准工作。这一阶段最终要做出是继续开展还是放弃项目的最终决策。

②项目计划与设计阶段

这一阶段的工作包括：项目的技术设计、项目造价的预算与项目合同价的确定、项目的计划安排、承发包合同的订立、各专项计划的编制等工作。这一阶段最终要完成项目的设计和计划工作。

③项目实施阶段

这一阶段的工作包括：项目施工现场的准备、项目构件的制造、项目土建工程和安装工程的施工，以及项目的试车等工作。这一阶段的任务是整个工程的全部建设工作。

④交付使用阶段

这是项目最终试车完毕，开展验收和交付使用的阶段，有时还需要开展各种项目维护工作。这一阶段的最终结果是将建成的项目交付给业主/用户，使项目全面投入使用。

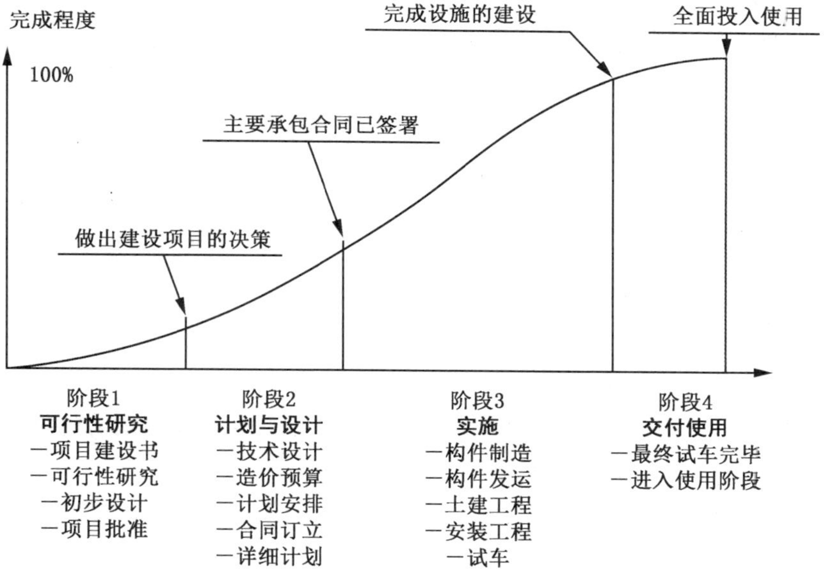

图 4—6　一般工程建设项目生命周期示意图

这一工程建设项目的生命周期描述，比前面几种项目生命周期的描述更为详尽，不但给出了项目的阶段划分，而且给出了项目阶段的任务、项目各阶段的成果和各阶段的终结标志。

(4)美国新药物开发项目的生命周期描述[①]

在新产品研究与开发项目中,新药物研究与开发项目的生命周期是最具代表性的。图4—7为美国食品与药品管理局(Food and Drug Administration, FDA)规定的新药开发项目生命周期的流程图。这一项目生命周期的描述方法较为详细地给出了新药开发项目生命周期的全过程。这种项目生命周期包括如下几个阶段:

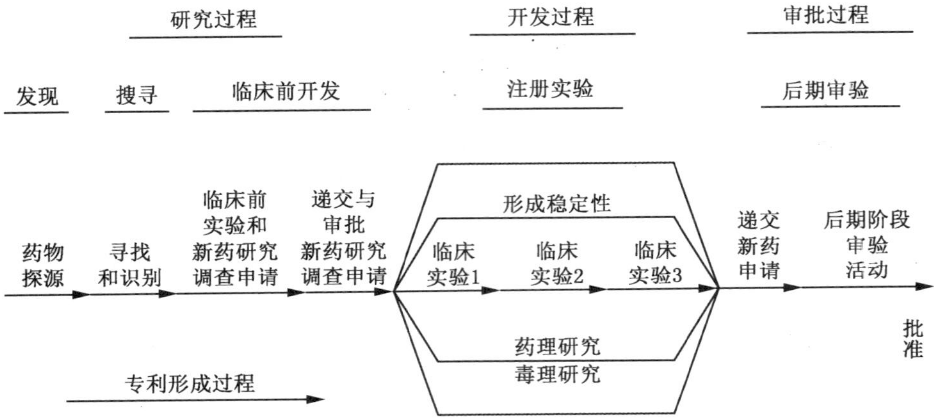

资料来源:根据 PMI,*A Guide to the Project Management Body of Knowledge* 翻译整理。

图4—7　美国新药开发项目生命周期示意图

①发现和搜寻阶段

这包括通过基础研究和应用研究,发现可用于前期临床应用的药物原型。

②临床前开发阶段

这包括通过实验室试验和动物实验以决定药物的效果和安全性,同时准备和提交新药研究调查申请。

③注册实验阶段

这包括药物的一期临床实验、二期临床实验、三期临床实验,以及有关准备和递交新药申请的工作。

① PMI Standard Committee, *A Guide to the Project Management Body of Knowledge*, PMI, 1996.

④后期审验阶段

这包括在食品与药品管理局对递交的新药申请的审查中所做的各种工作。

(5)软件开发项目的生命周期描述

软件开发项目是另一种典型的研究与开发性项目，这类项目的生命周期描述也是非常典型的，图 4－8 为这种项目的生命周期的图示描述。这种生命周期的描述具体地给出了软件开发的如下阶段：

①概念验证循环阶段

这一阶段的工作包括：找出项目业主/用户的需求，定义系统概念，验证项目目标，做出概念性系统设计，设计和构造概念验证的内容，做出可接受的测试计划，完成项目风险分析，并做出项目风险管理方案。

②初始系统建设循环阶段

这一阶段的工作包括：分析确定出信息系统的初始需求，定义出初始的系统目标，做出系统的逻辑设计，设计和构造出初始的系统，做出系统测试计划，评价初始系统，并提出改进建议。

③中间系统建设循环阶段

这一阶段的工作包括：分析确定出系统的基本需求，定义中间系统目标，做出系统物理设计，设计和构造出中间系统，做出系统测试计划，评价中间系统并给出系统改进建议。

④最终系统建设循环阶段

这一阶段的工作包括：实现用户的各项需求，做出最终系统设计，构造出最终系统，运行各个单元、子系统和系统，并对系统进行全面测试。

这种项目生命周期描述使用了循环周期阶段划分的描述方式，非常适用于软件开发项目的生命周期描述。

综上所述，可以看出不同专业领域的项目会有不同的项目工作内容，会有不同的项目阶段划分，会有不同的项目管理过程和不同的项目生命周期。因此，人们除了要学习和认识项目管理的一般规律、通用的项目理论和方法，还要学习和掌握与项目所属专业领域有关的方法和技能。

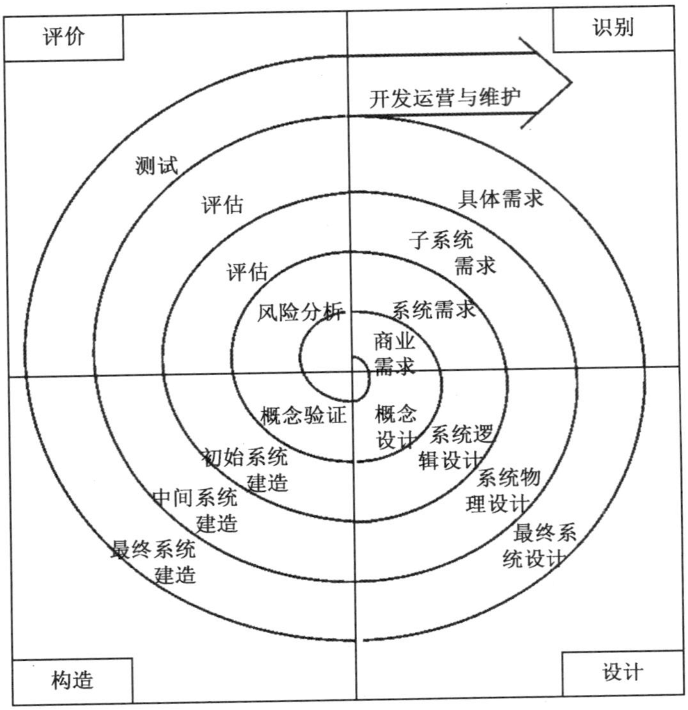

资料来源：根据 PMI，*A Guide to the Project Management Body of Knowledge* 翻译整理。

图 4—8 软件系统开发项目生命周期示意图

拓展阅读

1. 吴之明、卢有杰编著：《项目管理引论》，清华大学出版社，2000 年。

2. 戚安邦著：《现代项目管理》，对外经贸大学出版社，2001 年。

3. [美]杰克·吉多、詹姆斯·P. 克莱门斯著，张金成等译：《成功的项目管理》，机械工业出版社，1999 年。

4. 毕星、翟丽主编：《项目管理》，复旦大学出版社，2000 年。

5. Project Management Institute Standard Committee，*A Guide to the Project Management Body of Knowledge*，PMI，1996.

6. Royal Institute of Chartered Surveyor，*Life Cycle Costing：A Work*

Example, London: Surveyors Publication, 1987.

本章思考题

1. 项目的批准通常基于怎样的考虑?

2. 一般项目的工作划分为哪些阶段?

3. 一般项目管理过程的具体内容与项目和项目管理的特性有什么关系?

4. 项目管理过程组中的“计划过程”“实施过程”与“控制过程”之间是一种什么关系?

5. 项目管理过程对不同的项目是否可以是一样的? 如果不是,应该如何去应用项目管理过程?

6. 在项目管理过程组中,你认为哪种项目管理具体过程是最重要的? 为什么?

7. 项目管理过程的具体应用中需要做好哪些方面的工作?

8. 项目生命周期与项目全生命周期和产品生命周期在基本概念上有哪些不同?

第五章　项目的范围管理

本章关键词

产品范围(Product Scope);项目范围(Project Scope);范围管理(Scope Management);范围管理计划(Scope Management Plan);范围定义(Project Scope Statement);工作分解结构(Work Breakdown Structure, WBS);工作包(Work Package);范围蔓延(Scope Creep)

本章要点

本章介绍了项目范围和项目范围管理的概念,讨论了项目范围管理的主要内容,着重讨论了项目范围计划编制、范围定义、范围验证以及范围控制变更等项目范围管理过程,对范围定义过程中的工作结构分解进行了深入探讨。

5.1　项目范围管理概述

项目的范围就是哪些工作需要完成、哪些工作不需要完成。项目范围管理则是决定需要完成的工作与不需要完成的工作。项目范围管理是其他项目管理工作的基础,因为只有工作内容设定了,工作计划才有基准,成本预算才有根据,质量体系才有主体,责权分配才有目标。因此,正确地界定项目范围并对项目进行过程中产生的范围变更进行有效控制,对项目的成功至关重要。

5.1.1　项目范围与项目范围管理

项目范围管理是为了达到项目目标，对项目的工作内容及范围保持控制所需要的一系列工作与过程，包括项目的选择和定义、项目范围的界定与确认以及项目范围的变更控制。

(1)项目范围

项目范围(Project Scope)是指为了交付所指特征和功能的产品所必须要完成的工作，是项目所涉及的所有工作的集合。确定项目范围就是为项目界定一个界限，划定哪些方面是属于项目应该做的，而哪些是不应该包括在项目之内的，定义项目管理的工作边界，确定项目的目标和主要可交付成果。项目范围应是项目干系人(利益相关者)同意的明确预期。

项目范围包括产品范围(Product Scope)和工作范围。产品范围定义项目完成的是什么；工作范围则定义了通过什么活动或过程去完成。

产品范围：所交付的产品包含的功能和特征的综合。

工作范围：为了交付具有特定功能和特征的产品所需要完成的全部工作内容。

产品范围和工作范围共同构成了总体范围，两者相互依存、紧密联系，只有有效结合才能保证交付项目产出物。

(2)项目范围管理

项目范围管理是指用以保证项目包含且只包含所有需要完成的工作，以顺利完成项目所需要的过程。这个过程确保了项目干系人(利益相关者)对项目产品以及生产这些产品所需要的过程有共同的理解，并在产品范围和工作范围上达成一致。

5.1.2　项目范围管理的内容

项目范围管理由 4 个过程组成，分别是范围计划编制、范围定义、范围验证和范围变更控制。

(1)范围计划编制

范围计划编制是指制定一份书面的范围表述——范围说明书，作为将来需要做项目决定的基础。“范围管理计划书”规定了项目的产品范围和工作范围，以及项目范围所规定任务的计划和安排，它是未来项目各阶段起始工作的决策基础和依据。

(2)范围定义

范围定义是指根据项目产出物的要求以及项目目标，全面界定项目的工作和任务的过程。通过范围定义，可以明确项目的工作范围，并将项目的任务细分为更具体的和更便于管理的部分与活动。

(3)范围验证

范围验证是项目范围的正式验收，具体而言是指项目干系人(项目利益相关者)确认并接受通过“范围定义”过程给出的项目范围和任务，并将对项目范围的确认编制成正式文件的范围管理工作。通过范围验证可以使项目范围获得正式的认定。

(4)范围变更控制

范围变更控制是指对项目范围改变的控制，具体而言是指对于项目干系人(利益相关者)提出的项目范围变更进行的控制和管理工作。范围变更控制贯穿整个项目的实施过程。

5.1.3 项目范围管理的作用

确定了项目范围也就定义了项目的边界，明确了项目的目标和主要的项目可交付成果，对项目的成功有重要的作用：

第一，为项目实施提供工作范围的框架。项目管理最重要的作用就是为项目实施提供了一个项目工作范围的边界和框架，并通过该边界和框架去规范项目组织的行动，在阐明了项目工作范围和条件之后，项目经理就可以让项目成员放弃不必要的工作。

第二，提高资源估算的准确性。项目的具体工作明确后，项目经理就可以依据各项具体工作来规划其所需要的资金、时间、人力和其他资源，这样对整体和各项工作的资源需求估算就准确很多。

第三，便于对项目进行有效控制。项目范围是项目计划的基础，项目范围确定了进度测量和控制的基准，为项目进度计划的执行和控制确立了基础，从而有助于项目经理采取相应的纠偏行为。

第四，有助于团队成员分工合作。项目范围确定了项目的具体工作任务，有助于清除确立责任，也为项目经理分派任务奠定了基础，提高了管理的有效性。

正确确定项目范围对项目的成功非常重要，如果项目的范围确定得不好，就可能造成项目最终成本提高。因为项目范围确定得不好会导致意外的变更，从而打断项目的实施节奏，造成返工，延长项目完成时间，降低劳动生产效率，影响项目团队成员的士气。

5.2　范围计划编制

范围计划编制(Scope Management Plan)过程主要是为了创建描述项目范围的书面文档，被称为范围说明书。其目的是使项目干系人(利益相关者)对项目的范围达成一致理解，如图 5—1 所示。

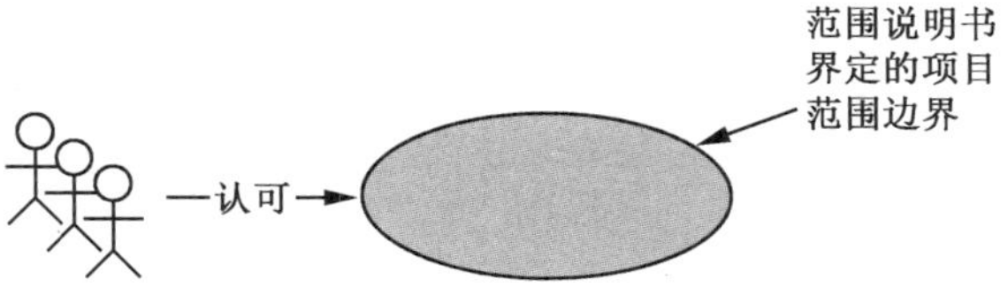

图 5—1　范围说明书界定的项目范围边界

5.2.1　范围说明书的内容

项目范围说明书(范例见表 5—1)的具体格式和要求与各个组织所处的行业领域的项目特征相关，但一般来说应该包括以下各项内容：

(1)项目论证

项目论证也称项目合理性说明，即解释为什么要进行这一项目，通常是描述促使项目建立的商业需求。这部分内容大多来自项目启动过程中所做的战略规划、市场机会的识别以及进行项目选择的依据。

(2)项目目标

项目目标指的是项目的验收标准，对项目的时间期限、费用预算及质量要求进行指标量化。

(3)产品描述

简要描述项目要解决的问题，重点在于描述项目产出物的功能和特征。

(4)项目可交付成果

列出项目的所有可交付成果清单。这些产品完全、满意的交付标志着项目的完成。可交付成果是项目最终的目标和成果。

表 5—1　　项目范围说明书范例

<table>
<tr><td colspan="3">项目名称：降低医院内的感染发病率　　项目开始时间：2017 年 6 月
负责人：章华　　项目结束时间：2018 年 10 月</td></tr>
<tr><td colspan="3">项目目的：寻找 HAI 病因</td></tr>
<tr><td colspan="3">项目描述：我们将设计一套完整的体系防止病原体进入医院以及在医院内传播</td></tr>
<tr><td colspan="3">预期结果：将被 HAI 感染的患者的比例从 9%降低至 4%，治疗每例 HAI 将花费医院 10 000元</td></tr>
<tr><td colspan="3">排除项：我们将集中治理主要发病区，在病情得到控制后再决定是否继续治理其他相关区域</td></tr>
<tr><td colspan="3">沟通需求：每周向主要项目干系人汇报进展</td></tr>
<tr><td colspan="3">审批条件：
6 月 13 日签署法律文件，6 月 16 日获得预算审批</td></tr>
<tr><td colspan="3">局限项：
1. 预算：预计将使用 200 000 元；
2. 团队成员：于刚，顾荣，王源，顾问，律师，护士；
3. 技术：目前有充足的分析设备</td></tr>
<tr><td colspan="3">批准：</td></tr>
<tr><td>主要项目干系人</td><td>访谈日期</td><td>审批</td></tr>
</table>

续表

于刚医生		
财务部		
护士长		
王源医生		
顾荣		
医院负责人		

5.2.2 范围说明书的作用

范围说明书有如下作用：

第一，形成项目的基本框架，使项目干系人（利益相关者）能够清晰地分析项目的关键问题及项目形成中相互作用的要素，使得项目干系人（利益相关者）在项目实施以前，能就项目的基本内容和结构达成一致。

第二，形成项目结构核对清单，作为项目评估的一个工具，在项目终止以后或项目最终报告完成以前使用，以此作为评价项目成败的判据。

第三，构成范围基准的一部分，可以作为项目整个生命周期中监督和评价项目实施情况的基准。

5.3 范围定义

范围定义的主要目的是详细而准确地界定项目的范围构成，它最主要的活动是创建工作分解结构。

创建工作分解结构的过程是范围管理中最重要的过程，是范围管理最主要的输出，项目团队中任何人要做的每一件事情都被写在工作分解结构的某个地方。创建工作分解结构为项目需要做的所有工作勾画了清晰的整体图。工作分解结构不显示工作包的顺序或者它们之间的相互依赖关系，其唯一的目标是显示完成可交付产品所涉及的工作。工作分解图的主要目的是帮助项目干系人理解完成项目所需要的工作。

5.3.1 工作分解结构

一个项目是由若干个工作单元或活动构成，在管理项目时，需要对项目的每个活动进行管理，以便对项目进行资源估算与分配。要实现这样的管理，需要把项目“打碎”，即将项目分解成具体的活动或工作包，这个分解过程就是工作分解结构。

工作分解结构（Work Break-down Structure）是指以可交付的项目产出物为对象，项目团队为实现项目工作目标，将创造可交付成果而执行所必需的工作分解之后得到的一种层次结构。工作分解结构有助于项目干系人（利益相关者）理解项目的可交付成果。

工作分解结构是一种为了便于管理和控制而将项目工作分解的技术，是面向可交付成果的、对项目元素的分解，它组织并定义了整个项目范围，未列入工作分解结构的工作将被排除在项目范围外。工作分解结构每细分一个层次表示对项目元素更细致的描述，通常以图形形式表示。

工作分解结构中的每一项工作单元通常被指定唯一的标识符，这些标识符号可以为成本和资源的分层合计提供一个架构。在工作分解结构最底层的子项通常被称为工作包，这些工作包也可以在子项目工作分解结构中进一步分解。

5.3.2 工作分解结构的作用

对项目进行工作分解有如下作用：

第一，明确和准确地表达项目范围。工作分解结构是项目交付成果的形象化展示。运用系统化的过程构建工作分解结构，有助于确保项目团队成员能够记住所需要创造的交付成果。

第二，提高资源分配的准确性。可以在工作分解结构的基础上，针对各独立单元分派人员，并规定这些人员相应的职责；可以在工作分解结构的基础上，针对各独立单元，进行时间、成本等资源需求的估算。

第三，易于管理项目变更。如果在项目实施过程中出现了问题，工作分解结构的形象化展示有助于帮助团队确定问题出现在哪里，以及为什么出问题。

第四，有利于项目沟通。通常项目干系人(利益相关者)都会参与到工作分解结构形成的过程，这有利于项目干系人了解项目以及相互沟通。

5.3.3　分解层次和工作包

(1)分解层次

工作分解结构一般分解为3～4层，通常不超过20层，如表5—2所示。

表5—2　　工作分解结构层次描述

层次	层次的分解	描　述	基本要求
1	项目	项目成果名称	产品或服务包含的工作总和
2	可交付的成果	主要可交付成果	里程碑标志；阶段性意义的事件或成果
3	可交付的子成果	可交付的子成果	项目的主要具体任务；项目生命周期各个阶段性的具体任务
4	工作包	可识别的工作活动	动词描述的项目最小可控制单元；能够具体落实相关的责任、时间、费用

工作分解结构并不是层次越多越好，如果工作容易被理解，衡量可交付物质量的好坏和完成情况标准明确，负责人的工作能力已经在过去的实践中得到证实，则工作分解结构不需要制定得过于详细；反之，应该制定较为详细的层次描述。

(2)工作包

工作分解结构中的最低层次的项目可交付成果称为工作包，即工作包是位于工作分解结构最底层的，能够估计和管理其成本于持续工作时间的工作，如图5—2中的黑色方块。

工作包是所有后续计划和监控活动的基础，可以针对工作包进行进度安排、成本估算和监控实施。工作包具有如下特点：

①工作包可以分配给另一位项目经理进行管理；

②工作包可以子项目的形式进一步分解成为子项目的工作计划分解；

③工作包可以在制定项目进度计划时，进一步分解成活动。

工作包可进一步分解到具体的活动，但需要注意活动与工作包的区别：

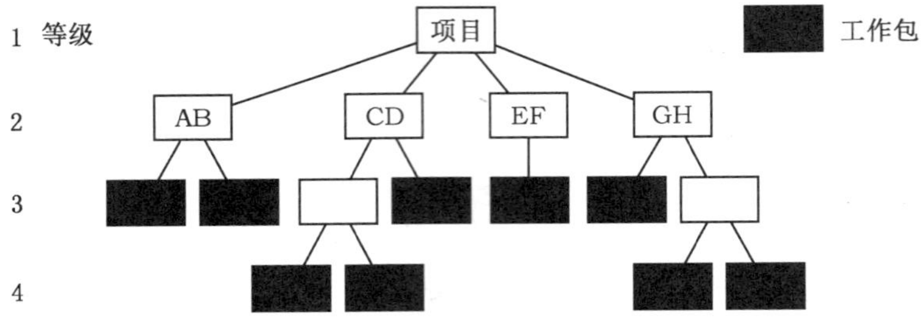

图 5—2　工作结构分解中的工作包

①活动是工作包进一步分解而来，是实现工作包所需的具体工作。

②工作包是工作分解结构底层的可交付成果，是工作分解结构的一部分；活动不是工作分解结构的一部分。

③工作包不表示时间，也不表示顺序，只表示项目范围；活动可表示时间、顺序，是资源估算的重要依据。

5.3.4　工作分解结构的分解原则

对项目进行工作分解时要遵守以下原则：

(1)任务分层原则

工作分解结构应覆盖整个产品范围和工作范围，包括项目的管理工作。一个工作分解结构中的工作单元的工作任务是下一级各项工作任务的内容之和。

(2)逐步细化原则

高质量的任务分解需要时间，在项目前期不可能考虑到后期非常具体的任务，因此即将开始的任务需要非常精细的分解，未来的任务可以分解得粗放一些。

(3)责任到人原则

确保每个工作包只有一个负责人，即使这项工作需要多人完成。

(4)全员参与原则

每个项目组成员都要参与到工作分解结构的制定，以确保一致性和全员认同。

(5)风险分解原则

在分解过程中,如果遇到风险较大的任务,为了更好地化解风险,应该将该任务再次细分,以便能够更早地暴露风险,为风险的解决和缓解提供帮助。

同时要注意以下几点:

①工作包必须充分、清晰、完整,能够进行人员、时间等资源分配。

②每一个工作分解结构都必须归档,以确保相关人员能准确理解该项目包括或者不包括的工作。

5.3.5　工作分解结构的表示方法

常用树形图法和缩进列表法来表示工作分解结构:

(1)树形图表示法

树形图工作分解结构表示法的优点是直观、结构清晰;缺点是不易修改。使用树形图表示大型项目的工作结构分解,树形图会变得很复杂,难以展示项目的全景。树形图表示法如图 5—3 所示,以校庆为例。

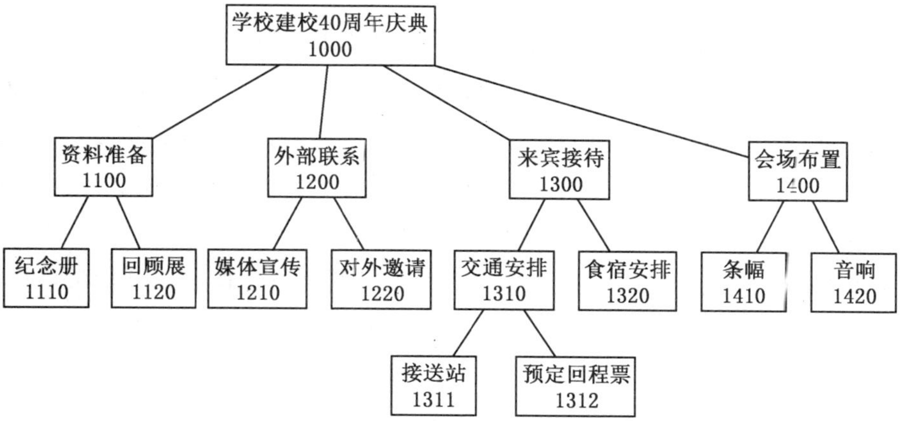

图 5—3　校庆的树形图工作分解结构表示法

(2)缩进列表表示法

缩进列表工作分解结构表示法的优点是能够反映出项目的所有工作要素,但直观性较差。列表法被广泛采用的主要原因是由于项目管理软件的普及,这类软件大多都用列表法来创建工作结构分解。缩进列表表示法如表 5—3 所示。

表 5－3　　缩进列表工作分解结构表示法

房　屋		
1 房屋架构	2 房屋布线	3 房屋粉刷
1.1 框架承包	2.1 布线承包	3.1 粉刷承包
1.2 木材	2.2 布线	3.2 粉刷
1.3 结构装配	2.3 布线装配	3.3 墙壁烘干

5.3.6　创建工作分解结构的方法

创建工作分解结构常用的方法有:利用工作分解结构模版分解和利用分解技术分解。

(1)利用模板创建工作分解结构

历史项目的工作分解结构常被用作一个新项目工作结构分解的模板,使用这种模板,根据新项目的各种情况和条件,通过增删项目的工作就可以对新项目的范围做出定义了。虽然每个项目是独一无二的,但是绝大多数同一专业应用领域中的项目都在一定程度上有相似的地方,所以许多项目的工作分解结构经常被作为新项目的工作分解结构模板使用。例如,同一个组织的大多数项目都有相同或类似的项目生命周期,而且在每个项目阶段上会有相同或类似的项目产出物。因为一个组织的绝大多数项目是属于相同专业应用领域的,并且一个组织的管理模式和政策是相对稳定的。

在很多专业应用领域中均有标准或半标准的项目工作分解结构可用作新项目的工作分解结构模板。例如,美国国防部曾为国防装备项目制定了标准的工作分解结构。图 5－4 就是这些模板中的一个实例。

使用历史项目的工作结构分解模板可以为项目团队节省宝贵的时间,但必须谨慎使用,注意到新项目与历史项目的差异。

(2)利用分解技术创建工作分解结构

分解技术是指将项目产出物逐层细分为更小、更易管理的子项目或项目要素,直到将项目产出物分解成非常详尽,并能够支持下一步的项目活动分析和定义工作为止。换言之,分解技术是用来建立一个项目的工作分解结构的技术

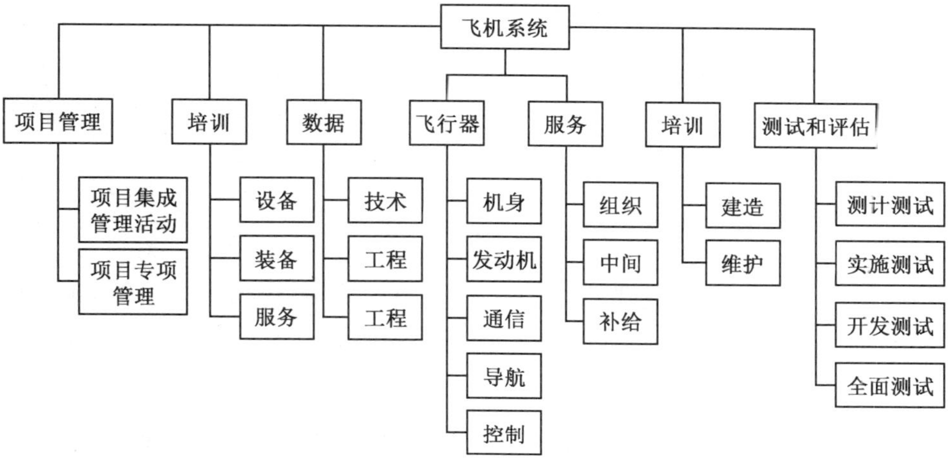

资料来源：根据 PMI，*A Guide to the Project Management Body of Knowledge* 翻译整理。

图 5—4　美国国防装备项目的工作分解结构模板

方法。这种技术方法可以不借用项目工作分解结构模板，通过对项目目标和要素的分解而得到项目的工作分解结构。项目分解技术的主要步骤如下：

步骤一：识别项目主要组成部分，包括项目的可交付成果和项目管理本身。这一步主要回答的问题是："要实现项目目标需要完成哪些主要工作？"主要工作指贯彻项目生命周期始终的大块工作，在项目分解结构中列在第二层。

步骤二：如果各层次上的工作经过划分，能够估算出其各组成部分所需的成本和时间，则进行步骤四，否则进行步骤三。

步骤三：找出比上述各部分更小的组成部分。这一步主要回答的问题是："要完成上述部分有哪些更具体的工作需要做？"对于各组成部分的更小构成部分，重复步骤二。

步骤四：检查划分后得到的更小组成部分：首先，看一看不进行这一层次的工作，上一层次的工作是否能完成；其次，看一看完成了这一层次的工作，上一层次就一定能完成吗？如果出现这两种情况，需要对上一层次的各项工作划分进行修改，重新划分、增加或删除一些事项。另外，需要确认这一层次各项工作的内容、范围是否明确。

需要注意的是，不是任何项目都有唯一正确的工作分解结构。例如，两个不同的项目团队可能对同一项目做出完全不同的工作分解结构。决定一个项目分解的详细程度和层次多少的因素包括：项目责任人和成员的能力；项目实施期间管理和控制项目预算、监控和收集成本数据的水平等。

5.3.7 范围定义的输出

创建工作分解结构的最终结果包括：项目的工作分解结构，工作分解结构词典，项目范围说明书的更新，范围基准。

(1)项目的工作分解结构

工作分解结构是最主要的输出。图 5—3，表 5—3，都是工作分解结构的实例。

(2)工作分解结构词典

项目的工作分解结构词典是对于项目工作分解结构的逐条说明。项目工作分解结构词典通常是按照项目“工作包”划分词条和进行描述。通常一个项目工作分解结构中的所有“工作包”都应该被收集在工作分解结构“词典”里。典型的项目工作分解结构词典的内容包括对于项目“工作包”的描述和其他一些计划安排信息，如项目的工期、成本预算、人员安排等。

(3)项目范围说明书的更新

如果创建工作分解结构的过程中，有批准的变更请求，则需将被批准的变更请求纳入项目范围说明书，使之更新。

(4)范围基准

范围基准由项目范围说明书、工作分解结构和工作分解结构词典构成。范围基准描述并规定了项目的准确边界，将实际结果与其比较，以决定是否需要进行变更、采取纠正措施或者预防措施。

5.4 范围验证

5.4.1 范围验证的概念

范围验证(Scope Verification)，也称为范围确认或范围核实，是指项目干系人(利益相关者)正式承认和接受项目范围的过程。

项目范围验证工作中要审核项目范围定义工作的结果(范围说明书、工作分解结构和工作分解结构词典),以确保所有必需的项目工作均已正确而令人满意地包括在项目范围之中,而与实现项目目标无关的工作均未包括在项目范围之中。项目范围验证既可以是对一个项目整体的范围确认,也可以是对一个项目阶段的任务范围确认。项目范围验证不同于质量控制,质量控制关心的是工作结果的正确性,但是项目范围验证关心的是工作任务的正式和官方认可与接受。

5.4.2 范围验证的对象和依据

项目范围验证的对象和依据是项目范围定义中生成的主要文件和项目业主自己拥有的相关信息。具体分析如下:

(1)项目范围定义的结果

项目范围验证的对象是项目范围定义的结果,这包括项目范围说明、工作分解结构和工作分解结构词典等方面的文件。进行范围验证时,需要项目干系人(利益相关者)对这些文件的内容和结果进行全面的分析、确认和批准。

(2)项目已有的各种文件

项目范围验证需要依据已有的各种文件,包括项目章程、项目合同、项目集成计划等其他项目验证时已有的项目文件。

(3)新获得的各种项目信息

项目范围确认还需要依据各种新获得的项目相关信息,包括项目环境和条件有关的信息、项目实施组织的各种信息、项目所属专业技术领域技术与管理方面的信息,以及其他各种与项目范围验证相关的信息。

(4)验证者的相关信息

项目范围验证的依据还包括负责验证的相关利益主体(项目业主或客户)所拥有的信息,主要包括验证者对项目产出物和项目工作的认知、理解、要求和期望等方面的信息。

5.4.3 范围验证的方法

范围验证的主要方法是检查。检查,包括测量、测试、检验等活动以确定结果是否符合要求。检查也可以叫作审查、产品审查、审计和巡回检查等。在某些应用领域里,这些术语有很狭窄和具体的含义。

项目范围验证就是对项目范围进行审查和确认的工作。通过对于项目范围的审查来确认项目范围是否包括了实现项目目标所需的全部工作,有没有不属于项目范围的工作包括在定义的项目范围之中,项目范围定义生成的结果是否与项目的要求相符等。项目范围审查的对象包括项目范围计划编制、项目范围定义等范围管理阶段给出的文件,以及它们的合理性和可行性。

5.4.4 范围验证的结果

项目范围验证是全面审核项目范围定义所给出的结果,以确保项目范围管理中的选择与定义正确,项目范围计划编制和项目范围定义内容的正确、合理、可行,并最终做出确认的这样一项工作。如果项目范围没有获得确认(不管是谁未给予确认),则整个项目即告中止或终结。项目范围验证的结果是对项目范围定义工作的正式接受。这种接受一般需要有正式文件予以确认。在对项目范围的正式验证活动中,要编制和发布项目业主/客户或项目委托人、发起人确认已经接受的项目范围定义或项目阶段工作任务的正式文件。这些文件应该分发给所有的项目干系人(相关利益者)。

5.5 范围变更控制

5.5.1 范围变更控制概述

在项目开始以后,项目条件和所处环境的变化会使项目范围发生变更。项目范围的变更可能会导致项目工期、成本或质量的改变。项目范围是后续项目管理活动的依据和基础,其本身需要保持一定的稳定性,因此必须要对项目范围的变更进行严格的管理和控制,必须要根据项目的实际情况、项目的变更要求和项目范围管理计划，运用项目范围变化控制系统和各种变更的应急计划等方法，控制和管理好项目范围的变更。

在项目范围变更控制中，主要应该考虑的问题包括：分析和确定影响项目范围变更的因素和环境条件；管理和控制那些能够引起项目范围变更的因素和条件；分析和确认各方面提出的项目变更要求的合理性和可行性；分析和确认项目范围变更是否已实际发生，及其风险和内容；当项目范围变更发生时，对其进行管理和控制，设法使变更朝有益的方向发展，或努力消除项目变更的不利影响。

项目范围变更控制必须与项目管理的其他控制很好地结合，特别是要与项目时间（工期）控制、预算（造价）控制、项目产出物质量控制等结合起来。

5.5.2　范围变更控制的依据

项目范围变更的主要依据为：工作结构分解、项目绩效报告、变更申请以及项目范围说明。

（1）工作结构分解

项目的工作分解结构定义了项目范围的内容和底线。当实际项目实施工作超出或达不到项目工作分解结构的范围要求时，就表明发生了项目范围的变更。项目范围变更发生后必须要对项目工作分解结构进行调整和更新。

（2）项目绩效报告

项目绩效报告提供了关于范围绩效的信息，例如哪些产品已经完成，哪些还未完成，项目绩效报告可提醒项目团队可能会在将来引起的问题事项。

（3）变更申请

变更申请可能存在很多形式：口头的或书面的，直接的或间接的，外部的或内部的，强制性的或选择性的。多数变更申请出于以下原因：项目的外部商业环境发生变化；项目范围管理的初始工作存在错误或者遗漏；项目业主/客户对产品的要求发生了变化；项目实施的技术手段有了更好的选择等。以上这些都会对项目的范围形成冲击，变更可能需要扩展或者缩小项目范围。

（4）项目范围说明

做出新的项目范围说明，详见 5.2 节。

5.5.3 范围变更控制工具

范围变更控制的方法和技术主要有如下几种：

(1)范围变更控制系统

范围变更控制系统定义项目范围变更的相关程序，包括文档工作、跟踪系统及对于授权变更所需要的批准层次等。范围变更控制系统应当与综合变更控制结合起来，特别是与控制产品范围的一个或多个系统协调起来，当项目在合同形式下进行时，范围变更控制必须符合有关合同条款。

(2)绩效测量

绩效测量即项目实施情况的度量，也是项目范围变更控制的一种有效的技术和方法。这一方法有助于评估已经发生项目范围变更的偏差大小。项目范围变更控制的一个重要内容就是识别已发生变更的原因，以及决定是否要对这种变更或差异采取纠偏行动，绩效测量可以帮助做相关决策分析。

(3)追加计划法

几乎没有项目能够完全按照项目计划实施和完成的，项目范围的变更可能要求对项目工作分解结构进行修改和更新，甚至会要求重新分析和制定替代的项目实施方案。项目范围的变更会引起项目计划的变更，即项目范围的变更会要求项目组织针对变更后的情况，制定新的项目计划，并将这部分计划追加到原来的项目计划中去。

5.5.4 范围变更控制结果

范围变更控制有以下几种结果：

(1)范围变更

范围变更是指对已批准的工作分解结构所规定的项目范围有所修正。范围变更经常需要调整成本、时间、质量等项目目标。

项目变更应在项目计划中得到及时反映，技术或计划编制的文档应该需要进行相应的修正，并应恰当地通知项目干系人(利益相关者)。

(2)纠正措施

纠正措施包括：根据批准后的项目变更要求而采取的行动和根据项目实际

情况的变化所采取的纠偏行动。这两种行动都属于项目变更控制的范畴，因为它们的结果都是使实际的项目范围与计划规定的项目范围保持一致，或者是与更新后的项目范围相一致。

(3)经验教训

产生偏差的原因、选择纠正措施的理由以及在范围变更控制中得到的其他教训都应当书面记录下来，以便其成为本项目或项目实施组织其他项目历史数据库中的一部分。

(4)更新后的范围基准

根据更新的性质，范围基准要进行修改，以反映已批准的变更，并作为未来变更的新基准。

拓展阅读

聚焦范围蔓延[①]

计划外的项目范围变化，通常被称为范围蔓延(Scope Creep)。范围蔓延就是在系统项目进行期间，不期望的需求缓慢增加。范围蔓延是项目失败的原因之一。

某公司最近的一个项目，从去年四月份就开始，整整一年过去了，现在还在谈需求、谈流程。其中一个主要问题是甲方部门的领导换了，原来的领导认可的东西，现任领导觉得不好。很担心按照这样下去什么时候项目才能够结束。本来计划去年年底就结束的，项目已经拖延了5个月。这是典型的项目范围蔓延问题。追究这个项目发展成这样的根源，主要包含如下几个部分：

①项目初期对项目需求理解不透彻，甲方对项目的目标定得过高，乙方的需求分析不够，对项目的估算出现偏差。

②没有严格地按照变更要求来执行变更，变更是由双方的项目经理确定的。商务上签的合同是总价合同，但是这些变更都没有额外的预算费用。

---

① 资料来源：nanyida0416sushe. 项目管理之项目蔓延[EB/OL]. https://blog.csdn.net/nanyida0416sushe/article/details/7753794.

③项目成员流动性很大。现在项目组的人大部分都是去年才进入公司的，由于公司其他项目的需要，很多有经验的人只是在前期参与了一部分，后期都做其他的项目去了。

计划在七月份结束项目，然后开始项目的二期工程，这只是商务上处理的一种方式而已。对于本项目而言，对比开始制定的项目范围，还有很多是没有完成的，比如项目在全国推广，试点应用的接入等。无论是从技术的角度还是从用户的角度，在这个时候重新审视这个项目，发现很多需求的实现都变复杂了。对一个大的企业来说，实施一个全企业范围内的项目需要从简单开始，然后逐渐地增加内容、增加流程。想要一开始就完美地规划出来，然后按照规划来做，是有很大难度的。

项目经理有责任准确地定义范围变更，清楚范围蔓延对项目造成的影响，以及在推进或拒绝这种变更时所产生的后果。项目经理还必须站在整个组织的高度上去看待这些变更。

为了避免客户造成项目范围的蔓延，记住一个原则十分有用："绝不让步，除非交换"。变化是客户的权利，但任何项目范围的改变都需要通过商业谈判完成（尽管它可能是不正规的），必须在工期、费用或质量基准方面做出相应的、正规的变更。

本章思考题

1. 什么是项目的范围？项目范围包括哪两方面的含义？
2. 项目范围说明书包括哪些方面的内容？
3. 什么是项目工作分解结构，项目工作分解结构的作用是什么？
4. 什么是工作包？
5. 为什么要对项目范围进行核实？
6. 项目范围变更控制的依据是什么？范围变更控制的结果有哪些？

第六章　项目的资源管理

本章关键词

活动定义(Activity Definition)；活动排序(Activity Sequencing)；活动历时估算(Activity Duration Estimation)；进度计划编制(Schedule Development)；资源估算(Resource Estimation)；成本估算(Cost Estimating)；成本预算(Cost Budgeting)；成本控制(Cost Control)

本章要点

本章首先讨论了项目资源的概念，并将时间作为一种特殊资源纳入项目资源管理；其次，介绍项目活动的相关概念，包括活动定义、活动排序、活动历时估算；再次，在项目活动概念的基础上介绍了项目进度编制；最后，结合项目进度安排和资源规划，讨论了项目成本管理的相关内容，包括成本估算、成本预算和成本控制。

6.1　项目资源概述

6.1.1　项目资源和项目资源管理

开展项目一般都会消耗各类资源。项目资源主要包括人、材料、设备和资金等，本书将时间也视为一种资源，作为一种独特的资源。

项目资源管理是指为了降低项目成本，而对项目所需的时间、人力、材料、机械、技术、资金等资源所进行的计划、组织、指挥、协调和控制等活动。具体而言，包括项目进度管理、项目资源规划以及项目成本管理。

将时间视作特殊的资源纳入资源管理，是因为在项目时间管理过程中进行进度计划的制定与控制，需要给各活动分配相应的资源（人力和物力）；同时，项目所花费的成本是和完成项目所需的时间紧密联系相关的，只有比较准确地估算出项目的时间结构，才能有效地实现项目成本管理。时间和成本同为项目的“效率因素”，进度优化和成本控制交互影响、互相依赖，因此，本书将时间视为一种特殊的资源，纳入资源管理活动中。

与其他资源一样，资源耗用的多少决定了成本的高低。项目占用时间资源越长，项目的完工成本就越高。然而，时间作为一种独特的资源，其特殊性在于：

首先，项目中的某些因素可能是时间的函数，随着时间的变化而变化。例如，人力资源和机械设备的成本主要取决于使用时间的长度，这类资源的管理重点应该是合理组织、统筹安排，充分发挥其工作效率。其次，时间的消耗无法停止，时间资源总是在减少，如果因为其他资源短缺导致项目进度暂停时，时间资源无法被存储，会对项目的进度管理和成本管理形成压力。

6.1.2 项目资源分配单元

项目的工作分解结构是项目资源管理的基础。项目进行范围管理时，在范围定义过程中将项目为实现可交付成果所必须完成的必要工作分解成工作包，并建立账目编码系统来唯一标示和确定每一个工作包。项目资源管理将通过这个编码实现资源与工作包的关联。具体而言，项目的时间资源被分配到工作分解结构的工作包上，项目的成本预算也被分配到工作包上。

6.2 项目活动

6.2.1 项目活动的概念

活动（Activity）被称为项目最基本的工作单元，是在项目进程中所实施的工作单元。活动可以是一个消耗人力、物力、财力及时间的过程，也可以是一个只消耗时间的等待过程，例如刷漆之后等待自然通风干燥的过程。

项目活动分为两种类型：不连续活动与投入活动。所谓不连续活动，是指有明确的开始时间和结束时间的活动，项目中的大多数活动都属于不连续活动。所谓投入活动，是指需要周期性反复执行的活动，包括定期的管理性活动，如项目的周期例会、定期的审计活动以及工程维护性活动等。

活动具有以下特点：

(1)明确的起始点和终点；

(2)可证实的产出；

(3)可理解和控制的不可再分的最小单元；

(4)便于估算和控制所需要的资源(人员、工时、设备、物资等)和成本；

(5)每项活动都由具体的单人负责。

6.2.2　项目活动定义

项目活动定义是指识别为实现项目目标所必须展开的项目活动，定义那些为生成项目产出物及其各个组成部分而必须完成的任务或必须开展的活动。

项目活动定义的主要依据是项目的目标、项目范围的界定和项目的工作分解结构。同时，在项目活动界定过程中，还要参考各种历史信息与数据，考虑项目的各种约束条件和假设前提。项目活动定义的结果是给出项目的活动清单，以及有关活动清单的支持细节和更新后的工作分解结构。

(1)项目活动分解

如果要完成一个项目首先就要确定究竟该项目需要通过开展哪些活动才能够实现项目目标。项目活动定义的结果就是给出一份包括所有项目活动的清单。要准备这样一份项目活动清单，可以采用很多不同的方法，例如，让项目团队成员利用“头脑风暴法”，通过集思广益去生成一份项目活动清单，这种方法主要适合较小项目活动的界定。但是对大型和较复杂的项目，则需要使用项目工作分解结构——将工作结构分解的最底层，也就是项目的工作包，进一步分解成完成项目工作包的基本活动——来定义并给出项目活动的清单，如图 6—1所示。

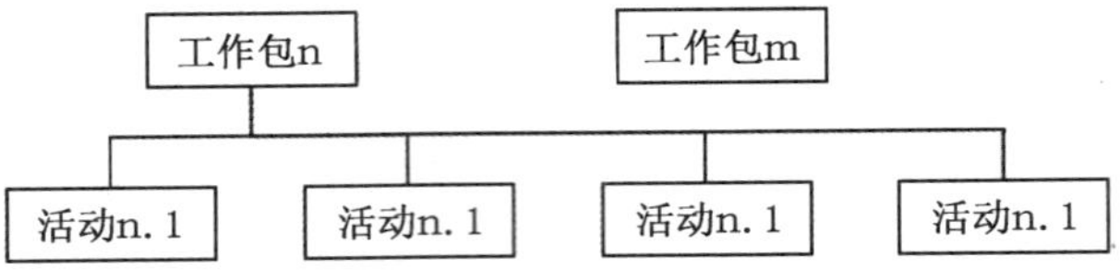

图 6—1　项目活动定义

可以看出，所谓活动定义，就是把范围定义中形成的工作结构分解再细化一层。由此分解和给出项目成功所必需的各项具体项目活动的管理工作。因此，项目活动分解就是在工作包的基础上，进一步分解出项目每个工作包中所包含的各个项目的具体活动。

可以采用分解法或者平台法将工作包分解成项目活动：

①分解法

项目活动分解法是指为了使项目便于管理而根据项目工作分解结构，通过进一步分解和细化项目工作任务，从而得到全部项目具体活动的一种结构化的、层次化的项目活动分解方法。这种方法将项目任务按照一定的层次结构，逐层分解成详细、具体和容易管理控制的一系列具体的项目活动，从而更好地进行项目的时间管理。这种项目活动分解法有助于完整地找出一个项目的所有活动。使用项目活动分解法最终得到的是关于项目活动的界定，而不是对于项目产出物的描述，这种项目活动界定的结果是为项目时间管理服务的，而不是为项目质量管理服务的（项目产出物的描述主要是为项目质量管理服务的）。

②平台法

项目活动界定的平台法也叫原型法，它使用一个已完成项目的活动清单（或该活动清单中的一部分）作为新项目活动界定的一个平台，根据新项目的各种具体要求、限制条件和假设前提条件，通过在选定平台上增减项目活动的方法，定义出新项目的全部活动，得到新项目的活动清单。这种方法的优点是简单、快捷、明了，但是可供使用的平台或原型（已完成项目的活动清单）的缺陷和缺乏会对新的项目活动界定结果带来一定的影响，而且会由于既有平台的局限性而漏掉或额外增加一些不必要的项目活动。

(2)项目活动定义的结果

项目活动定义的结果是给出下述信息和文件,以指导下一步资源管理工作:

①项目活动清单

项目活动界定工作给出的最主要信息和文件是项目活动清单。项目活动清单列出了一个项目所需开展和完成的全部活动。项目活动清单是对项目工作分解结构的进一步细化和扩展,项目活动清单中列出的活动与项目工作分解结构给出的工作包相比,更为详细、具体和具有可操作性。对于一份项目活动清单的具体要求有两条:其一是要包括一个项目的全部活动内容;其二是不能包含任何不属于本项目的活动内容,即与实现项目目标无关的任何活动。

②相关的支持细节

这是指用于支持和说明项目活动清单的各种具体细节文件与信息。这既包括给定的项目假设条件和各种项目限制因素的说明和细节描述,也包括对于项目活动清单的各种解释和说明的细节信息和文件等。这些相关的支持细节信息都必须整理成文件或文档材料,它们通常需要与项目活动清单一起共同使用。

③更新后的工作分解结构

在使用项目活动分解方法定义一个项目的活动过程中,项目管理人员会发现原有的项目工作分解结构中的一些遗漏、错误和不妥的地方,这就需要对原有的项目工作分解结构进行必要的增删、更正和修订,从而获得一分更新后的项目工作分解结构,这也是项目活动定义工作的结果之一。当出现这种情况的时候,还需要同时更新其他的相关项目管理文件。特别是在项目活动定义过程中,如果决定采用新的技术或方法去实施项目,或者采用新的组织结构与管理控制方法时,就必须做相应的工作分解结构更新工作。否则会造成项目活动定义文件与项目其他管理文件的脱节现象,从而使项目管理陷入混乱。

6.2.3　项目活动排序

项目活动排序是通过识别项目活动清单中各项活动的相互关联与依赖关系,并据此对项目各项活动的先后顺序进行合理安排。为制定项目时间(工期)

计划就必须科学合理地安排一个项目各项活动的顺序关系。

(1)活动之间的关系

活动之间并不孤立,而是有着某种依赖关系。在时间上的依赖关系有两种情形:强制性依赖关系和自由依赖关系。

强制依赖关系是指两个活动之间所固有的依赖关系,它们之间通常存在某种实际的约束条件,例如:很多产品开发项目中,设计活动完成后才能开始产品的实现活动。因此,强制性依赖关系也被称作硬逻辑关系。

自由依赖关系是指活动之间的关系可以自由处理,并不存在某种约束。但是可能由于资源限制或者人为规定等方面的考虑设定了某种依赖关系。

活动中的依赖关系是通过描述活动在时间上的逻辑顺序——先后顺序来确定的。通常而言有两种活动:

①前导活动

前导活动是另一个活动开始前必须出现的活动,例如:买电影票是看电影的前导活动。

②后续活动

后续活动是前导活动后必须出现的活动,例如,检票活动是买票活动的后续活动。

活动之间存在四种逻辑关系:

①结束后才开始(Finish-Start,FS)

FS是一类最普通的活动关系,项目中的大多数活动之间都具有这种关系。但需要特别注意这种关系所属的依赖条件。如果是强制依赖,往往意味着违背了这个条件会对项目质量产生影响。另外,并没有要求后续活动一定要在前导活动完成后马上开始,可以有一定的滞后时间,但绝不可以在前导活动完成之前开始。

②开始后才开始(Start-Start,SS)

SS是指一个活动开始后,另外一个活动才能开始。SS经常表示某种并行但是具有一定依赖关系的活动。

③结束后才结束(Finish-Finish,FF)

FF表示一个活动必须在另外一个活动结束之后结束。FF经常表示某种并行，但其产出物是具有一定依赖关系的活动。FF 不要求后续活动一定要在前导活动完成后马上完成，但不能比前导活动更早完成。

④开始后才结束（Start-Finish，SF）

SF 表示一个活动结束依赖于另一个活动的开始。

表 6—1 说明了前后活动间的基本逻辑关系。

表 6—1　　活动关系类型

关系类型	表示符号	说　明	图 例
结束后才开始	FS	活动 A 结束后，活动 B 才能开始	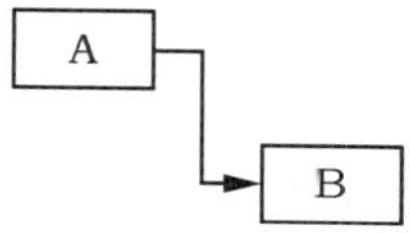
开始后才开始	SS	活动 A 开始后，活动 B 才能开始	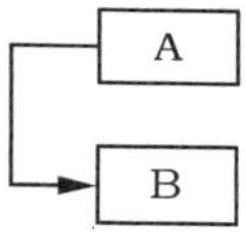
结束后才结束	FF	活动 A 结束后，活动 B 才能结束	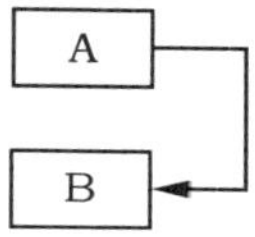
开始后才结束	SF	活动 A 开始后，活动 B 才能结束	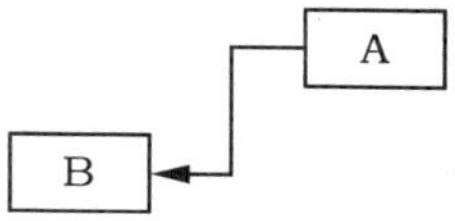

另外，在以上四种关系中还可以加入超前和滞后，对活动关系进行更精确的描述。

①超前（Lead）

超前是逻辑关系中允许提前后续活动的限定量。例如：在完成—开始（FS）关系中有 2 天的超前时间，则表示后续活动在前导活动完成前 2 天就能开始。

②滞后（Lag）

滞后是逻辑关系中表示推迟后续任务的限定量。例如：在完成—开始（FS）关系中有 2 天的滞后时间，则表示后续活动只能在前导活动完成后 2 天才能开始。

(2)活动排序的依据

项目活动排序所需的依据主要包括：

①项目活动清单及其支持细节文件

这些是项目活动定义阶段的工作成果。其中，项目活动清单列出了项目所需开展的全部活动，项目活动清单的支持细节文件说明和描述了项目活动清单的相关细节、依据与假设前提条件。它们是项目活动排序工作的非常重要的依据。

②项目产出物的说明与描述

项目产出物是开展项目活动的最终结果，或叫项目的产品。项目产出物的功能和特征会直接影响项目活动顺序的确定。通过对项目产出物的特征分析可以帮助人们确定出项目活动的顺序，对照项目产出物的描述，人们可以审查项目活动排序的正确性。所以项目产出物描述也是项目活动排序的重要依据之一。

③项目活动之间的强制依赖关系

项目活动之间的强制依赖关系是指项目活动之间客观需要和不可缺少的关联关系。例如，一个建筑项目只有地基建好之后才能建造上部构造，因为这是事物本身客观规律的要求。因此，项目活动之间的强制依赖关系也是“硬逻辑”关系，是一种不可违背的逻辑关系。因此，强制依赖关系是项目活动排序的重要依据之一。

④项目活动之间的自由依赖关系

项目活动之间的自由依存关系有两种，一种是由项目管理人员规定的项目活动之间的关系，称为人为依赖关系。这种关系是人为的、主观确定的，所以它们也被称为“软逻辑”关系，这是一种可以由人们根据主观意志去调整和安排的项目活动之间的关系。这种关系同样会限制项目活动顺序的安排，项目的管理者必须科学合理地确定这种自由依存关系。另一种是因项目所面临的各种资源与环境限制条件和因素对项目活动关系的影响和限制。例如，在没有资源限制的情况下，两种项目活动可能同时开展，但是在有资源限制的条件下，它们就只能依次进行了。

⑤项目活动的外部依存关系

项目活动的外部依存关系是指项目活动与其他组织的活动，以及项目活动与组织所开展的其他活动之间的相互关系。例如，一个建筑项目的选址，在确定之前可能需要召开由政府组织的环境听证会，并需要获得政府或主管部门的审批，才能够开展项目下一步的活动。这就是一种典型的项目活动与其他组织（政府）活动所形成的外部依存关系。

（3）绘制项目网络图

项目活动排序需要根据上述项目活动清单、项目产出物的描述以及项目的项目活动之间的各种关系，通过反复的试验和优化安排出项目的活动顺序。然后，根据所安排项目活动的顺序，使用网络图法绘制出项目活动顺序的网络图。

在决定以何种顺序安排项目活动时，对每一个项目活动需要明确回答以下三个方面的问题：

①在该活动可以开始之前，哪些活动必须已经完成？

②哪些活动可以与该活动同时开始？

③哪些活动只有在该活动完成后才能开始？

明确每项活动的这三个问题的答案后，就可以安排项目的活动顺序并绘制出项目网络图，从而全面描述项目所需各项活动之间的相互关系和顺序了。

项目网络图有两种绘制方法：箭线图法（Arrow Diagramming Method，AOA）和前导图法（Precedence Diagramming Method，PDM）。箭线图法和前导图法的差别在于：活动不是在“节点”上，而是在箭头上。

在箭线图中，用箭头表示活动，节点则代表了活动的起点和终点，如图6—2所示。在实际使用中，箭线图更为广泛。

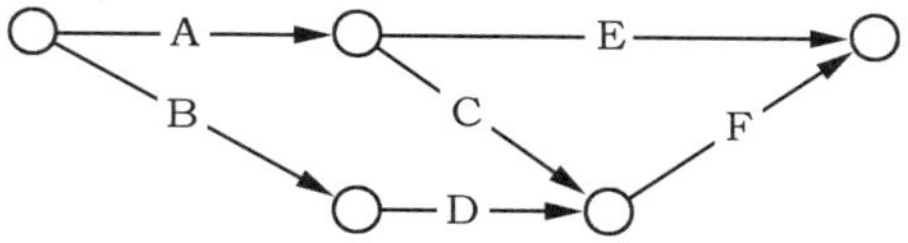

图6—2　箭线图

在前导图中，用节点表示活动，用箭头表示活动之间的前后关系，如图6—3所示。

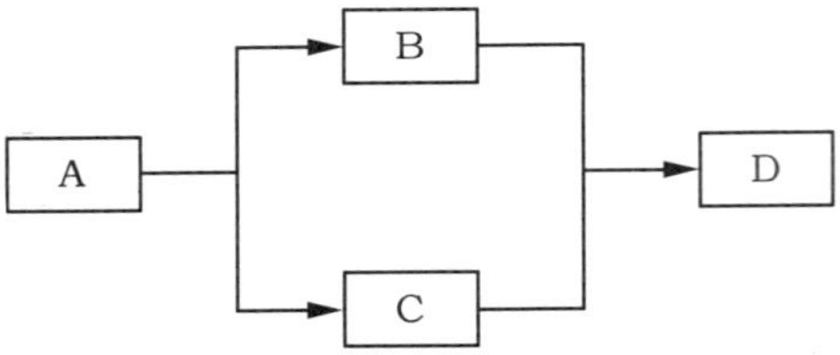

图 6—3　前导图

此外，在决定一个项目网络图的详细程度时，还应考虑下列准则：

准则一：项目不但需要有工作分解结构，而且必须有明确的项目活动界定。

准则二：可以先根据项目工作分解结构绘制一份概括性的网络图，然后再根据项目活动定义结果把它扩展成为详细的网络图。有些项目只要概括性的网络图就可以满足项目管理的要求了。

准则三：不管最初的项目活动网络图详细程度如何，项目活动定义应该随着项目的开展逐步细化。因为定义项目近期开展的活动，要比定义项目远期要开展的活动容易得多。所以随着项目的展开，项目网络图需要不断更新，以添加更多细节。

(4)使用项目网络图模板

在某些情况下，一个项目实施组织可能给不同的客户做相似的项目，此时新项目的许多活动可能包含与历史项目活动具有相同的逻辑关系安排。因此，项目实施组织有可能用过去完成项目的网络图作为新项目网络图的模板，并通过增删项目活动去修订这种模板，从而获得新项目的活动网络图。这种网络模板法有助于尽快生成项目网络图，它可以用于对整个项目或项目的某个局部的项目活动排序和网络图的编制。

(5)项目活动排序的结果

项目活动排序工作的结果是一系列有关项目活动排序的文件，主要有：

①项目网络图

项目网络图是有关项目各项活动和它们之间逻辑关系说明的示意图。

②更新后的项目活动清单

在项目活动定义过程中，通常会发现项目工作分解结构中存在各种问题，而在项目活动排序过程中，通常也会发现项目活动清单中存在的问题。为了正确反映项目活动间的逻辑关系就必须对前期确定的项目活动进行重新分解和定义，以改正存在的问题。当出现这种情况时，就需要更新原有的项目活动清单，从而获得更新后的项目活动清单，而且有时还需要进一步更新原有的项目工作分解结构等文件。

6.2.4 项目活动历时估算

项目活动历时（工期）估算是对项目已确定的各种活动的完成时间的可能长度的估算工作，包括对每一项完全独立的项目活动历时的估算和对于整个项目的工期估算。这项工作通常应该由项目团队中对项目中各种活动特点非常熟悉的人来完成，也可以由计算机进行模拟和估算，再由专家审查确认这种估算。对一项项目活动所需时间的估算，通常要考虑项目活动的有效工作时间和延误时间。通常，在输入各种依据参数后，绝大部分项目计划管理软件都能够处理这类时间估算。

（1）估算活动历时的依据

估算活动的持续时间，可依据如下信息：

①项目活动清单

项目活动清单列出了项目所需开展的全部活动，是对项目工作分解结构的细化的项目计划文件。

②项目的约束和假设条件

项目的约束和假设条件聚集于项目活动历时估算方面的各种约束条件和假设前提条件。其中，约束条件是项目面临的各种限制因素，假设前提条件是为假定的各种可能发生的情况。

③项目资源的数量要求

绝大多数项目活动历时是受活动所能得到资源多少的影响。例如，两个人工作一整天的项目活动，如果只有一个人工作可能需要两天时间。一般情况下，项目资源数量的多少是决定项目活动工期长短的重要参数之一。

④项目资源的质量要求

绝大多数项目活动历时还受项目资源质量的影响。例如，一项活动需要 2 个

“高级程序员”工作两天，但是如果只有“中级程序员”可能就需要4个人工作两天了。一般而言，项目资源质量水平也是决定项目活动工期长短的重要参数之一。

⑤历史信息

在估算和确定项目活动工期中，还需要参考有关项目活动历时的历史信息，这类信息包括：相似项目的实际项目活动工期文件、商业性项目工期估算数据库（一些商业管理咨询公司收集的同类项目历史信息）、项目团队有关项目工期的知识和经验等。

（2）估算活动历时的方法

①专家评价法

专家评价法是由项目时间管理专家运用他们的经验和专业特长对项目活动工期做出估计和评价的方法。由于项目活动工期受许多因素的影响，所以使用其他方法计算和推理的方法是很困难的，但专家评估法却十分有效。

②类比估算法

类比估算是以以前类似活动的实际持续时间为依据，估算将来计划活动的持续时间。当项目活动工期方面的信息有限时，可以使用这种方法来估算项目的工期，但是这种方法的结果比较粗，一般用于最初的项目活动工期估算。

③模拟法

模拟法是以一定的假设条件为前提去进行项目活动工期估算的一种方法。常见的这类方法有蒙特卡罗模拟、三点法模拟等。其中三点法模拟的基本思想是，确定完成活动有三种可能时间：一是乐观估计，即假设活动所涉及的所有事件均对完成该活动最为有利，比如合适的天气、设备没有任何故障、人员能全力工作等，这给出了该活动最快能完成的时间，记为 O；二是悲观估计，即假设现实中总是遇到不利因素，使得活动的完成被延误与耽搁，这给出了该活动在最糟的情况下完成所需要的时间，用 P 表示；三是正常估计，即一般情况下完成活动所需要的时间，用 M 表示。在得到这三种估计后，通过公式 $E=(O+4M+P)/6$ 来估计活动历时 E。

（3）项目活动历时估算的结果

①估算出的项目活动工期；

②项目活动历时估算的支持细节文件（项目活动历时估算的支持细节文件

包括所有与项目工期估算结果有关的文件与说明)；

③更新后的项目活动清单和项目工作分解结构。

在项目活动历时估算的过程中可能发现项目工作分解结构和项目活动清单中存在的各种问题,因此需要对它们进行修订和更新。并且要将其作为项目活动历时估算的工作文件与其他项目活动历时估算正式文件一起作为项目活动历时估算的工作结果而输出。

6.3　项目进度计划制定

项目进度计划制定是根据项目活动定义、项目活动排序、各项活动历时估算所进行的项目进度计划的编制与安排。活动定义、活动排序和活动历时估计构成了制定项目进度计划的基础。项目的进度计划既是回答每个活动的进度安排,也包括整体的进度信息。

> 某软件公司需要开发手机理财 App,项目团队通过反复讨论确定出了与项目相关的活动如下:
>
> 首先,需要与现有的理财 App 比较,完成这项任务需要 10 天;此后,向管理层提交项目计划和项目定义文件,以便获得批准,完成这项任务的正常速度是 5 天;当方案获取批准后,可以开始 App 的设计需求分析工作,这项任务估计需要 14 天;此后,可以同时进行 App 的前端开发和后端开发,其中前端开发需要 10 天,后端开发需要 8 天;开发工作完成后就可以进行测试、修改,测试工作估计需要 3 天。项目经理应该如何安排项目进度,项目工期有多少天?

6.3.1　制定进度计划的依据

制定进度计划的主要依据为项目网络图、活动历时估算、资源安排描述、项目和资源日历、约束条件以及提前与滞后等。其中最主要的有:

(1)项目网络图

项目网络图是指在“活动排序”阶段所得到的项目各项活动以及它们之间逻辑关系的示意图。

(2)项目活动历时估算文件

项目活动历时估算文件，是对于已确定项目活动的可能工期估算文件。

(3)资源安排的描述

资源安排的描述包括有关项目资源质量和数量的具体要求以及各项目活动以何种形式与项目其他活动共享何种资源的说明。

(4)项目和资源日历

项目和资源日历表明了可以工作的时段，项目日历影响所有的资源。例如，某些项目只在工作日进行，而另外一些项目则可以在全部时间进行。

资源日历影响某一具体资源或一类资源。例如，某一项目成员可能在休假参加培训，一个劳务合同可能限定某些工作人员在一周内的工作时间。

(5)各种约束条件

在制定项目进度计划时，有两类主要的约束条件必须考虑：

①强制日期

强制日期是指项目业主/客户或其他外部因素(比如技术项目的市场窗口、环境恢复项目的法院裁决完成日)可能要求在某规定的日期之前完成某些可交付物。

②关键事件或主要里程碑

项目业主/客户或其他项目干系人可能要求在某一规定日期前完成某些交付物，一旦确定下来，这些日期就成了预期时间，除非非常困难，否则不能改动。

(6)提前和滞后要求

为了准确确定活动关系，有些逻辑关系可能需要规定提前或滞后的时间。例如，一件设备从订购、安装到使用可能有两周的滞后时间。

6.3.2 制定项目进度计划的方法

项目计划是项目专项计划中最为重要的计划之一，这种计划的编制需要反复地试算和综合平衡，因为它涉及的影响因素很多，而且它的计划安排会直接影响到项目集成计划和其他专项计划。目前主要采取的有关键路径法、模拟法、资源水平法、甘特图法、项目管理软件法等。

(1)关键路径法

关键路径法是在项目进度计划编制中使用最为广泛的方法。关键路径(Critical Path)是“表示项目最长路径、决定项目最短工期的活动顺序”。因为只有时间最长的项目活动进度完成之后,项目才能够完成,所以项目最长的活动路径被称为“关键路径”。关键路径法关注的核心是项目活动网络中关键路径的确定和关键路径总工期的计算,其目的是使项目工期能够达到最短。关键路径法运用特定的、有顺序的网络逻辑,反复调整项目活动的计划安排和资源配置方案,使项目活动网络中的关键路径逐步优化,最终确定出合理的项目进度计划。

(2) 模拟法

模拟法是根据一定的假设条件和这些条件发生的概率,运用像蒙特卡罗模拟、三点法模拟等方法,确定每个项目活动可能历时的统计分布和整个项目可能工期的统计分布,然后使用这些统计数据去编制项目进度计划的一种方法。同样,由于三点法模拟相对比较简单,一般都使用这种方法去模拟估算项目单项活动的历时,然后再根据各项目活动可能历时的统计分布,估算出整个项目的工期估算,并编制出项目的进度计划。

(3)资源水平法

资源水平法又称为“基于资源的项目进度计划方法”。这种方法的基本指导思想是“将稀缺资源优先分配给关键路线上的项目活动”。这种方法制定出的项目进度计划通常更长一些,但是更经济和实用。

(4)甘特图法

这是由美国学者甘特发明的一种使用条形图编制项目工期计划的方法,是一种比较简便的进度安排方法。这种方法是在20世纪早期发展起来的,但是因为它简单明了,所以到今天人们仍然广泛使用。项目活动纵向排列在图的左侧,横轴则表示各活动的历史。每项活动预计的时间用线段或横棒的长短表示。简单项目的甘特图如图6—4所示。

(5)项目管理软件法

项目管理软件法是广泛应用于项目工期计划编制的一种辅助方法。使用

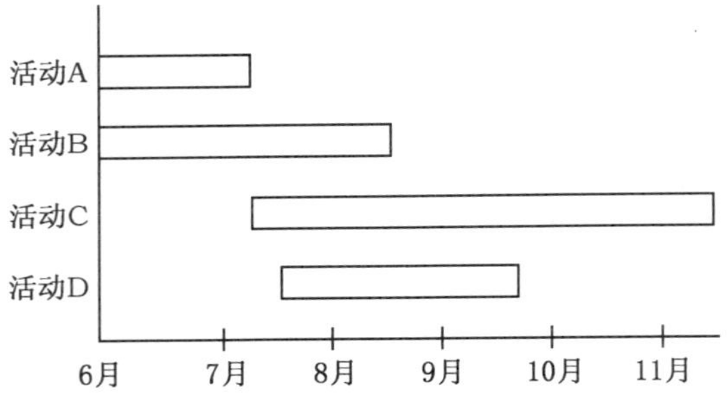

图 6—4　甘特图

特定的项目管理软件就能够运用系统分析法的计算方法和基于资源水平的考虑，快速地编制出多个可供选择的项目工期计划方案，最终决策和选定一个满意的方案。这对于优化项目进度是非常有用的，对编制项目进度计划有很好的参考作用，但最终决策还是需要由人来做出。

6.3.3　项目进度计划编制的结果

项目进度计划编制工作的结果主要有：

(1)项目进度计划书

通过项目进度计划编制形成项目进度计划书。项目进度计划书至少应包括每项活动的计划开始日期和计划结束日期等信息。一般在项目资源配置得到确认之前，这种项目进度计划只是初步计划，在项目资源分配得到确认之后才能够得到正式的项目进度计划。

(2)项目进度计划书的支持细节

项目进度计划书各个支持细节的说明文件，包括：所有已识别的假设前提和约束条件说明，具体计划实施措施的说明等。例如，在一个建设工程项目中，项目进度计划书的支持细节可以包括：项目资源配置的说明、项目现金流量表、项目的物资采购计划和其他一些项目进度计划的保障措施等。

(3)项目进度管理的计划安排

项目进度管理的计划安排是有关如何应对项目进度计划变更和有关项目进度计划实施的管理安排。这一部分内容既可以整理成正式的项目进度计划管理文件，也可以作为项目进度计划正式文件的附件，或者只是做一个大体上的框架说明即可。但是无论使用什么方式，它都应该是整个项目进度计划的一个组成部分。

(4)更新后的项目资源需求

在项目进度计划编制中会出现对于项目资源需求的各种改动，因此在项目进度计划制定的过程中需要对所有的项目资源需求改动进行必要的整理，并编制成一份更新后的项目资源需求文件。这一文件将替代旧的项目资源需求文件并在项目工期进度管理和资源管理中使用。

6.4　资源规划

资源规划是为完成项目各活动确定需要什么资源(人、设备、材料、能源、设施等)和这些资源的数量。项目资源计划涉及决定什么样的资源以及多少资源将用于每个项目活动中。因此它必然是与费用估计相对应起来的，是项目费用估计的基础。

6.4.1　资源计划的主要依据

(1)工作分解结构

利用工作分解结构进行项目资源计划时，若工作划分得越细、越具体，则所需资源的种类和数量就越容易估计。工作分解自上而下逐级展开，各类资源需要量可以自下而上逐级累加，这样就得到整个项目各类资源的需要。

(2)项目进度计划

项目进度计划是项目计划中最主要的工作，是其他各项目计划(如质量计划、图样供应计划、资金使用计划、资源供应计划)的基础。资源计划必须服务于项目进度计划，什么时候需要何种资源是围绕进度计划的需要而确定的。

(3)历史资料

历史信息记录了先前类似工作使用资源的需求情况，如果能获得这些资料，无疑对现在工作资源的需求确定有很大的参考作用。

(4)项目范围说明书

项目范围陈述包括划定哪些方面是属于项目应该做的，哪些工作是不包括在项目之内以及对项目目标的描述，这些应该在项目资源计划的编制过程中特别加以考虑。

（5）资源安排的描述

哪些资源是可能获得的，这是项目资源计划必须要掌握的，数量描述和资源水平对于资源安排描述是特别重要的。例如，在工程设计项目执行的早期阶段可能需要大量的高中级工程师，而在项目的后期阶段又常缺乏关于如何以项目早期的情况判断项目结果的人员。

（6）组织策略

在资源计划的过程中还必须考虑人事组织、所提供设备的租赁和购买策略。比如，工程项目中劳务人员是用外包工还是本企业职工、设备是租赁还是购买等，这些都对资源计划产生影响。

6.4.2　资源计划的方法

（1）专家判断

在资源计划的制定过程中，专家判断法是最为常用的。专家可以是任何具有特殊知识或经过特别培训的组织和个人，主要包括：在履行组织的其他单位；顾问；职业或技术协会；工业组织。

（2）选择确认

制定多种资源安排计划，以供专家选择确认。最常用的方法是“头脑风暴法”。

（3）数学模型

为了使编制的资源计划具有科学性、可行性，在资源计划的编制过程中，往往借助于某些数学模型，如资源分配模型、资源均衡模型等。

6.4.3　资源计划的结果

项目资源计划的工具包括以下几种：资源计划矩阵、资源数据表、资源甘特图、资源负荷图或资源需求曲线、资源累计需求曲线。

资源计划的结果是制定资源的需求计划，对各种资源需求及需求计划加以描述。其中最为重要的结果是确定出能够充分保证项目实施所需各种资源的清单和资源投入的计划安排，资源的需求安排一般应分解到具体的工作上。以上这些结果主要用各种形式的表格予以反映，如表 6—2 所示。

表 6—2 **项目活动资源需求清单**

项目名称：

WBS 编号	工作包名称	资源类型	数 量	说 明

6.5 项目成本管理

项目成本管理是为保障项目实际发生的成本不超过项目预算而开展的项目成本估算、成本预算和成本控制等方面的管理活动。项目成本管理也是为确保项目在既定预算内按时、按质、经济、高效地实现项目目标所开展的一种项目管理过程。

6.5.1 成本管理的主要内容

现代项目成本管理的主要内容包括：

(1)项目成本估算

项目成本估算是指根据项目资源需求和计划，以及各种资源的市场价格或预期价格等信息，估算和确定出项目各种活动的成本和整个项目的全部成本这样一种项目成本管理工作。项目成本估算最主要的任务是确定用于项目所需的人、机、料、费等成本和费用的概算。

(2)项目成本预算

项目成本预算是一项制订项目成本控制基线或项目总成本控制基线的项目成本管理工作。这主要是根据项目的成本估算为项目各项具体活动或工作分配和确定其费用预算，以及确定整个项目总预算这样两项工作。项目成本预算的关键是合理、科学地确定出项目的成本控制基准(项目总预算)。

(3)项目成本控制

项目成本控制是指在项目的实施过程中,努力将项目的实际成本控制在项目成本预算范围之内的一项成本管理工作。这包括:依据项目成本的实施发生情况,不断分析项目实际成本与项目预算之间的差异,通过采用各种纠偏措施和修订原有项目预算的方法,使整个项目的实际成本能够控制在一个合理的水平。

(4)项目成本预测

项目成本预测是指在项目的实施过程中,依据项目成本的实施发生情况和各种影响因素的发展与变化,不断地预测项目成本的发展和变化趋势与最终可能出现的结果,从而为项目的成本控制提供决策依据的工作。

事实上,上述这些项目成本管理工作相互之间并没有严格独立而清晰的界限,在实际工作中,它们常常相互重叠和相互影响。同时在每个项目阶段,上述项目成本管理的工作都需要积极开展,只有这样,项目团队才能够做好项目成本的管理工作。

6.5.2 项目成本估算

项目成本估算是指根据项目的资源需求和计划,以及各种资源的价格信息,估算和确定项目各种活动的成本和整个项目总成本的项目管理工作。

项目成本估算是项目成本管理的一项核心工作,其实质是通过分析去估计和确定项目成本的工作。这项工作是确定项目成本预算和开展项目成本控制的基础和依据。

(1)项目成本的影响因素

影响项目成本的因素有许多,而且不同应用领域中的项目,其影响项目成本的因素也会不同。最为重要的项目成本影响因素包括如下几个方面:

①耗用资源的数量和价格

项目成本受两个因素的影响:一是项目各项活动所消耗和占用的资源数量;二是项目各项活动所消耗与占用资源的价格。这表明项目成本管理必须要管理好项目消耗和占用资源的数量和价格这两个要素。通过降低项目消耗和占用资源的数量和价格去直接降低项目的成本。在这两个要素中,资源消耗与占用数量是第一位的,资源价格是第二位的。因为通常资源消耗与占用数量是一个相对可控的内部要素;而资源价格是一个相对不可控的外部要素,主要是由外部市场条件决定的。

②项目工期

项目的工期是整个项目或项目某个阶段或某项具体活动所需要或实际花费的工作时间周期。从这个角度而言,项目工期与时间是等价的。在项目实现过程中,各项活动消耗或占用的资源都是在一定的时点或时期中发生的。所以项目的成本与工期是直接相关并随着工期的变化而变化。

③项目质量

项目质量是指项目能够满足业主或客户需求的特性与效用。一个项目的实现过程就是项目质量的形成过程,在这一过程中,为达到质量要求需要开展两个方面的工作:其一是质量的检验与保障工作;其二是质量失败的补救工作。这两项工作都要消耗资源,从而都会产生项目的质量成本。其中,如果项目质量要求越高,项目质量检验与保障成本就会越高,项目的成本也就会越高。因此,项目质量也是项目成本最直接的影响因素之一。

④项目范围

任何一个项目的成本最根本取决于项目的范围,即项目究竟需要做些什么和做到什么程度。从广度上说,项目范围越大显然项目的成本就会越高;而项目范围越小项目的成本就会越低;从深度上说,如果项目所需完成的任务越复杂,项目的成本就会越高,而项目的任务越简单,项目的成本就会越低。因此,项目范围更是一个项目成本的直接影响因素。

根据上述分析可以看出,要实现对项目成本的科学管理,还必须通过开展对项目资源耗用和价格,项目工期和质量以及项目范围等要素进行集成的管理与控制。如果仅仅只对项目资源耗用量和价格要素进行管理和控制,难以实现项目成本管理的目标。

(2)项目成本估算的方法

项目成本估算的方法有:类比估算法、参数建模法、累加估计法和软件工具法等。

①类比估算法

类比估算法是用先前类似项目的实际数据作为估计现在项目的基础。这种方法适用于早期的成本估算,因为此时有关项目仅有少量信息可供利用。类比估计是专家判断的一种形式,是花费比较少的一种方法,但精确度比较差。如果先前的项目不仅在表面上而且在实质上和当前项目是类同的,类比估计是可靠的。如果做估计的个人或小组有必要的经验,类比估计也相对可靠。

②参数建模法

参数建模法也称为参数估计法,是把项目的某些特征作为参数,通过建立数学模型来预估项目成本的方法。例如,民用住宅项目可以使用每平方米单价等作参数去估算项目的成本。

③累加估计法

累加估计法涉及单个工作包或者活动成本的逐个估计,然后累加得到项目成本的总计。累加估计的成本与精度取决于单个工作的大小:工作划分得小,则成本增加,精确性也增加。项目管理团队必须在精确性和成本之间做出权衡。

④软件工具法

项目管理软件被广泛应用于成本控制,方便项目团队对不同的成本方案做出迅速考虑。

(3)项目成本估算的结果

项目成本估算的结果主要包括如下几个方面:

①项目成本估算文件

项目成本估算文件是通过采用上述项目成本估算方法而获得的项目成本估算最终结果文件。项目成本估算文件是对完成项目所需费用的估计和计划安排,是项目管理文件中的一个重要组成部分。项目成本估算文件要对完成项目活动所需资源、资源成本和数量进行概略或详细的说明。这包括对于项目所需人工、物料、设备和其他科目成本估算的全面描述和说明。

②成本估算的详细说明

成本估算的详细说明包括:工作范围描述(从工作结构分解词典中活动);说明估算是怎么做出的,并确认其是合理的;确认成本估算的假设的合理性;用范围区间表示成本的可能结果。

③项目成本管理计划

成本管理计划描述当实际成本与计划成本发生差异时应该如何进行管理。成本管理计划可以是高度详细的或是粗框架的，可以是正规的也可以是非正规的，取决于项目干系人的需要。项目成本管理计划是整个项目管理计划的一个辅助部分。

6.5.3　项目成本预算

成本预算是根据项目成本估算项目各项具体工作与活动的分配预算定额和确定项目成本控制的基线（项目总预算），制订项目成本控制标准和规定项目不可预见费的划分与使用规则等。

（1）成本预算的依据

项目成本预算的主要依据是成本估算文件及其详细说明、工作结构分解和项目进度计划。其中工作结构分解确认了项目的工作单元（工作包或者活动），成本要分配到这些项目工作单元中去；项目进度计划则包括了活动的计划开始日期和预计结束日期，为了将成本分配到时间区间，进度信息是不可缺少的。

（2）成本预算的编制

项目成本预算编制一般包括三个步骤：第一，分摊项目的总成本预算，即将项目成本预算分配到项目工作分解结构中的各个工作包上；第二，把每个工作包分配到的预算成本分配到工作包中的各项活动上；第三，制定项目成本预算时间安排。

①项目总预算的分配

项目成本总预算的分配是指根据项目成本估算，在确定出项目的总预算以后，将项目总预算分配到项目工作分解结构中的各个工作包上，并为每一个工作包建立自己的总预算成本这样一项管理工作。这是一种自上而下分配项目预算的方法，它将项目总预算按照项目工作分解结构和每个工作包的实际需要进行合理的分配。

②工作包预算的分配

工作包预算的分配是指根据项目工作包的预算确定出一个项目工作包的

各项活动具体预算定额的工作。这是一种将工作包预算按照构成工作包的各项活动内容和资源需求进行成本预算分配的工作。这可以采用自上而下的预算分配方法,也可以采取自下而上的预算分配方法。其中,自下而上法是先分析和确定一个项目工作包中的各项具体活动,然后详细分析和说明这些具体活动的资源需求,最终根据资源需求制定出各项活动的成本预算,从而分配一个工作包的预算成本。

③制定项目成本预算的时间安排

项目预算编制的第三步就是从时间上分配和安排整个项目的预算,即制定项目成本预算的时间安排,最终形成项目总预算的累计时间分布。通常将项目各工作包的成本预算分配到项目工期的各个时段以后就能确定项目在何时需要多少成本预算和项目从起点开始累计的预算成本了,这是项目资金投入与筹措和项目成本控制的重要依据。

(3)成本预算的结果

项目成本预算的主要成果是形成项目成本基准,又称费用线,即以时间为自变量的预算。成本基准被用于度量和监督项目执行成本,如图 6—5 所示。

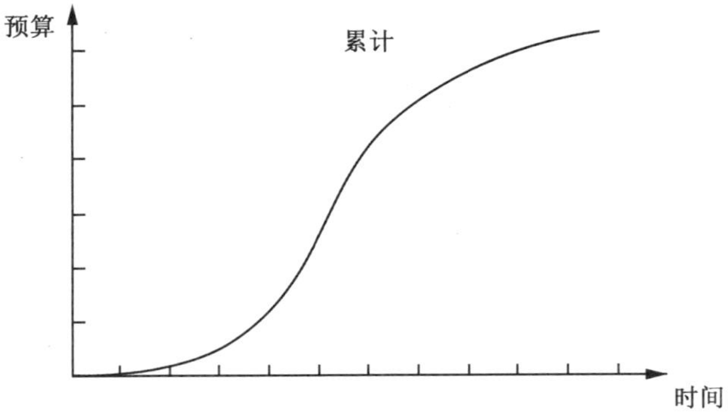

图 6—5 成本基准

许多项目(尤其是大型项目)可有多重成本基准,以衡量成本的不同方面。

6.5.4 项目成本控制

项目成本控制工作是将项目的实际成本控制在项目预算范围内的管理工

作。经批准的项目预算是必须严格执行的计划文件。项目成本控制涉及对那些可能引起项目成本变化的影响因素的控制(事前控制),项目实施过程中的成本控制(事中控制)和项目实际成本发生以后的控制(事后控制)。成本控制的过程中要对可能产生成本编号的因素施加影响,力争使成本变化控制在项目干系人认同的范围之内;检查成本计划是否已经发生变化;当实际发生成本计划变化时,对其实施控制。

有效控制项目成本的关键是要经常及时地分析项目成本的实际状况,尽早地发现项目成本出现的偏差和问题,以便在情况变坏之前能够及时采取纠正措施。一旦项目成本失控是很难挽回的,所以只要发现项目成本的偏差和问题就应该积极地着手去解决它,而不是寄希望于随着项目的展开一切都将会变好。项目成本控制问题越早发现和处理,对项目范围和项目进度的冲击会越小,项目越能够达到整体的目标要求。

(1)成本控制的依据

项目成本控制的主要依据为:项目成本基准、项目执行报告和项目变更申请。

项目成本基准是按时间分段的项目成本预算,也是度量和监控项目实施过程中项目成本最基本的依据。

项目执行报告是提供项目范围、进度、成本、质量等信息,反映了项目实施过程中的费用现状,是实施项目成本分析和控制必不可少的依据。

当项目实施过程中出现不可预见的情况时,要求重新对费用做出新的估算和修改,形成项目变更请求。只有当这些变更请求经各类变更控制程序妥善处理,或增加预算,或减少项目预算,项目成本才能更加科学、合理,并符合项目的实际,使项目成本真正处于控制之中。

(2)挣值法

挣值法是一种综合绩效度量技术,将项目范围、费用、进度整合在一起,帮助项目管理团队评估项目绩效。在成本控制中运用挣值法,可以确定偏差产生的原因、偏差的量级,并决定是否需要采取行动纠正偏差。

拓展阅读

一个 App 项目的开发成本是多少?

手机 App 软件开发根据复杂度、功能的多少、平台要求等因素的不同,价格也会有很大的出入。下面将忽略这些因素,仅从人员投入来评估 App 开发的成本。

假设开发一个 App,投入的工作量为 200 人天的工作日(据统计,大多数 App 项目的工作量投入平均在 150～250 人天左右),需要开发安卓端、iOS 端、后台管理系统(简称 CMS)这三个平台,项目需要的人员配置有:产品经理 1 名,项目经理 1 名,UI 设计师 1 名,后台开发工程师 2 名,安卓开发工程师 2 名,iOS 开发工程师 2 名,测试人员 2 名。按照这个人员的配置,根据各个人员的市面平均工资进行核算,可以得到表 6—3。

表 6—3

人 员	月薪(元)	人数(名)	时间(天)
产品经理	10 000	1	10
项目经理	12 000	1	10
UI 设计师	8 000	1	10
安卓开发工程师	10 000	2	50
iOS 开发工程师	10 000	2	50
后台开发工程师	9 000	2	50
测试人员	7 000	2	20

通过表 6—3 得出,一个 200 人天工作量的 App 项目,开发所需的人工基本工资支出为:10 万元左右,再加上员工社保、福利、设备、场地、人员管理等费用,应该需要差不多 14 万元的成本,暂且不计人员的空档期、招聘的成本、项目的风险等因素。

14 万元左右是对于一个已经具备成熟 App 开发团队的公司开发 App 的成本估算。对于完全没有 App 开发团队和相关开发经验的公司而言,这个成本估计至少需要翻一倍,因为开发周期要拉很长,基本才能达到类似前者的效果。

就大部分的App项目而言，开发一个App标配的项目需要开发一套后台管理系统(CMS)＋安卓客户端＋iOS客户端，大多数项目的开发成本在12万～25万元不等，具体需要根据App的功能复杂度、质量要求、开发哪些平台等因素来确定具体的价格。

App在报价时是以什么作为具体的报价参考标准呢？无论是个人、团队还是不同的公司，行业内的报价评估方法都是以工作量的多少来决定报价的成本的，即整个项目需要投入多少个人天开发，每个人天按多少钱收费，两个参数相乘即可得到总的开发费用。举个例子，开发一个O2O类的App项目，安卓端(50人天)＋iOS端(50人天)＋后台管理系统(50人天)，总的开发人天即150，如果每人天按1 200元收费，整个项目的总开发成本即18万元。

综上所述，开发一个App需要多少钱，需要综合评估App的功能需求、质量要求、需要开发哪些平台端，以此评估出需要投入多少的人工设计和开发量，即可基本测算出App的开发成本。有句古话是“一分钱一分货”，对于App定制开发的行业同样适用。当然，建议在找App开发团队的时候，货比几家，因为行业内存在一些接包团队抬高报价的情况，同时也存在很多低价恶意竞争的情况，这也导致了很多项目开发出来的质量完全不可控，导致一些创业项目半路夭折。

本章思考题

1. 什么是项目活动？什么是项目活动分解？
2. 如何进行项目活动历时估算？项目活动历时估算的结果什么？
3. 举例说明项目活动与活动之间的四种关系FS、SS、FF、SF的含义。
4. 什么是关键路径？
4. 什么是项目网络图？项目网络图的表现形式有哪些？
5.项目资源规划的作用和结果是什么？
6. 如何进行成本估算？
7. 成本预算有哪些步骤？成本预算的作用是什么？
8. 什么是项目成本基准？项目成本基准的作用是什么？

第七章　项目质量管理

本章关键词

项目质量管理(Project Quality Management);项目质量计划(Project Quality Plan);项目质量保障(Project Quality Guarantee);项目质量控制(Project Quality Control)

本章要点

了解项目质量的基本概念,掌握项目质量计划的方法和项目质量计划编制的基本内容,理解项目质量保障和项目质量控制的流程和方法。获得从项目的计划、保障和控制等方面全过程、全方位地对整个项目进行有效管理的意识和能力。

7.1　项目质量管理的概念

7.1.1　质量的基本概念

(1)质量的基本概念

质量的内容十分丰富,随着社会经济和科学技术的发展,也在不断充实、完善和深化,同样,人们对质量概念的认识也经历了一个不断发展和深化的历史过程。主要有代表性的概念有:

①朱兰的定义。美国著名质量管理专家朱兰(J. M. Juran)博士从顾客的角度出发,提出了产品质量就是产品的适用性。即产品在使用时能成功地满足用户需要的程度。用户对产品的基本要求就是适用,适用性恰如其分地表达了质量的内涵。

②美国质量专家的定义。美国质量管理专家克劳斯比从生产者的角度出发,曾把质量概括为“产品符合规定要求的程度”;美国的质量管理大师德鲁克认为“质量就是满足需要”;全面质量控制的创始人菲根堡姆认为,产品或服务质量是指营销、设计、制造、维修中各种特性的综合体。

③ISO9001 关于“质量术语”的定义。一个关注质量的组织倡导一种文化,其结果导致其行为、态度、活动和过程,它们通过满足顾客和其他有关的相关方的需求和期望创造价值。组织的产品和服务质量取决于满足顾客的能力以及对有关的相关方预期或非预期的影响。产品和服务的质量不仅包括其预期的功能和性能,而且还涉及顾客对其价值和利益的感知。

广义上,一般认为质量是反映客体能够满足主体明确或隐含需要的能力的特征总和。这里的“客体”可以是产品或服务,也可以是活动或过程,或者是组织、体系、人,以及以上各项的任何组合。“明确需要”是指在标准、规范、图纸、技术要求或其他文件中已经做出规定的需要;“隐含需要”是指那些被人们公认的、不言而喻的、不必明确的需要。在项目范围内,质量管理的重要方面是通过项目管理把隐含需要转变成明确需要。“特征”是指客体特有的性质,它反映客体满足主体需要的能力。对硬件和流程性材料类的产品,特征可以归结为性能、可信性、安全性、经济性和适应性等方面。

狭义上,质量通常仅指产品或服务质量。产品或服务质量是一项综合性指标。影响质量的因素是错综复杂的,包括社会政治、经济、习俗等外部因素,也包括人、机器、原材料、方法和环节等内部因素。所以,质量的最大特点就是面向顾客提供其所需要的,使顾客满意的产品。例如,在软件开发过程中,用户是软件生命周期中重要的一环,软件开发的最终目的是为了满足用户的需求,同时,用户的积极参与也是产品质量提高的基础,是软件公司发展的前提。因此,在软件开发过程中,应把用户的利益放在第一位,确保用户的利益不受侵犯。

质量不同于等级,等级是“对功能用途相同但质量要求不同的实体所做的分类和排序”。低质量是需解决的问题，低等级则不是。衡量质量的标准是来自于对客户需求的满足，它和等级没有直接的关系。举一个简单的例子来说明：

> 4 万元的奇瑞车和 40 万元的宝马车哪一个质量好呢？你可能会回答当然是宝马了。其实，你是混淆了质量和等级之间的区别。我们说，4 万元的奇瑞车如果实现了 4 万元所要求的所有技术指标，它就是高质量的；40 万元的宝马车如果只实现了 30 万元所达到的技术指标，虽然每一项指标都比奇瑞车高，但我们仍然认为它的质量不高。

(2)质量功能特征的分类

如上所述，狭义的质量表现为产品或服务的质量功能特征，这是产品或服务能够满足人们明确或隐含需要能量和特征的总和。其中，有形产品的质量功能特性多数是显性的，无形的服务或劳务质量功能特性多数是隐性的，因为服务或劳务多具有无形性和不可存储等特性。

同时，所有质量功能特性均可分为内在的质量特性、外在的质量特性、经济的质量特性、商业的质量特性和环保的质量特性等多种特性。这些不同质量功能特性的具体内涵如下：

①内在的质量特性

主要是指产品或服务的性能、特性、强度、精度等方面的质量特性。这些质量特性主要是指在产品或服务的持续使用中体现出来的特性。

②外在的质量特性

主要是指产品或服务的外形、包装、装潢、色泽、味道等方面的特性，这些质量特性都是产品或服务外在表现方面的属性和特性。

③经济的质量特性

主要是指产品或服务的寿命、成本、价格、运营维护费用等方面的特性，这些特性是与产品或服务的购买和使用成本直接有关的特性。

④商业的质量特性

主要是指产品或服务的保质期、保修期、售后服务水平等方面的特性，这些特性是与产品或服务提供企业承诺的各种商业责任有关的特性。

⑤环保的质量特性

主要是指产品或服务对于环境保护的贡献或对环境造成的污染等方面的特征，这些特征是与产品或服务对环境的影响有关的特性。

7.1.2　项目质量和项目质量管理

(1)项目质量的基本概念

由于项目具有一次性、复杂性、动态性和实效性等特点，因此项目质量也具有自身的特殊性。项目质量是指项目在满足国家有关法律、法规、技术标准的前提下，项目可交付成果(产品或服务)、体系或过程固有的特性能够满足业主需求的能力。

由于在大多数情况下项目工作程序复杂，对质量管理的组织与实施工作的要求非常高，必须综合协调各项管理活动。这些活动包括质量计划、质量控制、质量保证和质量改进等内容。质量管理是项目管理的重要组成部分之一，高质量的项目质量管理不仅仅能够提高项目交付物的使用功能，也可以提高市场竞争力，增加项目的总收益等。项目的质量管理还关系到人员的生命安全和项目的社会效益，因此对整个项目获得预期的成果意义重大。

一般情况下，项目的质量主要受以下几方面因素的影响：

①资源的因素

主要包括人员、材料和设备。人员是指直接参与项目的各类人员，其综合素质、理论水平、技术能力的高低，以及责任感、工作积极性都会对项目的质量产生影响。材料通常包括原材料、成品、半成品、构配件等，是项目施工的物质基础，材料的质量将直接影响项目的质量，项目管理者应该加强对材料质量的控制。设备是项目实施的重要工具，如果项目使用的设备比较陈旧、生产能力低或者不能保证其最佳工况，也会对项目的质量和进度产生一定的影响。

②方法的因素

方法包括了项目实施过程中所采用的各类设计方案、技术方案、工艺流程方案、组织措施、检测手段、施工组织设计等，这些都可能直接影响项目目标的实现，包括质量目标。项目管理者应结合项目实际情况，对项目方法进行全面分析和考虑，确保方法的可行性、先进性和经济性，从而促进项目质量的提高。

③环境的因素

包括技术环境、管理环境、实施环境等，上述环境的变化会对项目质量产生影响。项目管理者在进行质量管理时，应根据项目特点和具体条件，对影响质量的环节因素加以分析和考虑。

(2)项目质量管理的基本概念

项目质量管理是为了保障项目产出物或服务能够满足项目业主、用户及项目其他相关利益者的需要，所开展的对于项目产出物或服务质量和项目工作质量的全面管理工作。项目质量管理的概念与一般质量管理的概念有许多不同之处，这些不同之处是由上述给出的相关项目特性决定的。

项目质量管理的基本内容一般包括：项目质量方针的确定、项目质量目标和质量责任的制定、项目质量体系的建设以及实现项目质量目标所开展的项目质量计划、项目质量保障和项目质量控制等一系列工作。

项目的质量管理过程应有其独特的基本理念，以下几方面的理念至关重要：

①使项目业主或用户满意是根本目的

全面理解项目业主或用户的需求，努力并设法满足或超过顾客的期望是项目质量管理的根本目的。任何项目的质量管理都要以满足项目业主或用户的需要(明确说明的需求是在项目说明书中规定的，隐含未说明的需求与项目业主/用户做深入的沟通才能了解到)作为最根本的目标，因为项目管理的目标就是提供能够满足项目业主/用户需要的项目产出物。

②先有项目工作质量，后有项目产出物的质量

项目产出物的质量是由项目实施和管理工作的质量形成的，而不是通过单纯的质量检验得到的。项目质量检验的目的是找出项目产出物的质量问题，而并不能提高项目产出物的质量结果。提高项目工作质量从而避免项目产出物出现质量问题是项目质量管理的核心所在，因为只有好的项目工作质量才会有好的项目产出物质量。

③项目质量管理应是全团队成员的责任

项目质量管理的责任是项目全团队成员的，项目质量管理的成功既需要由

项目的全团队成员积极参与和共同努力，也需要项目各个相关利益主体共同配合。因此，项目全团队成员都需要明确、理解和积极承担自己的质量管理责任，项目质量管理成功的关键是项目全团队成员的积极参与，对项目产出物质量与项目工作质量都能承担自己的责任和管理职责。

④项目质量管理的关键在于监控和改进

在项目质量管理的过程中也需要使用戴明博士的PDCA循环，这是一种不断监控和持续改进质量的方法。但由于项目的一次性和独特性等特性，这种方法的使用具有一定的局限性，如PDCA循环更多的是面向项目工作核检清单而不是产品检验清单，因为项目质量管理工作更多是面向活动质量的，而不是面向产品质量的。

⑤项目质量等级与项目质量好坏

在项目质量理念中还需廓清项目质量等级和好坏的概念。项目质量等级是"品"的概念，而项目质量好坏是"质"的概念（故质量又被称为品质）。"品"是在一定经济前提下的项目质量指标总和（如一等品、二等品），"质"是在既定项目质量等级下通过努力所达到的质量好坏水平。因此，项目质量管理应该涉及"品"和"质"两方面的管理。

⑥项目质量决策与项目质量实现

在项目质量管理的诸多概念中，必须严格区分项目质量决策和项目质量实现。这两方面的工作同属于项目质量管理的范畴，但不同之处在于：项目质量决策是在项目决策和定义阶段做出的，有关项目质量目标和具体指标的规定，以及在项目实施中做出的项目质量变更决策；而项目质量实现则是在项目实施阶段所开展的，为实现项目质量目标与指标的各方面工作。

7.1.3 全面质量管理

（1）全面质量管理的基本概念

全面质量管理的英文简称为TQM（Total Quality Management），最早提出全面质量管理的是被称为"全面质量控制之父"的美国质量大师阿曼德·费根堡姆，他给全面质量管理所下的定义是："为了能够在经济的水平上，并考虑到充分满足顾客要求的条件下进行市场研究、设计、制造和售后服务，把企业内各部门的研制质量、维持质量和提高质量的活动构成为一体的一种有效体系。”“质量并非意味着最佳,而是客户使用和售价的最佳”也是其著名的观点。

全面质量管理的基本原理与其他概念的基本差别在于,它所强调的目的是取得真正的经济效益,管理必须始于识别顾客的质量要求,终于顾客对他手中的产品感到满意。全面质量管理就是为了实现这一目标而指导人、机器、信息的协调活动。

著名的质量专家J.M.朱兰博士,在1994年5月美国质协第49届年会上提出:“全面质量管理包括了‘世界级质量’需要采取的全部行动,目前最完整的行动目录包括在美国波多里奇奖评审标准中。”日本质量管理专家石川馨教授,经过40多年的研究,对质量管理总结了下面一段话:“新的质量管理是经营的一场思想革命。在全公司范围内实行新的质量管理,将会实现企业素质的改善。随着产业的进步和文化水平的提高,质量管理将变得越来越重要。质量管理的目的,我认为首先是为了要生产出物美价廉的产品大量出口,增强日本的经济实力,提高工业技术水平,实现技术出口,以确定日本的经济基础。最终,对于企业,可以使用户、职工和股东获得合理的利益;对于国家,国民的生活水平将得到提高。”

(2)全面质量管理的特点

根据ISO 8402标准对全面质量管理下的定义和世界著名质量管理专家对全面质量管理含义的阐述,以及我国企业推行全面质量管理的实践经验,归纳起来,全面质量管理最主要的特点有:

①客户满意是第一原则

“用户至上”是十分重要的指导思想。“用户至上”就是树立以用户为中心,使产品质量和服务质量全面地满足用户需求。产品质量的好坏最终以用户的满意程度为标准。为了使这一指导思想有效地贯彻落实,满足用户需求,对产品性能进行定量描述的质量功能配置(QFD)方法在工业发达国家得到广泛应用,并获得巨大的经济效益和社会效益。QFD体现了开发产品应以市场为导向,以顾客的需求为唯一依据的指导思想,把产品的性能(功能)放在产品开发的中心地位,对产品性能进行定量描述,实现对功能的量化评价。

②事前主动进行质量管理

这是全面质量管理区别于质量管理初级阶段的特点之一。进入90年代以后,新的生产模式,包括适时生产(JIT)、精良生产(Lean Production)、敏捷制造(Agile Manufacturing)等对事先控制提出了更高的要求。在产品的生产阶段,除了统计过程控制(SPC)外,新的基于计算机的预报、诊断技术及控制技术受到越来越广泛的重视,使生产过程的预防性质量管理更为有效,预防性质量管理在设计阶段更为重要。在产品设计阶段采用故障模式的影响分析和失效树分析等方法找出产品的薄弱环节加以改进,消除隐患,已成为全面质量管理的重要内容。

③利用现代化的信息技术和手段加强质量管理

信息技术、计算机集成制造的发展为企业实施全面质量管理提供了有力的支持。便利的、及时的、正确的质量信息是企业制定质量政策以及确定质量目标和措施的依据,质量信息的及时处理和传递也是生产过程质量控制的必要条件,CAQ系统及集成质量系统在计算机网络及数据库系统的支持下不仅可以及时地获得正确的质量信息,有效地实现对全过程的管理,而且使企业的全体人员得以用先进的、高效率的方式参与全面质量管理。

④强调全员参与和人的因素

全面质量管理阶段格外强调调动人的积极因素的重要性。实现全面质量管理必须调动人的积极因素,加强质量意识,发挥人的主观能动性。采用质量管理小组方式将职工组织在一起,激发职工的主动精神和协作精神,最大限度地发挥每个雇员的聪明才智。企业注重发展雇主和雇员之间牢固的信任关系,公司利益与个人利益息息相关,每一个雇员都为提高产品质量,满足用户需求献计、献策。

7.1.4　ISO9000系列标准

全球一体化是当代经济、社会的必然发展趋势,为了适应国际经济合作和贸易往来的需要,国际标准化组织(ISO)在1987年发布了ISO9000《质量管理和质量保证》系列标准。许多国家有效地采用了这套标准。我国技术监督局于1988年颁发了相应的GB/T10300《质量管理和质量保证》系列标准,这对我国进一步完善企业的质量保证，巩固和深化全面质量管理，以及促进质量管理规范化、国际化，提高质量管理水平，消除贸易技术壁垒，开展国际技术交流，开拓国际市场产生了积极的作用。

(1)ISO9000 系列标准简介

所谓 ISO9000 系列标准，是国际标准化组织在总结工业发达国家质量管理经验的基础上，为发展国际贸易的需要，于 1987 年 3 月正式发布的一整套国际性质量标准系列，具有较强的指导性和实用性。国际标准化组织的总部设在日内瓦，在它的推动下，已有 50 多个国家和地区相继采用了这套标准，并各自制定了相当于 ISO9000 系列标准的国家标准，如欧洲共同体的 EN2900 标准、美国的 ANSI/ASQ Q90 标准、英国的 BS5750 标准、中国的 GB/T1900 系列标准。当前，国际市场的竞争日益尖锐和复杂，不仅要对产品质量进行检验，还要对企业的质量管理和生产进行严格评审。

ISO9000 系列标准是全球通用的、并得到世界各国普遍承认的一种较完备的质量规范，它是一种综合的、符合理辑又注重实际，并被评估者唯一承认的质量保证体系。ISO9000 系列标准共分 5 个组成部分，即 ISO9000、ISO9001、ISO9002、ISO9003、ISO9004。

ISO9000 是该系列标准的选用指南，并为 ISO9001、ISO9002、ISO9003、ISO9004 的应用建立了准则。它主要阐述了几个质量术语基本概念之间的关系、质量体系环境的特点、质量体系国际标准的分类，以及在质量管理与合同环境中质量体系国际标准的应用。

ISO9001 是开发、设计、生产、安装和服务的质量保证模式标准，它包括了企业全部活动总的标准；ISO9002 是生产和安装的质量保证模式标准；ISO9003 是最终检验和试验的质量保证模式标准；ISO9004 是质量管理和质量体系要素的指南，是非合同环境中用于指导企业管理的标准。

> 有关 ISO 认证的有效性一直存在着广泛的争议。最初，它被用于评价一个企业所达到的质量体系标准，以使采购企业可以比较容易地来选择供应商。但是，由于 ISO 认证具有某种潜在的商业价值，导致 ISO 认证有被滥用的趋势。大多数推动企业实施 ISO 认证的目的并不完全是为了建立和完善质量体系，更多的是来自市场和商业利益的驱动。许多通过 ISO 认证的企业自身并没有认真贯彻落实质量体系，具有某种商业利益驱动的认证机构也对此听之任之，ISO 认证有可能会失去帮助采购企业有效识别供应商的作用，从而加大了采购企业和供应商之间的交易成本和风险。

(2)实施 ISO9000 系列标准的意义

我国已贯彻实施 ISO9000 系列标准，对于 ISO9000 系列标准，仅做了一些编辑性、技术性修改，相应地制定了国际 GB/T10300 系列标准。这对我国参与国际经济活动，消除不必要的技术壁垒，促进我国全面质量管理深入发展，以及提高企业质量管理水平起到了良好的作用。

①提高质量管理水平

ISO9000 系列标准是从标准的角度，对质量管理、质量保证理论和方法进行了系统性的提炼、概括和总结，并使其系统化、规范化。它与全面质量管理(TQM)的理论依据是一致的，在方法上也可以相互兼容。因此，推行 ISO9000 系列标准，有利于促进我国质量管理工作水平向纵深发展和提高。

②提高企业竞争力

随着我国市场经济体制的建立，企业必须转换经营机制，搞活经济，参与国际市场竞争，这就要求企业依靠技术进步，加快技术改造步伐，及时引进先进的技术和装备，搞好新产品开发和老产品的升级换代，以增强产品在国际市场上的竞争能力。在国际交往中，采用 ISO9000 系列标准，用它来对企业的产品质量和质量保证进行评审，才符合国际惯例。如果不采取措施去适应这种国际惯例和发展趋势，必将使我们在国际上的经济活动、进出口贸易中处于不利地位，甚至可能阻碍我国商品进入国际市场，也难以打破进口国所设置的贸易壁垒。

③保护消费者权益

现代科学技术日新月异，应用新原理、新结构和新材料制造的产品层出不穷，产品更新换代非常快。顾客对产品呈现安全性要求高、可靠性要求高的新特点，如果某个企业的产品在质量上存在缺陷或者不足，面对众多选择的顾客将最终抛弃这个企业。消费者在选购或使用这些产品时，因无检测仪器而无法在技术上对产品加以鉴别，即使生产厂家按技术要求进行生产，但技术规范本身不完善或质量管理不健全，产品质量也无法达到标准要求。所以，只有实施ISO9000系列标准，企业健全相应的质量保证体系，才能稳定地生产满足用户需要的产品，从而有效地保护消费者的利益。

7.2 项目质量计划

7.2.1 项目质量计划概述

(1)项目质量计划的定义

项目质量计划是指为确定项目应该达到和如何达到项目质量标准而做的项目质量的计划与安排。它是项目规划期间的若干辅助过程之一，因此应当定期与其他项目规划过程结合进行。例如，为了满足已确定的质量标准要求而对项目产品所作变更可能要求调整成本或进度，或者所希望的产品质量可能要求对某项已确认的问题做详细的风险分析。

现代质量管理的一项基本准则是：质量是规划、设计出来的，而不是检查出来的。这个观点说明了质量计划的重要性。

编制项目质量规划的主要流程一般是：首先，确定项目的范围、中间产品和最终产品；其次，明确关于中间产品和最终产品的有关规定、标准，确定可能影响产品质量的技术要点；最后，选择并确定能够确保高效满足相关规定、标准的过程及方法。

(2)项目质量计划的内容

项目质量计划的主要内容包括：

①质量策略

质量策略也叫质量政策，是指项目高级管理层规定的有关项目质量管理的大政方针，是一个组织对待项目质量管理的指导思想，也是项目质量计划编制应遵循的原则和依据。

②范围描述

范围描述是对项目目标和主要项目成果的说明，这是质量计划的关键依据。

③产品或服务说明

产品或服务说明是对范围描述的细化，通常说明技术要点的细节及其他可能影响质量计划的因素。

④规则和标准

规则和标准是项目组织针对可能影响项目的因素而制定的行为规范和衡量准则。

⑤其他

在其他项目管理领域可能出现的质量问题，也可以作为质量计划的一部分加以考虑。例如，在采购计划时对供应商提出的各种质量要求。

(3)项目质量计划的依据

①事业环境因素

与应用领域具体相关的政府部门、规章、规则、标准和指导原则，可能会对项目造成影响。

②组织过程资产

与应用领域具体相关的组织质量方针、程序和指导原则，历史数据和经验教训可能会对项目造成影响。质量方针指“由最高层管理部门正式阐明的、组织关于质量的总的努力方向”。实施组织的质量方针往往被原封不动地采纳并使用于项目之中。但是，如果实施组织没有正式的质量方针，或者项目涉及多个实施组织(例如合资项目)，则项目管理就需要为项目制订一项质量方针。不管质量方针来源如何，项目管理均应负责保证项目的所有干系人全部知晓此项方针(例如通过适当的信息分发手段)。

③项目范围说明书

范围说明书是质量计划的一项关键投入，因为它记载了项目的主要可交付成果，以及用于确定项目干系人的主要要求（来源于项目干系人的需求、希望和期望）的项目目标、限值和验收标准。

限值是指用作参数指标的占用、时间或资源限值。可作为项目范围说明书的组成部分列入其中，如果超过这些限值，则需要项目管理团队采取措施。

验收标准包括在接受项目可交付成果之前必须满足的性能要求和基本条件。验收标准的界定可大大降低或增加项目质量成本。如果可交付成果满足所有验收标准，则意味着客户需求得以满足。正式验收旨在确认验收标准已经得以满足。产品描述的内容已体现在范围说明书之中，其中往往包括可能影响质量计划的技术问题，以及其他问题的细节。

7.2.2 项目质量计划的方法

(1)成本效益分析

所谓成本效益分析法，一般是指从成本与效益的关系来研究利益最大化目标的方法、途径。一般来说，成本与效益是正相关的关系，成本越大，效益就越大；反之，投入的成本越小，效益就越小。在经济运行中，任何组织和个人都希望以尽可能小的成本获得尽可能大的效益，这就是利益最大化目标。

质量计划或规划过程必须考虑成本与效益间的取舍权衡。符合质量所带来的主要效益是减少返工，减少返工则提高了劳动生产率，成本降低。但是，为达到某种质量要求又需要付出成本。

根据帕雷托分析法，如果为20%的非主流的质量完善而付出80%的成本代价，则是得不偿失的举动。因此，在制订质量计划的时候必须考虑质量效益与所付成本的平衡。

80/20原则是影响着我们日常生活的基本指导原则之一。由于每个人在一生中所拥有的最主要的资源——时间资源是有限的，所以我们不得不小心地使用这种有限的资源，把它用到20%的关键的地方，来产生对我们一生影响最大的80%的效果。普通人之间在行为、思维模式上的差别。如：

80%的人	20%的人
穷人	富人
掌握世上20%的财富	掌握世上80%的财富
卖时间	买时间
受人支配	支配别人
在答案中找问题	在问题中找答案
错失机会	把握机会
今天的事明天做	明天的事今天做
不可能办到	如何能办到
爱放弃	爱坚持
常立志	立长志

(2)基准比较法

基准对照也称为质量标杆法，是指利用其他项目质量管理结果或计划，作为新项目的质量比照目标，通过对照比较制订出新项目质量计划的方法或提供一套度量绩效的标准。作为被比较的其他项目，其所选用的范围较广：既可以是同一项目工作组所做的项目，也可以是不同项目工作组所做的项目；既可以是同一应用领域范围内，也可以是不同领域范围内；更可以是国际上成功的项目质量管理标杆。

(3)系统流程图

系统流程图，又称处理流程图，是由一组箭线联系若干相互作用因素的关系图，其充分描述了项目系统中各个阶段是如何相互关联的，如图7－1所示，它能帮助项目工作组计划人员预测到项目格在何处可能发生某种质量问题，以便及时采取措施进行有效的处理。

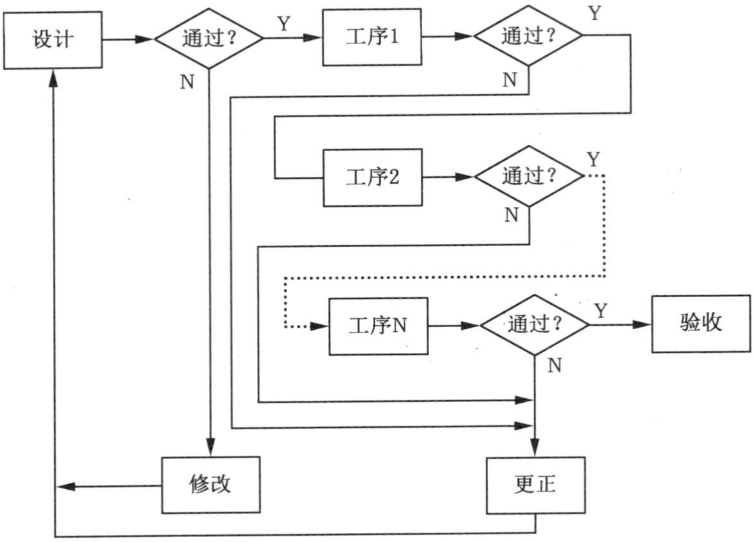

图 7—1　系统流程图

(4)因果图

项目开发过程中所发生的质量问题往往是由多种因素造成的。而对于发生问题的"结果",常用某个特性或指标来表示。为描述分析特性与各个因素之间的关系而采用的树状图被称为因果图(或鱼骨图,如图 7—2 所示),它是日本质量管理学者石川馨在 1943 年提出的,所以又称为石川图。因果图把影响产品质量的诸因素之间的因果关系清楚地表示出来,使人们一目了然,便于采取措施解决问题。因此,因果图被广泛地应用于各行各业中。

在项目质量管理过程中,常用因果图来说明项目开发过程中各种产生质量问题的直接或间接原因,与其所产生的潜在因素和影响之间的关系。

(5)实验设计法

实验设计法是一种质量管理的分析方法,它有助于鉴定哪些相关质量变量能对整个项目的成果产生最大的影响。这种分析方法最初被用于项目产品分析方面。例如,汽车设计可能希望采用哪种刹车与轮胎的组合更能令人满意,其质量性能稳定,而且成本又比较合理。现在,这种方法同样也能用于诸如成本、质量和进度计划平衡的项目整理工作,如高质量的马达比低质量的马达制

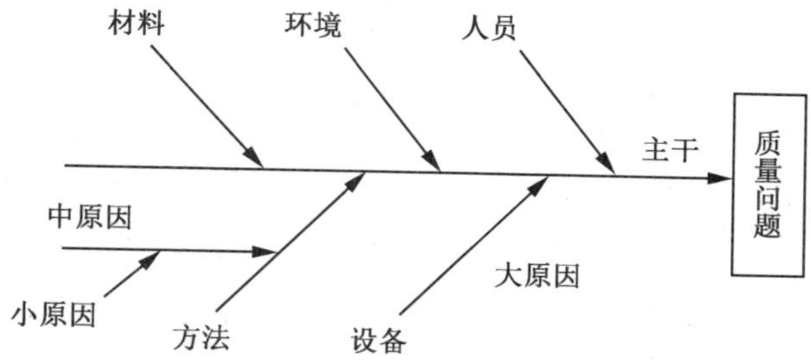

图 7—2　因果图

造成本要高，但前者的使用寿命要长一些。

实验既是检验新项目各阶段工作质量的主要手段，同时，实验本身的质量也会影响到被检验工作质量的效果。因此，一方面，在项目质量管理过程中要积极采用实验法；另一方面，要求项目工作组成员加强学习，特别是那些项目质量检验人员更要提升他们综合方面的素质，尽可能提高实验设计法的准确率。

7.2.3　项目质量计划成果

(1)质量目标

项目质量目标需要在相关层次上进行分解。当然，仅仅规定项目的目标是不够的，质量目标还应该包括过程的目标。质量目标应以可以测量的方式给出，如故障率、可靠性指标等。

(2)项目质量管理计划

项目质量管理计划是项目质量管理工作的核心性和指导性文件，是质量规划工作的重要结果，是项目质量管理体系的重要载体。质量管理计划应说明项目组织具体执行质量方针的过程，包括实施质量管理的组织结构的确定、责任、程序、工作过程以及具体执行项目管理所需的资源的确定。

(3)项目质量控制标准

项目质量控制标准是指根据项目质量管理计划所制定的具体项目质量控制的标准，有两层含义：第一层是活动的控制参数，第二层是标准化的控制过程。项目质量控制标准与项目质量目标是不同的，主要表现在：项目质量目标给出的是项目质量的最终要求，而项目质量控制标准是根据这些最终要求所制定的控制依据和参数。

(4)质量核对表

质量核对表作为一种结构化的工具，其用途是检查和核对某些必须采取的步骤是否已经付诸实施，具体内容因行业而异。通过编制各种质量核对表，确保整个项目生命周期的质量。项目质量核对表的常见形式如表 7—2 所示。

表 7—2　项目管理质量核对表

项目计划阶段	谁负责制定项目计划？他们的职责是什么？ 项目计划应包括哪些内容？ 制定项目计划需要哪些信息？从何处获取？ 项目计划的输出文档是什么？谁应得到这些文档？ 项目管理过程将会用到哪些工具和技术？ 项目管理将会用到哪些资源？ 哪些部门会受到项目的影响？这些部门的职责是什么？
项目实施、跟踪、控制阶段	如何进行交流和沟通？ 如何激励员工？ 如何评估项目的进展？ 如何获取项目进展的数据？需要哪些数据？ 什么时候开展项目会议？如何确定议题？ 项目的文档如何分类？由谁来保存？ 如何评估项目的变更？由谁来批准？ 如何汇报项目执行情况？由谁向谁汇报？ 如何处理各种冲突？

(5)过程改进计划

过程改进计划是项目管理计划的从属内容。过程改进应该详细说明过程分析的具体步骤，以便通过过程分析确定非增值活动。通过过程改进消除这些非增值活动，可以为顾客创造更多的增值。

7.3 项目质量保障

7.3.1 项目质量保障概述

由于项目的复杂程度越来越高，项目业主常常发现，不仅通过项目完工后的项目检验程序，无法有效地了解项目管理的所有必要信息。因此，项目业主常常在向承建单位委托项目任务时，对项目需要达到的目标，其中包括各种质量目标，提出规定与要求，同时要求承建商能够证明其工作质量和交付的产品符合业主的要求。这样，项目业主提出的项目质量保障要求和承建单位对上述要求的回应性工作的总和便构成项目质量保证。

因此，项目质量保障就是通过采取一系列的措施和手段，使项目业主及其他利益相关方相信项目的质量能够满足其要求，使项目的管理者相信每个项目活动的质量能够达到质量计划标准。

> 我们以家庭装修为例。任何一家装修公司在装修前都会信誓旦旦地保证质量，但是仍然没有消费者感觉放心。仅仅有口头承诺的标准是不够的，消费者仍然怀疑质量是否有保障。于是，装修公司向消费者表示，他们会有第三方的监督机构定期审查施工过程中遵循标准的程度，并且向消费者定期汇报这个结果。这样，消费者通过这个机制可以了解到他所相信的制度和标准是如何被遵循的。他认为，只要这个标准被严格遵循，那么虽然工作仍然在进行当中，但他是相信最终目标会有保障的。这就是项目质量保障所起到的作用。

项目质量保障是项目质量管理的一个重要组成部分，实现项目质量保障的主要途径包括：

（1）制定严密的项目质量计划，提高顾客信任度

有关项目质量计划的内容，在前面已经进行了交代，此处不再赘述。从根本上，制定质量计划的重要目的是要落实项目质量责任。项目管理者应将每一个项目活动、每一道工序的质量责任都分解给具体项目参加人员，并将质量责任纳入业绩考核之中，促使他们在进行每一个工作活动时，都能按照项目的质量计划和质量标准来完成，从而保证项目质量达到标准和要求。

（2）质量检验

在项目的实施过程中，项目管理者不仅要进行必要的质量控制，而且要对工作的过程进行必要的记录。再通过不同的阶段，有承建单位、管理与审计单

位和项目业主的检验，客观地描述出整个项目的工作质量和产品质量，建立起项目业主的信任。

归结起来，质量保证要求项目管理者不仅要尽可能地做好项目过程中的各项工作，保证工作的质量，同时要将自己的工作过程、工作安排和工作结果如实地反映给项目业主。在向项目业主反映项目信息时，不仅要反映工作的成功之处，同时要反映出现的变更情况，对于可能引发问题的现象也要如实反映，以帮助业主对将来可能面临的问题提前做好准备。

在进行项目保证的过程中，积极发挥中介的力量非常重要。无论是项目的管理，还是项目的审计单位，均是代表项目业主利益、监督项目实施质量的重要力量。项目管理者不应该被动地接受上述单位的检查，而是应将外部的压力转变为提高项目质量的动力，并与之积极配合。

7.3.2 项目质量保障方法

从某种意义上讲，项目质量保障工作属于事前的项目质量控制，所以多数使用预防性和事前改进性的方法和技术，其主要方法和技术有如下几个方面：

(1)质量计划的工具与技术

按照古人的说法，"凡事预则立、不预则废"，项目质量管理也是一样需要事先安排。因为项目质量保障工作主要是一种运用事前控制的思想开展的项目质量管理工作，所以在这一工作中，最主要工具和方法之一是项目质量计划管理的方法。在一个项目的质量管理中人们只有预先认识到项目质量管理方面的问题，并制定出相应的应对措施和计划安排，才能避免出现项目质量问题，从而规避因项目质量问题给业主或实施组织带来的不必要损失。

(2)质量审计的工具与技术

项目质量审计方法是项目质量保障的一种结构化方法，这一方法的目的是找出可改进项目产出物和工作质量的问题和机会，从而开展项目质量改善与提高工作效率。项目质量审计可以定期或不定期地随机抽查，可以由项目组织内部人员或由第三方质量监理组织以及专业机构核查，然后人们可以依据这种审计结果去开展项目质量的持续改进和提高工作。这种方法主要用于项目产出的质量审计、对于项目工作质量的审计、对于项目质量管理的审计、对于项目质量管理方法的审计等各个方面。

(3)质量保障的工具与技术

指针对项目、项目阶段和项目活动所构成的项目全过程,按照持续改进计划中列明的计划步骤和方法,从组织、管理、技术等多个角度开展项目计划质量保障的方法和技术,以最终实现项目产出质量的保障。其中,项目工作过程分析包括对项目工作所遇到的问题、约束条件和其中包含的无价值活动等进行分析和检查,然后消减项目中各种不必要的活动过程,改进项目工作方法中存在的问题,最终实现项目工作管理。这种分析的主要内容包括项目工作质量问题根源分析和项目工作质量改进方案分析。

(4)项目产出物质量改进与提高的方法

这是用以改进和提高项目产出物质量,从而为项目相关利益主体带来更多利益的方法,包括项目产出物质量改进方案和行动两个方面。项目产出物质量改进的方案多是由项目全团队成员提出项目产出物质量改进建议,然后落实这些建议去保障和提高项目产出物质量的方法。这种方法的步骤包括:目前存在的项目产出物质量问题及发生问题的原因分析,如果是实施的问题,则需要改进实施,例如,加强培训、提高人员质量意识、引起上级管理层重视等;如果是过程本身的问题,则进入过程改进的环节当中。

> 虽然过程优化的理念比单纯遵循过程更容易被人们所接受,但事物本身的发展必须遵循由低到高的基本过程。过程改进是在过程制度完备的基础上实施的。对于一个还没有建立过程机制的组织,直接强调过程优化和改进往往会导致过程混乱。
>
> 中国著名的通信设备制造商华为技术有限公司在推行企业正规化建设的初期也出现过类似的情形。一开始在实施企业研发过程化建设的时候,那些平常自由惯了的脑力劳动者对过程有相当的抵触情绪。而在当时,华为公司总裁任正非提出了一个非常著名的过程建设口号:“先僵化,再优化”。这成了中国企业进行现代企业运行机制建设的一个极具特色的标志。

除了上述方法之外,在项目质量计划、项目质量计划实施和项目质量管理中，经常使用的各种统计分析工具和技术方法，也是人们进行项目质量保障工作可以采用的方法。例如，项目质量标杆方法也是进行项目质量保障工作可采用的方法之一。

7.3.3 项目质量保障结果

项目质量保障工作最终得到的主要结果，就是实际项目质量获得了提高和改善，这涉及项目工作质量提高带来的项目工作效率和效果的提高，以及项目产出物质量的提高所带来的项目相关利益主体整体利益的扩大和各种项目变更与项目集成管理的全面改善等结果。但由于项目质量保障工作的主要性质是事前预防，所以项目质量保障的工作结果较难度量。一般主要包括如下几个方面：

(1)项目变更全面优化

在项目实施过程中，项目相关利益主体会提出种种项目变更的请求，这也是项目质量保障工作的内容之一。因此，项目质量保障工作有利于对项目变更的请求及其变更方案进行全面优化，从而使项目质量得到全面提高。

(2)项目质量持续改进

在项目实施过程中，往往会发现项目实施过程和实施方法中存在诸多问题或不足，人们可以采取各种改进方法，以使项目质量得到相应提高。其结果在带来项目质量提高的同时，也会带来项目整体利益和各相关主体利益的不断扩大。

(3)获取反馈信息

在项目质量保障工作中，往往会发现原有项目质量标准、项目相关信息、项目集成计划、项目各个专项计划、项目实施方案等方面存在的问题和不足，进而可根据这些信息对项目文件和资料进行更新，为项目未来要开展的相关工作提供相应保障与参考。

7.4　项目质量控制

7.4.1　项目质量控制概述

(1)项目质量控制的相关概念

项目质量控制是指对项目实施过程出现的各类质量问题及时发现、解决和改进的工作,它是质量管理的一部分,是致力于满足质量要求的一系列相关活动。

在实施质量控制的过程中,项目团队尤其应注意如下相关概念:

①预防与检查

预防是保证过程不出现错误;检查是保证错误不落到客户手中。

②属性抽样和变量抽样

属性抽样是检查结果合不合格;变量抽样是衡量合格的程度。

③特殊原因和随机原因

特殊原因是异常事件;随机原因是正常过程的差异。

④允差和控制范围

允差是可以接受的范围内偏差;控制范围是过程与结果均处于控制之中。

(2)项目控制的主体

①项目组织

项目组织包括项目经理和项目团队成员,他们是内部专业力量,对质量控制起主导作用。

②外部专业力量

外部专业人员是指来自项目外的专业技术人员,如监理人士、咨询专家等,其中监理工程师(咨询工程师)是在大型项目实施过程中,项目发起人为监控项目质量而选择符合项目质量管理要求的专业监督管理人员。

(3)项目控制的类型

①事前质量控制

指在项目开发实施前,对可能影响项目质量的因素和环境进行预先控制,防患于未然。其主要工作内容一般包括：对实施方案的可行性进行审查，纠正方案中的潜在错误，避免在项目实施中出现质量问题；对设备工具等的质量进行预先查验，以保证项目实施的顺利进行；对项目所用材料进行严格控制，避免因材料本身的质量问题影响项目交付质量等。

②事中质量控制

指在项目实施过程中进行的质量控制，强调在实施过程中解决问题。其主要工作内容一般包括：建立质量管理点，及时检查和审核交付物的质量；统计分析资料和质量控制图表；严格交接检查；及时观测项目实施中存在的问题，并予以纠正等。

③事后质量控制

指在完成项目的过程中、形成产品后进行的质量控制。其主要工作内容一般包括：按规定的质量评定标准和办法，对完成的中间产品及交付物进行检查验收；通过测试、测量、调试等手段评测交付物的质量等。

> 津汕高速公路六合同工程项目，主要从以下几个方面对施工准备方面和施工过程方面的质量进行控制：一是改进工人队伍合作模式，参照投标的方法，建立工人队伍合作模式，严把选择使用关，选用高素质的工人队伍；二是工程材料的质量控制，加强材料的检查验收，对工程使用的主要材料，进场时必须具备正式的出厂合格证，重视材料的使用认证，以防错用或使用不合格的材料；三是各工序、各工种的质量保证，施工过程中的工序活动是在经过审查认可的条件下展开的，如果发现某种因素或条件向不利于工序质量方面变化，应及时予以控制或纠正。

7.4.2 项目质量控制方法

项目质量控制的方法与日常运营质量控制的方法有相同之处，也有诸多不同之处，所以某些日常运营的质量控制方法也可用于项目质量控制。当然，二者的控制对象和控制内容有所不同，所以控制方法就会有所不同。项目质量控制的方法主要有如下几种：

(1)控制图

控制图就是对过程质量加以测定、记录从而进行控制管理的一种用科学方法设计的图，又可称为管理图。它是画有控制界限的一种图表，用来分析质量波动究竟是何种原因引起的，从而判断所开发项目的质量是否处于控制状态。也就是利用控制图对活动(工序)进行质量控制的方法。适用于长度、重量、时间、强度、不合格品数、事故件数及缺陷数等的分析和控制。

在质量诊断方面，可以用来度量过程的稳定性，即过程是否处于统计控制状态；在质量控制方面，可以用来确定什么时候需要对过程加以调整，而什么时候则需使过程保持相应的稳定状态；在质量改进方面，可以用来确认某过程是否得到了改进。

在项目开发过程中定期抽样检查，将测得的数据用点线描述在图上，若点全部落在控制界限内，并且点的排列没有什么异常状况，表明项目开发一切正常。如果点越出控制界限或者点的排列有缺陷，表明在项目开发过程中存在异常因素，必须查明原因，采取措施，使其恢复正常。

由于实际工作中，正态分布经常出现，即不论 μ 和 σ 是什么数值，产品质量计量值在 $\mu+3\sigma$ 与 $\mu-3\sigma$ 上下界限之间出现的可能性大小(即概率)为 99.73%，如图 7—3 所示。这样，根据正态分布的特点，在只有偶然性因素的生产过程中，1 000个数据中最多有 3 个数据(点子)可能超出控制界限。一旦发现某点子在界外，就可判断生产过程发生了异常，需立即查明。这种判断的错判率只是 3‰。

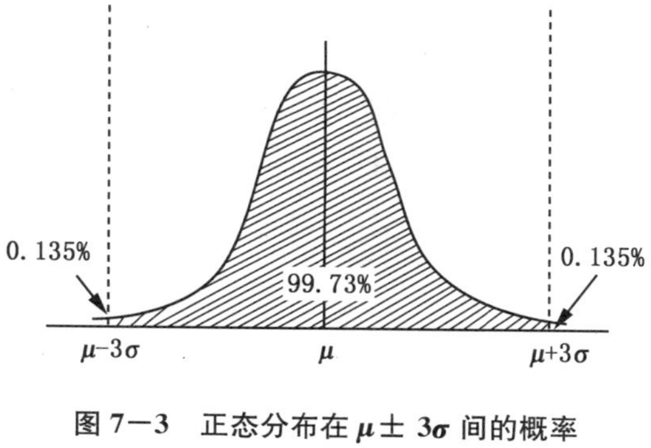

图 7—3　正态分布在 $\mu\pm3\sigma$ 间的概率

所以，控制图中的上、下控制界限，一般是用“三倍标准偏差法”（又称 3σ 法）。而把中心线 CL 确定在被控制对象（如平均值、极差、中位数等）的平均值 μ 上。再以中心线为基准向上或向下量 3 倍标准偏差，就确定了上、下控制界限（分别表示为 UCL、LCL，如图 7—4 所示）。例如，要求平均值控制图，则平均值的 x 中心线值为 μ，上下控制界限值为：

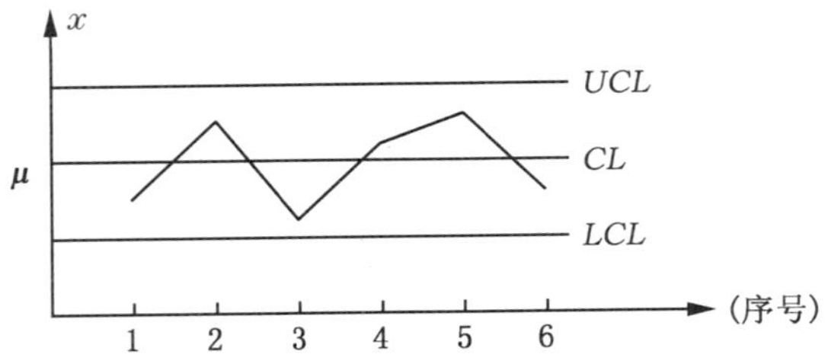

图 7—4　平均值控制图的示意图

（2）排列图

现场质量管理往往有各种各样的问题，我们应从何处下手？如何抓住关键因素呢？一般来说，大多数事物都遵循“少数关键、多数次要”的规律。这一规律首先是由意大利经济学家帕累托（Vilfredo Pareto）提出的，并设计出一种能反映出这种规律的图，称为帕累托图，又很贴切地译为排列图。此排列图就是针对各种问题按其原因或其状况分类，把数据从大到小排列而做出的累计柱状图。下面结合实例来说明这排列图（见图 7—5）的具体做法。

0～80％为 A 类，是主要影响因素。

80％～90％为 B 类，是次要影响因素。

90％～100％为 C 类，是一般影响因家。

在此例中，只要解决 A 和 B（见图 7—5）两类因素，就能解决主要的质量问题。

（3）趋势分析与预测

趋势分析与预测是统计学中常用的一种方法，它是根据过去的成果，用数学技术去预测未来的结果。事物的发展变化同时受到多种因素的影响，决定性的长期因素会使事物发展呈现出一定的趋势和规律性。长期因素是时间数列

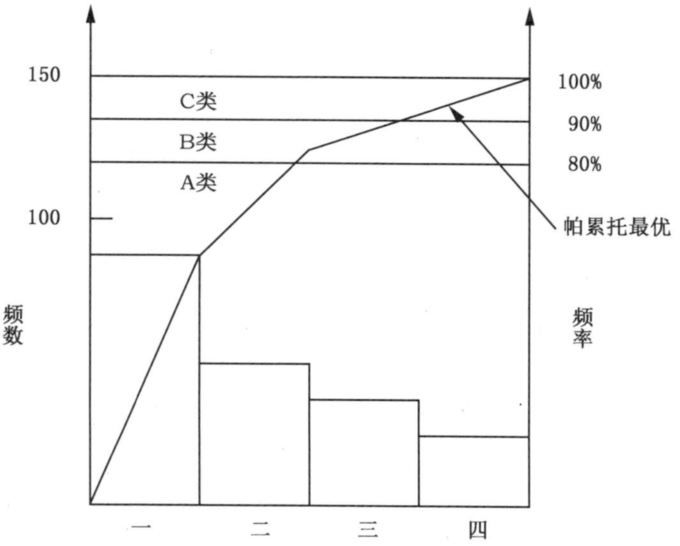

图 7—5　排列图

的主要构成要素，它指出事物发展的一种趋势和状态。通过对时间数列长期趋势的分析，可以掌握某种规律性，并对其未来发展的趋势做出判断和预测。例如：在项目开发过程中，已经检查出一些质量错误和缺点，根据长期因素是时间数列的主要构成要素的思路，可分析和预测出还剩多少质量问题没有被发现。

(4)抽样调查

抽样调查是应用统计学的一个重要分支，在社会经济领域中有着极其广泛的应用。它是按照随机原则从调查对象（即总体）中抽取部分单位进行调查，用调查所得的指标数值对调查对象相应的指标数值做出可靠的估计和判断的一种统计调查方法。

常用的抽样调查的组织方式有：简单随机抽样（又称纯随机抽样）、类型抽样（又称分层抽样）、等距抽样（又称机械抽样）、整群抽样、多阶段抽样等。

7.4.3　项目质量控制结果

项目质量控制的结果是项目产出物和工作质量全面获得控制与项目产出

物和工作质量所获得的实际结果，这种结果的主要内容包括如下几个方面：

(1)项目产品质量控制的结果

这是在项目质量控制活动结束后生成的、对项目产出物质量控制的满意度度量，这一度量结果最终表现为对项目质量的接受与否。

①项目产出物质量结果的认可

对项目产出物质量的接受有两层含义：其一是指项目产出物的质量控制人员根据项目产出物质量标准对已完成项目产出物的结果所做出的接受和认可；其二是指项目业主/用户或其代理人根据项目产出物质量标准对已完成项目产出物质量结果的接受和认可。如果没有后者人们就应对项目的缺陷进行修复，以达到项目产出物质量要求。

②项目产出物质量修复结果的认可

项目产出物质量控制工作另一种可能的结果是在项目产出物存在质量问题后，人们对项目产出物质量开展必要的修复工作，最终对项目产出物质量开展必要的修复工作的结果予以认可。如前所述，当人们不能接受项目产出物质量的实际结果时就需要进行项目产出物质量的修复，如果这种项目产出物质量修复工作的结果能被接受，这就是最终的项目产出物质量结果了。

③调整或降低项目产出物质量要求

在项目质量控制过程中，如果实际的项目产出物质量和项目产出物质量要求之间存在差距时，并且人们无法采取任何修复措施达到项目产出物质量的要求时，人们就只能去调整和降低对于项目产出物的质量要求。在这种情况下，经过调整或降低后的项目产出物质量要求和实际的项目产出质量结果就是项目质量控制的最终结果了。

④最终认可的项目产出物质量成果

项目质量控制的根本目的在于交付人们满意或可接受的项目产出物质量结果，因此项目质量控制的最直接结果就是获得一个在质量方面被各相关利益主体认可的项目交付物。另外，各种更新后的项目计划文件也属于这一范畴，这包括更新后的项目集成计划和项目专项计划以及项目质量管理计划及其变更结果。

(2)项目工作质量的结果

项目工作质量控制形成的各种结果主要是项目控制方面的文件。项目工作质量控制方面的主要结果包括如下两方面：

①核验结束清单

这是项目工作质量控制工作的一种结果，当人们使用项目工作质量核验清单开展项目工作质量控制时，所有已经完成核验的项目工作质量清单记录了项目工作质量控制的过程和结果，这可以用来对下一步项目产出物或工作质量控制所做的调整和改进提供依据和信息。

②项目质量管理经验教训文档

项目工作质量控制过程中还会产生一些有关经验和教训的相关文件，在项目工作质量控制工作结束后人们需要及时将他们整理并形成项目工作质量控制的结果文件，用以指导以后开展的类似的项目工作质量控制工作。这也是项目工作质量控制结果中一项十分重要的内容。

拓展阅读

20 世纪 70～80 年代，摩托罗拉在同日本企业的竞争中，失掉了收音机和电视机市场，后来又失掉了 BP 机和半导体的市场。1985 年公司面临倒闭。一个日本企业在 70 年代并购了摩托罗拉的电视机生产公司。经过日本人的改造后，工厂很快投入了生产，并且不良率只有摩托罗拉管理时的 1/20。而且他们使用了同样的人员、技术和设计，显然问题出在摩托罗拉的管理上。在市场竞争中，严酷的生存现实使摩托罗拉的高层接受了这样的结论："我们的质量很差"。在其 CEO 的领导下，摩托罗拉开始了六西格玛质量之路。今天，摩托罗拉成为世界著名品牌，1998 年，摩托罗拉公司获得了美国鲍德理奇国家质量管理奖。

摩托罗拉公司在实践中，提出了一个"七步骤法"(seven-step method)并取得成功，当前被众多公司参考并作为具体实施六西格玛管理的方法。

"σ"(西格玛)是希腊文的字母，是用来衡量一个总数里标准误差的统计单位，六西格玛(6 Sigma)，在 20 世纪 90 年代中期开始从一种全面质量管理方法演变成为一种高效的企业流程设计、改善和优化技术，并能提供一系列同等地使用与设计、生产和服务的新产品开发工具。继而与全球化、产品服务、电子商务等战略起头并进，成为全世界追求卓越管理的企业最为重要的战略举措之一。一般企业的瑕疵率大约是3～4个西格玛，以4西格玛为例，相当于每100万个机会里，有6 210次误差。如果企业不断追求品质改进，达到6西格玛的程度，绩效就几近于完美，即在100万个机会里，只找得出3.4个瑕疵，或差错率为百万分之三点四（即3.4ppm）。

摩托罗拉"七步骤法"的内容如下：

(1)找问题：把要改善的问题找出来，当目标锁定后，召集有关员工，成为改善的主力；并选出首领，作为改善责任人，制定时间表跟进。

(2)研究现时生产方法：收集现时生产方法的数据，并作整理。

(3)找出各种原因：集合有经验的员工，利用头脑风暴法、控制图和鱼骨图，找出每一个可能引发问题的原因。

(4)计划及制定解决方法：再利用有经验的员工和技术人才，通过各种检验方法，找出解决方法，当方法设计完成后，便立即实行。

(5)检查效果：通过数据收集、分析、检查其解决方法是否有效及其效果。

(6)把有效方法制度化：当方法证明有效后，便制定为工作守则，各员工必须遵守。

(7)检讨成效并发展新目标：当以上问题解决后，总结其成效，并制定解决其他问题的方案。

本章思考题

1. 什么是项目质量管理？
2. 分析全面质量管理的特点。
3. 简述质量计划的主要方法。
4. 项目质量保障的方法和作用是什么？
5. 项目质量保障和项目质量控制有没有区别？
6. 对质量管理为什么不能满足于事后把关？
7. 从统计学角度说明在项目质量管理中使用的控制图法的主要作用。
8. 项目质量管理的趋势分析与预测法对项目质量控制有哪些作用？

第八章　项目沟通管理

本章关键词

沟通(Communication);沟通障碍(Communication Barriers);沟通方式(Communication Styles);绩效报告(Performance Reporting)

本章要点

通过本章的学习,明确项目沟通管理的概念和意义,了解项目沟通的障碍和克服方法,掌握项目沟通计划的内容和项目沟通的方式及技巧,在此基础上形成项目绩效报告和项目工作终结报告。

8.1　项目沟通管理的概念

8.1.1　沟通的基本概念

(1)沟通的概念

沟通就是信息交流。确切地说,所谓沟通是指将某一信息(意思)传递给客体或对象,以期取得客体做出反应的过程。沟通是双方的行为,而且还要有中介体。其中"双方"既可以是"人",可以是"机",因而就有三种表现形式。应当指出,人与人之间的沟通过程有不同于其他沟通过程的特殊性:

①人与人之间的沟通主要是通过语言(或语言的文字形式)来进行的。

②人与人之间的沟通不仅是信息的交流，而且包括情感、思想、态度、观点的交流。

③在人与人之间的沟通过程中，心理因素有着重要意义。在信息的发出者与接受者之间，需彼此了解对方进行信息交流的动机和目的，而结果是会改变人的行为的。

④在人与人之间的沟通过程中，会出现特殊的沟通障碍。这种障碍不仅是由于信息渠道（即传递）的失真或错误，而且还是人所特有的心理障碍。例如，由于人的知识、经历、职业、政治观点等不同，对同一信息可能有不同看法和不同理解。这些特性表明，在研究人与人之间的沟通过程中，需要研究其特殊规律。

为了促进企业内部更有效的沟通，摩托罗拉的管理者们为每一个下层的被管理者预备了11条“Open Door”式表达意见和发泄抱怨的途径：

(1)I Recommend（我建议）：书面形式提出对公司各方面的意见和建议，“全面参与公司管理”。

(2)Speak out（畅所欲言）：保密的双向沟通渠道，如果员工要对真实的问题进行评论和投诉，应诉人必须在3天之内对隐去姓名的投诉信给予答复，整理完毕后由第三者按投诉人要求的方式反馈给本人，全过程必须在9天内完成。

(3)G.M Dialogue（总经理座谈会）：每周四召开座谈会，大部分问题可以当场答复，7日内对有关问题的处理结果予以反馈。

(4)Newspaper and Magazines（报纸和杂志）：公司给自己内部报纸起的名字叫《大家庭》。

(5)DBS（每日简报）：方便快速地了解公司和部门的重要事件和通知。

(6)Town-hall Meeting（员工大会）：由经理直接传达公司的重要信息，有问必答。

(7)Education Day（教育日）：每年重温公司文化、历史、理念和有关规定。

(8)Notice Board(墙报)。

(9)Hot Line(热线电话):当你遇到任何问题时都可以向这个电话反映,昼夜均有人值守。

(10)ESC(职工委员会):职工委员会是员工与管理层直接沟通的另一个桥梁,委员会主席由员工关系部经理兼任。

(11)589 Mail Box(589 信箱):当员工的意见尝试以上渠道后仍无法得到充分、及时和公正解决时,可以直接写信给天津市 589 信箱,此信箱钥匙由中国区人力资源总监亲自掌握。

(2)沟通的方式和方法

按照不同的分类标准,可以把沟通的方式和方法做以下划分:

①按照沟通的方向性,可以分为上行沟通、下行沟通和平行沟通。

上行沟通就是通过项目组织明文规定的渠道进行自下而上的信息传递和交流的方式。如组织规定的汇报制度、例会制度、报告制度。它的优点是沟通效果好,有较强的约束力。缺点是沟通速度较慢。

下行沟通是指领导者对员工进行的自上而下的信息沟通。如将项目目标、计划方案等传达给基层群众、发布组织新闻消息,对组织面临的一些具体问题提出处理意见等。这种沟通形式是领导者向被领导者发布命令和指示的过程。

平行沟通是指组织各平行部门之间的信息交流。在项目实施过程中,经常可以看到各部门之间发生矛盾和冲突,除其他因素之外,部门之间互不沟通是重要原因之一。保证平行部门之间沟通渠道畅通,是减少部门之间冲突的一项重要措施。

②按照信息发送者和接受者在沟通中的地位是否固定,可以分为单项沟通与双向沟通。

单向沟通是指发送者和接收者之间的地位不变,一方只发送信息,另一方只接收信息。双方无论是在情感上还是在语言上都不需要信息反馈。如做报告、发布命令等。这种方式,信息传递速度快,但是准确性较差,有时还容易使接收者产生抗拒心理。

双向沟通是指发送者和接收者之间的位置不断交换，而且发送者是以协商和讨论的姿态面对接收者，信息发出以后还须及时听取反馈意见，必要时双方可进行多次重复商谈，直到双方共同明确和满意为止。如交谈、协商等。这种沟通的优点是信息准确性较高，接收者有反馈意见的机会，产生平等感与参与感，增加了自信心和责任感。但是，在沟通中，发送者随时会受到接收者的质询、批评和挑剔，因而心理压力较大，另外，信息传递速度也较慢。

③按照是否采用书面的沟通通路，可以分为书面沟通和口头沟通。

书面沟通是指用书面形式所进行的信息传递和交流，如通知、文件、报刊、备忘录等。其优点是可以作为资料长期保存，反复查阅。

口头沟通就是运用口头表达进行信息交流活动，如谈话、游说、演讲等。其优点是比较灵活、速度快，双方可以自由交换意见，且传递消息较为准确。

④按照是否采用言语的沟通通路，分为言语沟通和形体语言沟通。

言语沟通是利用语言、文字、图画和表格等形式进行的。

形体语言沟通是利用动作、表情等非语言方式进行的，比如欢乐时手舞足蹈、悔恨时顿足捶胸、惧怕时手足无措等。一个动作、一个表情、一个姿势都是可以向对方传递某种信息，不同形式的丰富复杂的身体语言也在一定程度上起着沟通作用。

8.1.2 项目沟通管理

在项目中，沟通是不可忽视的。项目经理最重要的工作之一就是沟通，通常花在这方面的时间要占到全部工作的75%～90%，良好的交流才能获取足够的信息、发现潜在的问题、控制好项目的各个方面。

(1)项目沟通管理的定义及特征

项目沟通管理包括确保及时、正确地产生、收集、发布、存储和最终处理项目信息所需的过程，它是人、思路和信息之间的关键纽带，是成功所必需的。参与项目的每一个人都必须使用项目“语言”传达和接收信息，理解他们以个人身份涉及的信息将如何影响整个项目。项目沟通管理，就是为了确保项目信息合理收集和传输，以及最终处理所需实施的一系列过程。项目沟通管理具有以下特征：

①复杂性。每一个项目都涉及客户、承约商、供应商、居民、政府机构等多个方面。另外，大部分项目都是由特意为其建立的项目团队来实施的，具有临时性。因此，项目沟通管理必须协调项目内部各部门以及项目与外部环境之间的关系，以确保项目顺利实施。

②系统性。项目是开放的复杂系统。项目的确立将全部或局部地涉及社会政治、经济、文化等诸多方面，对生态环境、能源将产生或大或小的影响，这就决定了项目沟通管理应从整体利益出发，运用系统的思想和分析方法，全过程、全方位地进行有效管理。

沃尔玛公司的股东大会是全美最大的股东大会，每次股东大会公司都尽可能让更多的商店经理和员工参加，让他们看到公司全貌，做到心中有数。创始人萨姆·沃尔顿在每次股东大会结束后，都和妻子邀请所有出席会议的员工（约2 500人）到自己的家里举办野餐会，在野餐会上与众多员工聊天，大家一起畅所欲言，讨论公司的现在和未来。为保持整个组织信息渠道的通畅，他们还与各工作团队成员全面收集员工的想法和意见，通常还带领所有人参加“沃尔玛公司联欢会”等。

（2）项目沟通管理的重要性

对于项目来说，要科学地组织、指挥、协调和控制项目的实施过程，就必须进行信息沟通。没有良好的信息沟通，对项目的发展和人际关系的改善，都会产生制约作用。具体来说，项目沟通管理主要有以下几方面的作用：

①决策和计划的基础。项目团队要想做出正确的决策，必须以准确、完整、及时的信息作为基础。

②组织和控制管理过程的依据和手段。只有通过信息沟通，掌握项目团队内的各方面情况，才能为科学管理提供依据，才能有效地提高项目团队的组织效能。

③建立和改善人际关系必不可少的条件。信息沟通，意见交流，将许多独立的个人、团体和组织贯通起来，成为一个整体。畅通的信息沟通，可以减少人与人的冲突，改善人与人、人与团队之间的关系。

④项目经理成功领导的重要手段。项目经理是通过各种途径将意图传递给下级人员并使下级人员理解和执行。如果沟通不畅，下级人员就不能正确理解和执行领导意图，项目就不能按经理的意图进行，最终导致项目混乱甚至失败。

8.1.3 项目沟通的障碍及其解决方法

在项目沟通管理过程中，沟通双方希望信息能够清晰、完整、无歧义地发送和接受。但是，由于各种原因，在沟通过程中不可避免地存在一些沟通障碍或沟通干扰。这些障碍或干扰的存在使得沟通信息变得模糊、不完整和扭曲，进而对项目产生不良影响。

(1)项目沟通的主要障碍

项目沟通的障碍主要可以分为沟通个体障碍、沟通环境障碍和沟通决策障碍三大类。

①沟通个体障碍

这一类型的障碍主要来自沟通个体自身，包括语言文字的表达能力和理解能力障碍、选择性知觉以及心理因素等。

语言文字的表达能力和理解能力障碍。语言文字是信息沟通的主要工具，但由于每个沟通个体的能力存在差异，对同一信息的表达和对同一语言文字的理解也都是不一样的。这种表达和理解上的障碍也可称为之为语义障碍，导致这一障碍的因素包括个人教育水平、知识经验水平、文化环境等。

选择性知觉。人们在接收信息时会有意无意地对信息进行筛选或选择。一般来说，人们趋于接收自己支持的观点或与自身有关的信息，而对自己不熟悉的或令人讨厌的信息进行过滤。

心理因素。每个人的个性、兴趣、态度、情绪上的差异，都会引起信息的沟通的障碍。

> 人们在沟通中常会产生"晕轮效应",也就是凭第一印象判断对方的人品好坏。如果对方一开始就被认为是"好"的,他就会被"好"的光圈笼罩着,并被赋予一切好的品质;反之,如果对方一开始就被认为是"坏"的,他就会被"坏"的光圈笼罩着,他所有的品质都会被认为是坏的。
>
> 三国时期,皇室衰败,各路诸侯相互征伐,对人才求之若渴。庞统,字士元,襄阳人,与诸葛亮齐名,号称"凤雏",为人恃才傲物、狂放不羁。他曾在周瑜帐下担任幕僚,因在赤壁之战中献连环计大破曹军有功,被推荐给孙权。
>
> 孙权刚一见到庞统时,就因为他"浓眉掀鼻,黑面短髯,形容古怪",而产生了不好的印象。加上庞统性格豪放、出言不慎,说自己的才学"不必拘执,随机应变"。于是,孙权觉得庞统太过轻狂,"与公瑾(周瑜)大不相同",于是弃之不用。后来,庞统投靠刘备,为其出谋划策夺取荆州和西蜀,成为东吴的强大对手,孙权也为自己的误判人才付出了沉重代价。

②沟通环境障碍

这一类型的障碍主要包括:

项目内部环境障碍。包括组织结构、沟通流程、组织文化等。如果组织结构过于庞大和复杂,沟通流程不合理,组织文化对快速准确的沟通难以形成支持,就会形成沟通障碍。

项目外部环境障碍。典型的外部因素包括沟通的基础设施和政治环境。

噪音干扰。指信息传递过程中出现的各种干扰因素的不利影响。如电话的静音干扰、环境噪音、沟通中的意外事件等。噪音干扰会对沟通效果产生影响,甚至会造成信息严重失真。

③沟通决策障碍

沟通决策障碍是指沟通主体在进行沟通的过程中所做的相关决策导致的障碍。

沟通的时机选择不当。在项目沟通中,沟通时机对沟通的效果有重要影响。例如,若沟通的一方面情绪低落,显然不适合沟通。

沟通方法和渠道选择不当。不同的沟通方法和渠道在沟通速度、准确性、反馈程度、对沟通当事人的影响力等方面可能具有很大差异，沟通效果也可能截然不同。

沟通的信息或想法尚不完善。在很多情况下，项目沟通问题是由于沟通双方信息资源不足或尚未形成自己的想法甚至根本没有想法就贸然开展沟通造成的，这是直接威胁沟通效果的主要障碍之一。因此，在沟通之前必须明确沟通内容和目的，形成全面而准确的想法并收集完备的信息。

> 某年某公司所有部门都卷入一场内讧，大家彼此指责对方。产品研发部对营销部大为不满，认为他们没有为新产品提供详细的计划书，他们对销售人员也不满，认为销售人员没有向他们反馈客户对新产品的意见。生产部认为销售部的人员只关心他们的销售额，不惜以牺牲公司利益的方法来推销产品。同时，他们也信不过市场营销部的人，因为他们缺乏准确预测市场趋势的能力。另外，市场营销部则认为，生产部的人思想保守，不愿冒险，他们对生产部的不合作和无休止的诽谤非常愤怒，他们也看不惯产品研发部的人，认为研发部动作迟缓，对他们的要求根本没反应。而销售部的人则认为营销部的人没有工作能力，有时在电话上跟生产部的人大吵大闹，指责生产部的人对客户提出的售后服务的要求置之不理。

(2)解决项目沟通障碍的方法

克服沟通障碍的方法很多，但是对项目管理者最为有用的克服沟通障碍的方法有如下几种：

①充分运用信息反馈

很多项目沟通问题是由于误解造成的，如果项目管理者在沟通过程中正确地使用反馈的方法，则会减少这类问题的发生。信息反馈可以是语言的，也可以是非语言的。反馈不仅仅包括回应，还包括主动的直接提问和对信息进行概括等方法。在有些时候，行动比语言提供的反馈更为明确。例如，当你向项目团体成员发布信息时，你可以通过观察他们的眼睛及其他非语言方面的信息，来了解他们是否在接收和理解你所传递的信息。

②使用恰当的语言和词汇

由于语言和词汇可能成为沟通障碍，因此项目管理者在编码和组织信息时应该适当地选择语言和措辞，以使信息清楚明确，更易于接收者理解。有效的沟通不仅需要信息被接收，还需要信息被理解，所以项目管理者必须恰当地使用语言，并注意使用与接收者接受能力一致的词汇，以提高理解效果。例如，科研项目的管理者在沟通时应尽量使用清晰易懂的词汇，并且在对项目团队的科技人员和项目管理办公室工作人员传递信息时，其使用的语言应有所区别。

③积极使用非语言性的提示

许多学者认为，非语言沟通比语言沟通更重要。因为在沟通过程中，人们往往通过观察和注意他人的行为与表情来判断沟通的效果。所以在项目沟通中要积极使用非语言沟通提示，并要确保它们和语言相匹配，起到强化语言沟通的作用。另外，项目管理者并不总是以完全理性化的方式进行沟通的，有时情绪会使他们的非语言提示与所要传递的信息不一致，从而造成信息失真或沟通受阻。因此，项目管理者必须克服由于情绪原因引起的信息失真或沟通障碍，避免使人们对接收的信息产生误解。

④合理选择沟通方式和沟通环境

根据沟通问题和沟通对象的不同，项目管理者应有针对性地选择不同的沟通方式和沟通环境。例如，对某些严肃而重要的内容，应当在正式的场合以正式的沟通方式进行沟通（如项目手册的发布）；而对某些敏感的个人问题，则可采取一些更为放松的非正式的沟通方式进行沟通。

⑤正确选择沟通时机和营造沟通氛围

由于项目流程和涉及人员的复杂性，在项目沟通中需要合理地安排沟通的顺序和时机。并且，为了达到良好的沟通效果，项目管理者不仅要考虑沟通的对象和沟通次序，也应选择恰当的时机，营造良好的沟通气氛。

澳大利亚布里斯班市有一家大公司，该公司的员工来自23个不同国家和地区。由于语言、风俗习惯、价值观等千差万别使员工平时的沟通很不顺畅，误解、抱怨和纠纷不断。于是人力资源部的培训经理就对这些员工进行集中培训。考虑到这些员工大都是新雇员，培训经理首先向他们介绍了公司发展的历史及现状，并向他们解释员工守则及公司惯例，然后做问卷调查。该调查要求这些员工列出公司文化与母语国文化的不同，并列举出自新公司以来与同事在交往中自己感受到的不同态度、价值观、处事方式等，还要写出个人对同事、上司在工作中的心理期待。

问卷结果五花八门，其中最有趣的是，来自保加利亚的一位姑娘抱怨说，她发现所有同事点头表示赞同，摇头表示反对，而在保加利亚则刚好相反，所以她很不习惯。公司一位斐济小伙子则写到，公司总裁来了，大家为表示敬意纷纷起立，而他则条件反射地坐到地上——因为在斐济，表示敬意要坐下。

项目经理将问卷中的不同之处一一分类之后，再让这些员工用英语讨论，直到彼此能相互理解在各方面的不同之处。经过培训，这些员工之间的沟通比以前顺畅多了，即使碰到障碍，也能按照培训经理的做法解决了。

8.2 项目沟通计划

8.2.1 项目沟通计划的概念

项目沟通计划是项目整体计划中的一部分，它的作用非意重要，也常常容易被忽视。很多项目中没有完整的沟通计划，导致沟通非常混乱。有的项目沟通也还有效，但完全依靠客户关系或以前的项目经验，或者说完全靠项目经理个人能力的高低。然而，严格来说，一种高效的体系不应该只在大脑中存在，也不应该仅仅依靠口头传授，落实到规范的计划编制中很有必要。因此。每个项目首先应该编制一个沟通管理计划，这个计划应该是项目整体计划的一部分。

沟通计划编制就是通过项目相关利益主体分析的方式来确定项目相关利益主体的沟通需求，即确定谁需要信息，需要什么信息，何时需要以及信息分发的方法，并将其形成文件。

虽然所有的项目都需要交流信息，但是信息的需求和分发方式却不大相同，这主要是由于项目组织结构的不同而造成的。所有这些人员各自需要什么信息、在每个阶段要求的信息是否不同、信息传递的方式上有什么偏好，都是需要细致分析的。比如有的客户希望每周提交进度报告，有的客户除周报外还希望有电话交流，也有的客户希望定期检查项目成果，种种情形都要考虑到，分析后的结果要在沟通计划中体现并能满足不同人员的信息需求，这样建立起来的沟通体系才会全面、有效。

因此，识别相关利益主体的信息需求并确定满足这些需求的合适手段是获得项目成功的重要保证。在项目早期编制沟通管理计划，并与相关利益主体一起评审，可以防止或减少以后的沟通障碍。

8.2.2 项目沟通计划的编制

项目经理需要在组建项目团队时编制一个项目沟通计划，制定沟通的目标，识别项目中的沟通需求，并决定在何时采取何种沟通方式。

(1)项目沟通计划编制的依据

虽然每个项目都需要沟通信息，但对信息的渴求和传递信息的方式却有很大差异。因此，如何根据项目特点识别项目信息需求并确定相关的沟通技术和方法是编制沟通计划的前提。

项目沟通计划编制的依据主要包括沟通需求和沟通技术两大类。

①沟通需求

项目沟通需求是整个项目全部利益相关者在项目实现过程中的信息需求。这包括项目业主/客户、项目团队、项目经理、项目实施组织、项目的供应商、项目所在社区等各种主体所需了解的项目工期、进度、成本造价、环境影响、资源需求、预算控制、经费结算等各个方面的各种信息需求。例如，项目业主究竟需要哪些项目信息，这些信息是以报表还是以报告或其他的形式提供，信息是数值型的、字符型的还是混合型的，哪些信息通过面谈传递、哪些信息通过会议传递、哪些信息通过电子邮件传递，这些报告或报表多长时间报告一次，这些信息是由项目经理报告、项目财务主管报告还是由项目技术主管报告等。项目沟通需求所涉及的具体内容主要有：

项目组织管理方面的信息需求。这是有关项目团队组织、项目团队的上级组织和项目全部利益相关者三个方面的组织信息需求。

内部管理方面的信息需求。这是有关项目团队内部管理各个方面的信息需求，包括项目团队内部的各种职能管理、各种资源的管理、各种工作过程的管理等方面的信息需求。

技术方面的信息需求。这是有关项目技术工作及其产品（技术资料）方面的信息需求，包括整个项目产出物的技术信息、项目工作的技术信息和项目的核心技术信息等各方面的技术信息需求。

实施方面的信息需求。项目实施方面的信息需求是指有关整个项目的工期进度计划和完成情况方面的信息需求。整个项目实际生成的产出物质量和工作质量方面的信息需求，整个项目的资金与预算控制方面的信息需求等有关项目实施情况的统计信息需求。

与公众关系的信息需求。这包括两个方面的信息需求：一个是项目组织所需的各种公众信息（包括国家的、地区的、当地社区的，也包括政治、经济、社会、风俗文化等各方面的）；另一个是社会公众需要了解的项目信息（包括项目与社会公众相关的各个方面的信息，如环保、利益、重要性等）。

此外，项目经理还应意识到，潜在沟通渠道或沟通路径的数量可以反映项目沟通的复杂程度。渠道总量为$n(n-1)/2$，其中，n为利益相关者人数。假设有10个利益相关者，则项目具有45条潜在沟通渠道。

②沟通技术

在项目沟通中，可用于信息交流与沟通的技术和方法有很多，不同信息的沟通需要采取不同的沟通方式和方法。因此在编制项目沟通计划的过程中还必须明确各种信息需求的沟通方式和方法。因为不同的沟通方式和方法会直接影响到信息传递的准确性、可靠性、及时性和完整性等要素，而且方法不同，沟通双方之间传递信息所使用的技巧或方法也不同。

一般来说，影响项目沟通技术选择的主要因素包括信息需求的双边性、技术的有效性、预期的项目人员状况以及项目周期等。

沟通需求的紧迫程度。即项目是否需要及时得到不断更新的信息。项目的成功是必须依靠大量的、不断更新的信息沟通，还是只依靠定期发布的书面报告就足够了。例如，一些市场竞争激烈的房产开发项目就属于前者，而一般的工程建设项目则属于后者。

沟通技术的有效性。采用什么样的沟通方法最有助于满足项目沟通需要。例如，会议沟通方式较适合在研究和集体决策时使用，而公告的方式则更适合规章制度的发布或各项事情的通告。

项目相关人员的沟通能力和习惯。沟通方式方法的选择还必须充分考虑项目参与者的经历、知识水平、接收与理解能力和在沟通方面的习惯做法。这包括现有的沟通能力和习惯，以及是否需要进行大量的学习与培训以改进现有的能力和习惯。

项目周期。如果项目的工作量不大、生命周期很短，一般可以选用现有的、人们习惯的和便于实施的沟通方式与方法；如果是规模大、生命周期长的项目，则需要采取一些更先进、更有效的沟通方式和方法。

(2)项目沟通计划的内容

编制完成的项目沟通计划应提供下列内容：

①详细说明信息收集和存储渠道的结构

即用何种方法从何处收集信息。

②详细说明信息传递渠道的结构

即信息将流向何人以及用何种方法传递。信息的发送结构必须与项目组织结构图中说明的责任和报告关系一致。

③传送信息的形式说明

包括格式、内容、详细程度和需要采用的符号规定和定义。

④信息沟通的进度安排

说明何时进行某种沟通，如项目利益相关者是否知道在什么时候需要发送或获得不同的信息，什么时候需要参加会议等。确定沟通的时间安排是否考虑到了关键项目文件的评审和批准，确定提供的信息更新依据或修改沟通程序，确定在根据进度表安排的沟通发生之前检索信息的各种方法。

⑤设定保存和访问信息的方式

项目的哪些信息需要在线保存以及哪些只需要保存在文件中或以其他形式保存，是否每一个成员都能访问所有的项目文件以及检查文件。

⑥制定随项目发展进行更新及修订沟通管理计划的方法

根据项目的需要，沟通计划可以是正式的、非正式的，也可以是非常详细的或仅仅是一个提纲式的。具体如何计划，应视项目的需要而定。

8.3 项目沟通方式和技巧

8.3.1 项目沟通的方式

项目沟通有多种沟通方式，实际沟通时应根据沟通信息的重要性、紧迫性、沟通方的权威性、沟通信息的机密性等因素，考虑采用何种沟通方式。以下是一些常用的项目沟通方式：

(1)项目计划书

项目是一个独特的管理模式，不同的组织团体，不同的人员，虽然具有各自的利益倾向，但为了一个共同的项目目标走到了一起。如何将这些不同组织与人员有效地整合起来，共同为实现项目目标而努力呢？项目计划书就是这样一个有效的沟通工具。

项目计划书明确提出了项目的进度计划、最终目标及各阶段的子目标任务，指出了不同组织、不同人员在不同阶段的分工与相互合作，以及其他资源在项目不同时期的有效配置，规定了项目实施过程中必须有效控制的各种质量、安全、效益及其他指标，描述了项目执行的一些技术性问题。

项目计划书一经项目参与方讨论通过，其内容就会对大家具有某种约束力，促使大家各自按项目书要求，在规定的时间内完成各自承担的义务、责任，同时也将形成不同的组织和人员，相互监督、相互促进的有效机制，从而保证项目的顺利完成。

当然，项目环境是变化的，项目计划书也会随着项目的执行情况而需要不断的修正、完善。值得注意的是，项目计划书的每次修正改动，都必须经过项目参与各方的讨论认可，因为它涉及参与方的利益及资源分配等问题。只有经过各方认可的项目计划书，才能成为大家统一行动的准绳。

(2)项目会议

在涉及多人参与讨论、事关重大的问题时，召开会议一直是一个非常有效的沟通工具，但若组织不当则易使会议流于形式。有关召开项目会议的内容需要强调以下几点：

①在有关重大问题或存在困惑的问题决策上，必须召开会议讨论

“没有对立方案不能决策”。在项目问题的决策时通过会议召开，听取各方的意见，既能尽量使决策科学化，又有利于参会人员对决策的理解与执行，从而引导项目正常发展。

②防止项目经理单一的领导意志

会议的目的是通过集思广益形成有效的决策，而不是项目经理的“一言堂”。项目经理在主持会议时，只需提出问题，然后鼓励与会人员充分发言，引导与会人员一步一步地深入考虑，达到统一思想的目的。

③会议必须形成决策

项目经理不能是没有意志的领导，经过与会人员的讨论分析后对于大家的意见和建议，项目经理要有自己的见解，在分析现状的基础上形成自己的主见。

④在轻松和谐的环境里完成会议

会议既是项目重大问题的聚集讨论，也是为大家的情感交流提供了一个场所。在会议上，项目经理可尽量创造一个生动活泼、轻松和谐的氛围，让与会者在谈笑间畅所欲言。沉闷、压抑的气氛只会限制与会者的思维，使其在心理上产生某种抗拒与不舒适，从而影响项目会议的效率。

⑤会议的召开应规范化

通过定期召开会议把大家召集在一起，会强化团队成员在情感上的归属感。

> IBM公司1911年创立于美国，是全球最大的信息技术和业务解决方案公司。20世纪80年代，由于亚洲的金融危机冲击IT业，90年代初欧美经济的萧条，使得IBM在90年代初困难重重。1993年郭士纳担任IBM董事长兼首席执行官，面对公司内忧外患的处境和新旧文化的冲突，郭士纳上任后采取的具体沟通措施有：一是自上而下的沟通，郭士纳曾经给IBM的员工写了几百封信，与员工一起探讨公司经营中的问题，阐述他的观点；二是与高层管理人员面谈，及时了解员工的想法，帮助员工解决遇到的问题，让每一名员工感受到来自公司的关心；三是来自人力资源的信息，人力资源部门通过电子邮件的方式向公司每一位员工发布信息，涉及公司的发展动态、重大事件等；四是门户开放，员工可通过Open-door向各部门主管、公司的人事经理、总经理或任何总部代表申诉，上级会付诸细致的调查。
>
> 郭士纳积极的沟通措施，让IBM员工感觉到了久违的亲切感，企业停止内部争斗，一致对外。1992年，郭士纳上任前，IBM亏损达50亿美元，郭士纳上任后的第二年，IBM盈利30亿美元，此后连年丰收。

(3)上墙图表

在很多项目中，图表是项目工程师的语言，它既向项目成员传达了项目进展信息，也是对团队集体努力的一种认证，让大家感到团队的存在与团队的成绩。图表可以反映多种项目信息，如项目组织机构、项目岗位职责、项目时间进度计划、项目执行进度描述、项目质量安全统计等。将这些图表挂于墙上，通过视觉效果使大家对项目有关信息一目了然。

(4)项目报告

在项目中报告的作用主要有：告知有关各方项目的进展情况；将实际项目进展与项目计划书进行对比，为采取纠正措施做准备。一般来说，项目报告包括以下内容：

①项目状态信息

描述项目目前进行到何种程度，取得了哪些阶段性进展。

②项目的进度情况

描述项目的完成情况，如项目完成工程量占总工程量的百分比等。

③项目预测及未来工作计划

根据目前项目实际完成情况，对项目完成时间、项目成本控制、项目资源利用等方面进行预测；同时对比项目总进度计划，在技术上、资源上、时间进度上对未来的工作进行合理可行的计划安排。

④质量、安全情况

很多项目里质量与安全问题是需要重点关注的问题。项目的完成最终会服务于社会，这种最终服务能否得到社会认可，其质量与安全状态是关键。质量与安全情况是项目组织管理水平的反映，既是对项目成绩的肯定，也是对项目实施的一种鞭策。

⑤项目统计数据

诸如质量优良率、安全事故率、人员出勤率、资源利用率等，这些数据可以直观反映项目组织的效率。

(5)邮件往来

函件是项目实施中非常普遍有效的一种正式沟通方式。有关项目的各种问题都可以通过函件沟通，既体现了沟通双方的相互尊重，又有利于实现项目的规范化管理。

(6)面对面沟通

这种沟通方式在实际生活中极为常见，它通过沟通双方的口头表达进行信息交流活动，如谈话、游说、演讲等，同时还伴随着个人的情感因素，反映的信息丰富准确，双方可以自由交换意见，信息沟通灵活、速度快。当然，面对面沟通往往涉及个人情感因素，必须辅以较多的沟通技巧才能有效实现。

麦当劳快餐店创始人雷·克罗克，是美国社会最有影响的十大企业家之一。他不喜欢整天坐在办公室里，大部分工作时间都用在“走动管理上”，即到各公司、部门走走、看看、听听、问问。麦当劳公司曾有一段时间面临严重亏损的危机，克罗克发现其中一个重要原因是公司各职能部门的经理有严重的官僚主义，习惯躺在舒适的椅背上指手画脚，把许多宝贵时间耗费在抽烟和闲聊上。于是克罗克想出一个“奇招”，将所有经理的椅子靠背锯掉，并立即照办。开始很多人骂克罗克是个疯子，不久大家开始悟出了他的一番“苦心”。他们纷纷走出办公室，深入基层，开展“走动管理”。及时了解情况，现场解决问题，终于使公司扭亏转盈。著名的管理学大师，彼得·德鲁克(Peter Drucker)说：“人无法只靠一句话来沟通，总是得靠整个人来沟通。”

8.3.2 项目沟通的技巧

项目沟通的核心是人与人之间能够相互理解。所以，人们在项目沟通管理中不仅需要获得信息，而且需要沟通双方能够全面而完整地相互理解。因此，项目沟通管理中还要求人们掌握必要的沟通技巧，这既包括项目沟通中信息发送的技巧，也包括项目沟通中信息接收的技巧。在项目沟通中要充分理解对方就必须掌握听、说、读、写四个方面的技巧，其中听和说涉及的沟通技巧最为重要。有关听和说所涉及的问题和技巧主要有如下内容：

(1)聆听中的主要问题

在项目沟通技巧中聆听是最重要的技巧之一，但是在项目管理中有许多管理人员常会存在各种各样的聆听方面的问题。这方面最主要的问题有如下几种：

①被动地听

他们也想听清和听全对方的说话，但是自己的信息接收速度和反应速度总是跟不上对方的讲话速度，结果听了大半天对于对方传递的信息毫无头绪，因为他们听到的各种信息多数是处于一种无序状态而不能形成有完善含义的信息和思想。

②注意力分散

在人们聆听的过程中注意力被分散到其他方面，这也是一个项目沟通学中经常发生的问题。人们在聆听过程中发生“不注意”情况的根本原因是人们的“注意”被转移到了其他方面。

③偏见和固执

在对方开始讲话之前，聆听者就已经有了自己的偏见，所以他们在听的过程中只能够听到他们“想听”的信息和观点，他们根本听不到或听不进他们“不想听”的信息和观点。

④过早下结论

在发表讲话的人还没讲完之前，甚至在他还没有提供足够的信息时，人们就开始做出结论。这就是人们无法静下心来听完事情的全貌或获得所有实施的信息，所以在过早下结论的情况下往往会出现曲解对方的意思或断章取义的问题。

(2)聆听中的技巧

在项目沟通管理中如何改进聆听技巧的研究中发现，善于聆听者表现出一些共同的技巧和行为。这对于提高项目沟通效果很有效。其中主要的技巧包括如下几个方面：

①使用目光接触和对视

大多数人对有人在开始说话时不去看着说话人的情况，会理解为这是对说话人的冷漠、鄙视或不感兴趣。

②展现赞许性的表示

善于聆听者会对所听到的信息给出表示有兴趣、理解和收到的表情与身体语言。这多数是通过非语言信号表示的，如赞许性的点头、恰当的面部表情与积极的目光接触等。

③避免分心的举动或手势

表现出对于对方讲话不感兴趣的做法是使用各种表明这种思想或情感的举动与手势。

④适时合理的提问

一个好的聆听者会分析自己所听到的信息和内容，并适时合理地向对方提出问题。这一行为不但可以向对方提供反馈信息，而且能够帮助听者更好地理解对方所谈的内容和思想。

⑤正确有效的复述

这是根据自己的理解，使自己的话去重复对方所说的内容。善于聆听者常常会正确有效地复述对方所说过的话。

⑥避免随便打断对方

在做出打断对方讲话的反应之前要尽量先让对方讲完，至少使对方讲出一个完整的部分。

⑦尽量做到多听少说

大多数人乐于畅谈自己的想法而不愿意聆听他人说话。很多人之所以去听，主要是因为这样才能让别人听自己说。

⑧听者与说者角色的顺利转换

在大多数项目工作中，听者与说者的角色是不断转换的。聆听的技巧包括使一个有效的听者能够十分顺利地实现从听者到说者的角色转换。

(3)表述中的主要问题

在项目沟通技巧中表述技巧也是重要的技巧之一，但许多项目管理人员和专业技术人员在管理沟通中存在各种表述技巧方面的问题。在这方面最主要的问题有如下方面：

①表述逻辑混乱

有人很想表述清楚他的想法和观点，但他在表述中使用的逻辑混乱不清，既有单义的形式逻辑或数理逻辑，又有多义的艺术逻辑，且不断混用。

②使用错误编码

在沟通中人们的“说”没有按照信息接收者能够理解的编码进行，而是按照“想说什么就说什么”和“想怎么说就怎么说”的原则进行，结果导致管理沟通不畅或根本无法进行。

③缺乏良性互动

在讲话中很少注意信息接收者是否接受和理解了自己所说的内容。只顾自己一路“讲”下去，很少给信息接收者提问和反馈的机会。

④语言不生动

在表述中只是平铺直叙，声调也缺乏抑扬顿挫，说话犹如“和尚念经，喃喃不清”，很少使用对视等沟通技巧，缺乏调动听者积极性的做法。

(4)表述中的技巧

项目沟通中的表述技巧有很多种，表述者可以使用这些技巧充分地与对方实现沟通。这些技巧对于提高项目沟通的效果十分有效。

①预先准备思路和提纲

在任何表述之前必须准备好思路和提纲，这是一个确定表述顺序和逻辑的过程，是一个沟通的思想准备过程。

②及时调整和修改编码

善于表述者会根据沟通过程中对方反馈的信息而不断调整和修订自己的编码，从而使听者能够全面获得和理解所传送的信息和想法。

③及时合理地征求意见

有经验的讲述者会根据听众的表情和动作了解到听众对于自己讲述内容的理解情况，并根据具体情况在适当的时机及时合理地向听众提问和征询意见。

④避免过度表现自己

在做表述的过程中，有许多人会自然而然地表现出一种自我表现的意识和行为，这种自我表现的意识和行为经常会使整个表述偏离了原有的主题和应有的内容。

⑤尽量言简意赅

一些人在表述过程中会不顾时间的长短和听众的感受而滔滔不绝和畅所欲言，这是口头沟通中表述方面的一个十分严重的问题。

8.4 项目报告

8.4.1 项目绩效报告

这是在整个项目实现过程中按一定报告期给出的项目各方面工作实际进

展情况的报告。这既包括由项目团队成员向项目经理或项目管理者的报告，也包括由项目经理向项目业主/客户的报告，或由项目经理向项目组织的上层管理者的报告。这种报告通常有一特定的报告期，这种报告期可以是一周（主要是周报）、一月或一季度等，项目绩效报告进一步还可以分为项目状态描述报告、项目计划进度报告和项目未来情况的预测报告。

(1)项目绩效报告的主要内容

项目绩效报告的主要内容包括：自上次绩效报告后的项目绩效成果、项目计划实施完成的实际情况、项目前一期遗留问题的解决情况、项目本期新发生的问题和情况、项目下一报告期要达到的目标、项目下一步计划采取的措施等。

①自上次绩效报告后的项目绩效成果

这部分应该包括本报告期中已实现的关键项目目标，同时可以包括关于项目的一些特定目标实际完成（或没有完成）情况的说明与报告。

②项目计划实施完成的实际情况

这是有关项目成本、进度、质量和范围等计划实际完成情况的报告，其中包括对项目实际完成指标值与项目计划目标或控制标准所做出的比较分析情况。

③项目前一期遗留问题的解决情况

如果项目前一期的绩效报告中曾经提出过任何需要日后解决的问题，在本期报告中应该给出有关于问题解决结果的说明，不管问题已经解决还是尚未解决都应该报告情况。

④项目本期新发生的问题和情况

这是有关本报告期项目所发生的新问题的报告，这类问题具体可以是技术问题、进度问题、成本问题、人员问题和其他任何与项目有关的问题。

⑤项目下一报告期要达到的目标

这是有关项目下一个报告期预期目标的说明和规定。这些项目下一个报告期的预期目标必须科学合理，并且能够与项目更新或修订后的计划相一致。

⑥项目下一步计划采取的措施

这部分应详细说明在下一个报告期内为解决新发现和遗留问题所要采取的措施。这包括提出和解释所要采取的措施以及相应的项目管理和项目业务工作的调整等。

除了上述内容以外，报告中使用的表述方法应该包括文字说明、报表文件、各种曲线图、各种表格等。在项目绩效报告生成过程中，需要运用这些图表和数据并使用相应的分析方法和技术做出项目绩效的分析和评价。

(2)项目绩效报告的方法

项目绩效报告过程中使用的方法和工具主要包括：项目绩效评估的方法、项目偏差分析的方法、项目趋势分析预测的方法。这些方法的具体描述和讨论如下：

①项目绩效评估的方法

这与一般管理中使用的绩效评估方法基本是相同的，主要包括项目实施结果与项目计划的绝对数比较分析、平均数比较分析、指数比较分析和其他一些绩效评估的分析方法。这些方法主要用来给出项目实施情况的客观评价，包括成就和问题的评价。

②项目偏差分析的方法

这包括项目实际完成情况与各项计划指标或要求的偏差情况分析和造成项目偏差的原因分析方法。在项目偏差分析中最常用的是项目成本与工期的偏差分析，特别重要的是项目偏差原因的分析，因为这一分析是消除项目偏差的基础工作。

③项目趋势分析预测的方法

这也是一项非常重要的项目分析方法，他会告诉人们项目未来的发展变化趋势。根据项目未来的发展趋势预测，人们可以预先采取各种措施谋求更好的项目结果。这种方法多数采用的是一些常规的统计和趋势外推的方法，这类方法对于项目管理是十分有效的。

(3)项目绩效报告工作的结果

项目绩效报告工作的最终输出通常包括两个方面：其一是项目一定阶段的绩效报告文件；其二是项目未来的变更要求和安排。这两个方面的输出内容具体描述的讨论如下：

①项目绩效报告文件

项目绩效报告文件将详细给出整个项目绩效评估的结果和项目偏差分析与项目趋势分析的结果，以及相应的一些说明和叙述。项目绩效报告文件必须详细到能够满足各项目相关利益主体的要求和项目沟通计划的规定。项目绩效报告文件的格式可以根据项目沟通的需要制定,可以包括各种必需的曲线图、文字、报表、棒图等。

②项目未来变更的要求

根据项目绩效报告中的分析和预测提出项目未来变更情况的要求,这种要求是针对项目实际变动情况和项目未来的发展变化提出的,它与项目相关利益主体根据主管意愿提出的变更请求是不同的。这种项目变更的要求是客观必需的,项目相关利益主体根据主观意愿提出的变更请求是为自己的利益服务。需要注意的是,在给出项目未来变更要求的同时要给出相应的项目变更控制方法,甚至包括项目变更集成控制的方法。

8.4.2 项目工作终结报告

项目工作终结报告通常是一个项目或一个项目阶段的总结。它不是项目绩效报告的积累,也不是对某个项目过程中所发生事情的详尽描述。它是在项目或项目阶段的目标达成或终止后对项目成果或项目工作的总结性描述。其主要工作包括收集和整理项目记录、分析和说明项目成果与效率等。项目或项目阶段的工作总结报告不能拖到项目工作全部完成后才开始进行准备,而应该在每个项目阶段进行中做适当的总结和归纳,以保证信息不遗失。

(1)项目工作终结报告的内容

项目整体或项目阶段的工作终结报告包括以下几个方面的内容:

①项目客户/团队对项目或项目阶段的最初要求

包括在项目定义阶段提出的项目业主/客户的各种期望与要求,以及项目团队对各项工作的期望与要求。

②项目或项目阶段最初确定的主要目标和指标

包括各种项目计划和合同书中所包括的项目或项目阶段的既定目标和具体目标值,以及这些目标的改动和修订情况。

③项目或项目阶段实际作业的简要描述

包括对于项目或项目阶段的任务、资源、进度、成本、质量等方面的简要描述,以及相关的约束条件和假设前提等方面的说明等。

④项目或项目阶段成果和预期的对比

包括项目或项目阶段成果及其体现出的各种实际利益——主要是给项目业主/客户带来的实际利益，以及这些实际利益与项目定义阶段确定的预测利益之间的比较。

⑤项目或项目阶段目标的实现程度说明

包括项目具体实现的结果与目标相比较实现的程度等方面的说明和比较分析。如果项目或项目阶段未能实现预期的目标，需要对造成这种结果的原因作详细的说明。

⑥项目所需善后事宜的说明

包括项目需要后续解决的问题和为维护、提高或扩大项目成果而在将来应该考虑采取的措施和应开展的活动等。

⑦给项目业主/客户的交付物说明

是项目或项目阶段交付的项目产出物的描述，包括项目或项目阶段生成的设备、材料、软件、设施、技术等以及相应的图纸、图样、技术说明书和报告等。

⑧项目成果的最后测试数据

包括对项目产出物的测试过程、测试参数、测试方法和测试结果等各方面的最后测试数据汇总。这些都是为项目业主/客户接受和使用项目而提供的。

⑨项目或项目阶段的经验与教训

主要是有关项目或项目阶段所犯错误或失误以及所取得成绩的经验总结，以及由此带来的各方面可吸取的教训的说明。

(2)项目工作终结报告的方法

项目工作终结报告的核心是一种项目管理的完工与交付工作，这与一般的管理总结有较大不同。所以，项目工作终结报告的方法主要包括两个方面：其一是项目工作终结报表的汇总方法；其二是项目工作终结的编写方法。这些方法的具体描述和讨论如下：

①项目工作终结报告的汇总方法

项目工作终结报告的所有数据都依赖于项目工作报表的汇总和整理，从而提供除整个项目工作或项目阶段工作的客观数据描述。由于项目工作终结报告中所有的客观事实的描述都需要有项目工作的数据作为依据，所以项目工作终结报告的首要方法就是汇总和整理这些数据。项目工作终结报告所需汇总和整理的具体方法包括如下几个方面：

数据汇集的方法。这是将一个项目或项目阶段的各种数据汇总到一起的工作方法。这既包括使用加、减、乘、除等数学方法进行汇总的技术方法，也包括将各种数据汇集起来的技术方法。这两方面的方法最终使得项目工作终结所需数据得以汇集。

数据整理的方法。这是将一个项目或项目阶段的各种汇总数据进行分类、归纳和整理的工作方法。它既包括剔出不真实、不正确的数据的技术方法，也包括将各种数据进行分类和聚类的技术方法。这两方面的方法最终使得项目工作终结所需数据得以真实有效。

数据分析的方法。这是将项目或项目阶段各种数据进行去粗取精和去伪存真的加工处理的工作方法。它既包括统计分析方面的技术方法，也包括项目所属专业技术分析的方法。这两方面的方法最终使得项目工作终结所需数据得以加工处理和揭示出问题和成就。

②项目工作终结报告的编写方法

项目工作终结报告的编写方法就是根据汇总和整理得到的数据，特别是根据上述使用统计分析所进行的“去粗取精”和“去伪存真”的加工处理而得出的结果，最终撰写出项目工作终结报告的具体技术方法。由于这种项目工作终结报告的编写方法同大多数管理者的编写方法基本一样，所以在此不做过多讨论。

拓展阅读

L先生曾负责了一个航空领域的大型数据仓库项目，在此项目一期的时候，各类问题层出不穷，项目组疲于应付，四处救火。

在项目中，L先生与各项目干系人没有建立有效的联系，根本无法让他们了解项目进展情况。甚至连项目开发人员自身对项目整体情况也没有清楚的认识，他们只管自己那一部分，对其他工作则不闻不问；因而项目一旦开始，直到项目结束他们才能准确知道产品情况。整个开发过程完全是一种“黑盒模式”，项目组成员无法把握准确进度，无法保证项目质量。

到了项目后期才发现销售模块开发进度过慢，不得已加班加点，仓促完工，项目质量连自己都不放心，在这部分遗留大量的缺陷，产生许多隐患，维护的工作量甚至超过了开发，导致系统维护成本过大。用户抱怨颇多，维护人员更是怨声载道。

在项目完工时，客户提出运输模块提供的信息无法满足制作报表的要求，并抱怨这个变更早就通知过项目组，可L先生作为项目经理竟然全然不知，结果是来回扯皮。开发人员在设计对内开账模块时描述了实现方式，但为了节省时间，只是粗粗地写了设计，就去编码。等编码结束时，发现和L先生原来所理解的出入甚大，只得推翻重来，不但工作量增加了，反而成本超支严重。

在此项目的二期时，公司开始采用CMM软件质量保障体系的一些开发思想，加强对需求、计划的管理，采用了配置管理工具VSS来管理文档，情况才逐步好转，但前期仍然出现了许多问题：不少项目成员对文档敷衍了事，认为只是走走过场而已。

L先生遇到的现象绝非偶然，稍加分析我们会发现，L先生的项目组在开始引用CMM的开发思想时，缺乏的是一种项目组各个层面间的沟通机制，而加强沟通管理应是实施成功项目管理的必由之路。

思考题：

1. L先生的困难点究竟在哪里？究竟是什么因素导致目前的状况？

2. 如果现在请你来帮L先生改变目前的状况，你会采取哪些措施？

3. 请帮L先生总结一下这次项目管理失败的经验和教训。

本章思考题

1. 你是如何理解项目沟通管理的？

2. 项目沟通管理有哪些主要作用？为什么会有这些作用？

3. 项目沟通中的障碍有哪些？如何克服？

4. 项目沟通计划的依据有哪些？

5. 项目沟通计划会得到什么结果?

6. 可以通过什么方式进行项目沟通?

7. 项目绩效报告的方法有哪些?

8. 项目终结报告有哪些主要工作内容和做法?

第九章　项目风险管理

本章关键词

风险(Risk);风险管理(Risk Management);损失(Loss);风险控制(Risk Control)

本章要点

了解项目风险和项目风险管理的概念,掌握项目风险识别的方法,能够对项目风险进行评价和度量。理解风险监控的过程就是风险事件发生时风险应对计划中预定的应对措施的过程。当项目情况发生变化时,能够及时识别、评估及控制。

9.1　项目风险与项目风险管理

9.1.1　项目风险概述

“风险”在高级汉语词典中的解释是“损失或伤害的可能性”,通常人们对风险的理解是“可能发生的事”。一般而言,风险的基本含义是损失的不确定性。PMBOK把风险定义为“一旦发生,会对项目目标产生积极或消极影响的不确定事件或者情况”。项目风险一般具有以下特征:

(1)客观性和普遍性

作为损失发生的不确定性,项目风险是不以人的主观意志为转移的客观存在,在项目的全生命周期内,项目风险无所不在。虽然人类不断致力于认识和控制风险,但直到现在也只能在有限的空间和时间内改变风险存在和发生的条件,降低其发生的频率,而无法也不可能完全消除风险。项目风险的客观性和普遍性要求项目管理者采取正确的态度承认风险、正视风险,树立风险意识的同时积极地管理风险。

(2)偶然性和必然性

偶然性是指某一具体风险的发生具有偶然性,但大量同类风险的发生却是必然的。任何具体风险的发生都是在项目运行过程中众多风险因素和其他因素共同作用的结果,是一种随机现象。而且每一因素的作用时间、作用点、作用方向、作用强度、作用顺序等都必须满足一定条件,才能导致项目风险事故的发生。项目风险的偶然性意味着在时间上具有突发性,在后果上往往具有灾难性,从而给人们的精神和心理带来巨大的忧虑与恐惧,这种忧虑与恐惧的影响甚至大于风险事故所造成的直接财产损失和人员伤亡对人们的影响。个别风险事故的发生是偶然的、无序的、杂乱无章的,但对大量同类风险事故资料的观察和统计发现,风险事故的发生呈现出明显的规律性,这使人们有可能利用概率和损失程度等工具去预测和把握它,这也促进了项目风险管理研究的迅猛发展。

2008 年 1 月 18 日,法国兴业银行收到了一封来自另一家大银行的电子邮件,要求确认此前约定的一笔交易,但法国兴业银行和这家银行根本没有交易往来。因此,法国兴业银行进行了一次内部查清,结果发现,这是一笔虚假交易。伪造邮件的是法国兴业银行交易员凯维埃尔。更深入的调查显示,法国兴业银行因凯维埃尔的行为损失了 49 亿欧元,约合 71 亿美元。

凯维埃尔从事的是什么业务,导致如此巨额损失?原因来自欧洲股指期货交易——一种衍生金融工具产品。早在 2005 年 6 月,他利用自己高超的电脑技术,绕过法国兴业银行的五道安全限制,开始了违规的欧洲股指期货交易,“我在安联保险上建仓,赌股市会下跌。不久伦敦地铁发生爆炸,股市真的大跌。我就像中了头彩——盈利 50 万欧元。”2007 年,凯维埃尔再赌市场下跌,因此大量做空,他又赌赢了。到 2007 年 12 月 31 日,他的账面盈余达到了 14 亿欧元,而当年法国兴业银行的总盈利不过是 55 亿欧元。从 2008 年开始,凯维埃尔认为欧洲股指上涨,于是开始买涨。然后,欧洲乃至全球股市都在暴跌,凯维埃尔的巨额盈利转眼变成了巨大损失。

(3)可变性

这是指在项目运行的整个过程中,各种项目风险在质和量上具有可变的特性。随着项目的进行,有些风险会得到控制,有些风险会发生并得到处理,同时在项目的每一阶段也可能出现新的风险,尤其是在大型项目中,由于风险因素众多,风险的可变性更加明显。

(4)多样性和多层次性

大型项目周期长、规模大、涉及范围广、风险因素数量多且种类繁杂,导致大型项目在全生命周期内的风险多种多样。另外,大量风险因素之间内在关系的错综复杂、风险因素与外界因素的交叉影响又使风险显示出多层次性,这是大型项目中风险的主要特点之一。

(5)可测性

项目风险是不确定的,但这并不意味着人们对它的变化全然无知。项目风险是客观存在的,人们可以对其发生的概率及其所造成的损失程度做出主观判断,从而对发生的风险进行预测和评估。对此,人们可以充分发挥自己的主观能动性,选择适当的客观尺度予以测量。现代的计量方法和技术提供了可用于测量项目风险的客观尺度。人们可以利用这些工具近似地勾勒出项目风险的动态规律,为制定项目风险管理的战略和选择方法提供依据。

> 2008 年 9 月 15 日，美国第四大投资银行雷曼兄弟按照美国公司破产法案的相关规定提交了破产申请，成为美国有史以来倒闭的最大金融公司。拥有 158 年历史的雷曼兄弟公司是华尔街第四大投资银行。2007 年，雷曼在世界 500 强排名第 132 位，2007 年年报显示净利润高达 42 亿美元，总资产近 7 000 亿美元。从 2008 年 9 月 9 日，雷曼公司股票一周内股价暴跌 77%，公司市值从 112 亿美元大幅缩水至 25 亿美元。第一个季度中，雷曼卖掉了 1/5 的杠杆贷款，同时又用公司的资产作抵押，大量借贷现金为客户交易其他固定收益产品。第二个季度变卖了 1 470 亿美元的资产，并连续多次进行大规模裁员来压缩开支。然而，雷曼的自救并没有把自己带出困境。华尔街出现“信心危机”。由于金融投机者操纵市场，一些有收购意向的公司因为政府拒绝担保没有出手。雷曼最终还是没能逃离破产的厄运。

9.1.2 项目风险管理概述

不同的组织、不同的专家对项目风险有不同的认识。德国早在第一次世界大战结束后，就为战后重建项目提出了风险管理的概念。他们强调风险的控制、风险的分散、风险的补偿、风险的转嫁、风险的预防、风险的回避与抵消等。除德国外的欧洲其他一些发达国家直到 19 世纪 70 年代才逐步接受这一概念，到 20 世纪 50 年代才过渡到全面的风险管理。美国国防部认为，风险管理是指应付风险的行动或实际做法，包括制定风险问题规划、评估风险、拟定风险处理备选方案、监控风险变化情况和记录所有风险管理情况。

从系统和过程的角度来看，项目风险管理是一种系统过程活动，是项目管理过程中的有机组成部分，涉及诸多因素，应用于许多系统工程的管理技术方法。根据美国项目管理学会的报告，风险管理有三个定义：

①风险管理是系统识别和评估风险因素的形式化过程。

②风险管理是识别和控制能够引起不希望的变化的所在领域和事件的形式、系统的方法。

③风险管理是在项目期间识别、分析风险因素，采取必要对策的决策科学

与艺术的结合。

综上所述，项目风险管理是指项目管理组织对项目可能遇到的风险进行规划、识别、估计、评价、应对、监控的过程，是以科学的管理方法实现最大安全保障的实践活动的总称。

> 2007年，受美国次级债危机导致的全球信贷紧缩影响，英国第五大抵押贷款机构——诺森罗克银行(Northern Rock)发生储户挤兑事件。自9月14日全国范围的挤兑发生以来，截至9月18日，仅仅几天的时间就有30多亿英镑从诺森罗克银行流出，占该行240多亿英镑存款总量的12%左右，其电话银行和网上银行业务一度出现崩溃。受此影响，几天来，诺森罗克银行股价下跌了将近70%，创下7年来新低，成为英国遭遇本次信贷危机以来的最大受害者。为防止系统性银行危机的出现，英国财政部、英格兰银行(英国央行)与金融管理局先后采取了注资以及存款账户担保等救助措施，至18日，诺森罗克银行的储户挤兑情况才有所缓解，各大银行的股价也出现不同程度的上涨，银行体系的恐慌局面才得以控制。

项目风险管理的目标是控制和处理项目风险，防止和减少损失，减轻或消除风险的不利影响，以最低成本取得对项目安全保障的满意结果，保障项目的顺利进行。项目风险管理的目标通常分为两部分：一是损失发生前的目标；二是损失发生后的目标，两者构成了风险管理的系统目标。

项目风险的来源、风险的形成过程、风险潜在的破坏机制、风险的影响范围以及风险的破坏力等错综复杂，单一的管理技术或单一的工程技术、财务、组织、教育和程序措施都有其局限性，并不能完全奏效。因此，风险管理是识别和评估风险，建立、选择、管理和解决风险的可选方案的组织方法，项目管理组织综合运用多种方法、手段和工具辅助项目管理者管理项目风险、理解项目出现偏差的危险信号，尽可能早地采取正确的行动，以最小的成本将各种不利后果降到最低程度。所以，项目风险管理是一种综合性的管理活动，其理论和实践涉及自然科学、社会科学、工程技术、系统科学、管理科学等多种学科，项目风险管理在风险估计和风险评价中使用概率论、数理统计及随机过程等理论和方法。

项目风险管理的主体是项目管理组织，特别是项目经理。项目风险管理要求项目管理组织采取主动行动，而不应仅仅在风险事件发生之后被动地应付。项目管理人员在认识和处理错综复杂、性质各异的多种风险时，要统观全局，抓主要矛盾，创造条件，因势利导，将不利转化为有利，将威胁转化为机会。

项目风险管理的基础是调查研究，调查和收集资料，必要时还要进行实验或试验。只有认真地研究项目本身和环境以及两者之间的相互作用和相互影响，才能有效地识别项目面临的风险。

项目风险管理包括风险管理规划、风险识别、风险分析、风险应对与控制。其目标是提高有利于实现项目目标的事件发生概率并增强其后果，降低不利于实现项目目标的事件发生概率并减轻其后果。

9.1.3 项目风险管理研究的意义和作用

随着科学技术和社会生产力的迅猛发展，项目的规模化以及技术和组织管理的复杂化突出了项目管理的复杂性和艰巨性。作为项目管理的重要一环，项目风险管理对保证项目实施的成功具有重要的作用和意义。其作用主要体现在以下几个方面：

(1)促进项目实施决策的科学化、合理化，降低决策的风险水平

项目风险管理利用科学的、系统的方法，管理和处置各种项目风险，有利于项目组织减轻或消除各种经济风险、技术风险、决策失误风险等，这对项目科学决策、正常经营具有重大意义。

(2)为项目组织提供安全的经营环境

项目风险管理为处置项目风险提供了各种措施，从而消除了项目组织的后顾之忧，使其全身心地投入到各种项目活动中去，保证了项目的稳定发展。

(3)保证项目组织经营目标的顺利实现

项目风险管理的实施可以使项目组织面临的风险损失减少到最低限度，并能在损失发生后及时合理地提供补偿，从而能促使项目组织增加收入和减少支出，并获取稳定的、不断增长的赢利，保障组织目标的实现。

(4)促进项目组织经营效益的提高

项目风险管理是一种以最小成本达到最大安全保障的管理方法,它将有关处置风险管理的各种费用合理地分摊到产品、过程之中,减少了费用支出,同时,项目风险管理的各种监督措施也要求各职能部门提高管理效率,减少风险损失,这也促进了项目组织经营效益的提高。

项目风险管理的研究和推广应用不仅对单个组织有重要意义,而且对整个社会的发展都有积极的作用:

(1)有利于提高资金使用效益,促进国民经济产业结构的优化

项目风险管理不是消极地承担风险,而是积极地预防和控制风险。它可以在很大程度上减少风险损失,并为风险损失提供补偿,促使更多的社会资源和资金合理地向所需产业部门流动。因此,它有利于消除或减少由于风险的存在而带来的社会资源和资金的浪费,从而促进社会资源和资金的良性运转以及国民经济产业结构的优化。

(2)有利于社会的稳定发展

项目风险管理的实施有助于消除风险给经济、社会带来的损失及由此而产生的各种不良后果,有利于社会生产的顺利进行,促进经济稳定发展和经济效益的提高,而且各组织通过项目风险管理对整个经济、社会的正常运转和不断发展起到重要的稳定作用。

(3)有利于创造保障经济发展和人民生活安定的社会经济环境

项目风险管理为项目提供最大的安全保障,从而消除人们对项目风险的忧虑,使人们生活在一个安定的社会经济环境中,有助于经济的发展和人民生活水平的提高。

9.2 项目风险的识别

项目风险识别是一项贯穿于项目实施全过程的项目风险管理工作。这项工作的目标是识别和确定出项目究竟有哪些风险,这些项目风险究竟有哪些基本的特性,这些项目风险可能会影响项目的哪些方面等。

9.2.1 项目风险识别的步骤

(1)确定项目风险识别目标及明确关键参与者

在进行项目风险识别之前,必须明确项目风险识别的目标,并确定项目风险识别的关键参与者,这是进行项目风险识别前必不可少的组织工作。不同项目性质不同,项目风险管理侧重点就有所不同,风险识别的目标也不尽相同。依据项目管理规划,项目发起人项目组、设计项目组、实施项目组、审查项目组、承包商项目组要分别确定本项目组项目风险管理的范围和重点。根据项目组提供的项目风险管理范围和重点,再确定参与风险识别的关键人员。

(2)收集资料与数据

为了识别项目的所有风险,首先要有目的地收集有关项目本身及项目有关环境的资料和数据。资料和数据能否到手、是否完整、是否详细和准确,都会影响到识别项目可能的风险。一般而言,可以根据风险识别的依据来收集资料,通常概括为如下两类:①项目范围说明书。②项目的前提、假设和制约因素。项目团队和项目各参与方都应该意识到,项目的建议书、可行性研究报告、设计和其他许多文件都是建立在前提、假设和预测基础之上的。这些前提、假设和预测成立与否是不确定的,因此它们本身就隐藏了风险。再有,任何一个项目都处于一定的环境之中,受到许多内外因素的制约。有的是项目管理团队可以控制的,如进度、质量、成本,但其中也隐藏着风险;还有一些外在因素是项目活动主体无法控制的,如法律法规等,在项目未来的正式执行过程中也会发生变化,也构成项目的风险。

(3)估计项目风险变化

风险形势估计是要明确项目的目标、战略、战术、实现项目目标的手段和资源以及项目的前提和假设,正确确定项目及其项目环境的变数,例如项目规模、进度、费用、质量等。风险形势估计还要明确项目的前提和假设,有些前提和假设在制定项目规划时常常被忽略,会导致许多潜在的风险发生。

(4)识别潜在风险

风险识别需要对制定的项目计划、项目假设条件和约束因素,与本项目具有可比性的已有项目的文档及其他信息进行综合会审,识别出潜在的风险。风险的识别可以从原因查结果，也可以从结果反过来找原因，根据直接或间接的症状进行风险识别。

9.2.2 项目风险识别的方法

识别项目风险的方法很多，包括核对表法、系统分析法、流程图法、环境分析法等。

（1）核对表法

核对表法是指利用在风险识别里面不断取得的经验，列出以前项目一些成功与失败的原因，项目管理者可以拿自己的实际情况与列出的原因对比。利用核对表进行风险识别的主要优点是快而简单，缺点是受到项目可比性的限制，如表 9—1 所示。

表 9—1　　核对表

类 型	风险因素	是，不是，不确定
外部环境	政治稳定，没有被政府没收的风险	
	国家风险和主权风险令人满意	
	对货币、外汇、利率、通货膨胀和变化做了预测并采取措施	
关联方	承包商的能力和信誉可靠	
	合营各方签有令人满意的协议书	
	承包商财务困难	
	投资者可以获得足够高的资金收益率和投资收益率	
风险规划	有详尽的可行性研究和财务计划	
	考虑了成本超支问题，估计了不可抗力，并有应急措施计划	

（2）系统分析法

系统分析法是指利用系统分解的原理将一个复杂的项目分解成比较简单和容易识别的子系统或系统元素，从而识别出可能存在的各种风险。系统风险可以用事故树表达。例如某隧道项目的事故树如图 9—1 所示。

（3）流程图法

流程图法是将项目的全部过程，按其内在的逻辑联系绘制成作业流程图。

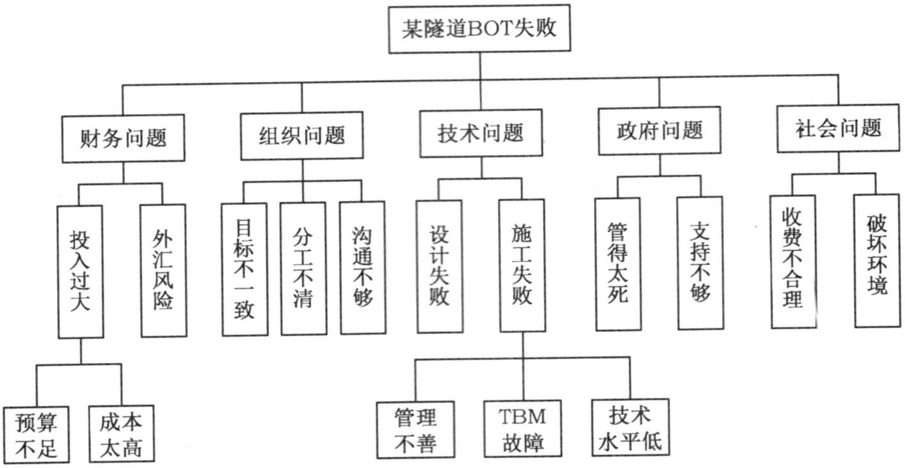

图 9—1　识别项目风险使用的事故树

项目风险识别采用流程图法就是使用这些流程图去分析和识别项目风险的方法，这种方法的结构化程度比较高，所以对识别项目风险和风险要素都是非常有用的。通过对项目流程的分析，可以发现和识别项目风险可能发生在项目的哪个环节或哪个地方，以及项目流程各个环节对风险影响的大小。运用这种方法完成的项目风险识别结果，还可以为后面项目实施中的风险控制提供依据。

(4)环境分析法

环境分析法是指系统地分析项目所面临的内部环境和外部环境，找出这些环境可能产生的风险和损失。在一些具有较高独创性和创新性的项目风险识别中，需要使用这种能够创造性地识别各种项目风险、项目风险因素以及它们的影响程度的方法。内部环境是指项目资金条件、人员素质、管理机制等，外部环境是指市场供需状况、获得资金的难易、资金供应等。环境分析法就是分析项目的内部环境与外部环境的相互关系及其稳定程度，一旦环境发生变化，可以根据这种变化发现潜在的风险。

(5)头脑风暴法

所谓头脑风暴法，就是以专家的创造性思维来获取未来信息的一种直观预测和识别的方法。头脑风暴法一般是在一个专家小组内进行，通过专家会议、激发专家的创造性思维来获取未来信息。这就要求主持专家会议的人在会议开始时的发言应能激起专家们的思维“灵感”，通过专家之间的信息交流和相互启发，从而诱发专家们产生“思维共振”以达到互相补充并产生“组合效应”，获取更多的未来信息，使预测和识别的结果更准确。

(6)风险倒推法

风险倒推法是通过对可能发生的风险及其后果和影响的分析，依次识别风险事件(转化条件)和风险源(触发条件)。这一识别过程，是和风险实际发生过程相反的，它特别适用于重大工程风险的识别，如工程质量事故等。风险倒推过程如图 9—2 所示：

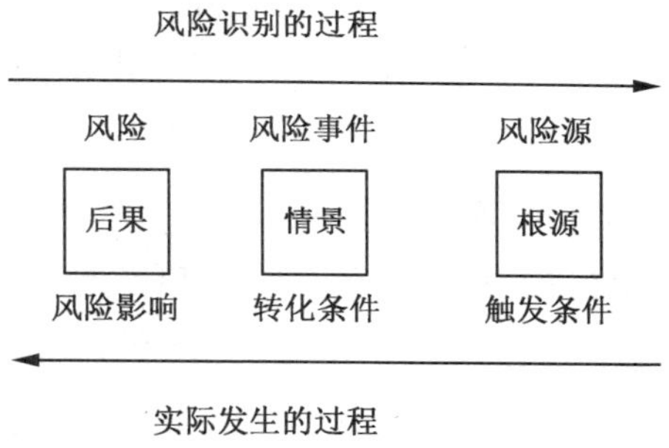

图 9—2　风险倒推法示意图

9.3　项目风险评价与度量

9.3.1　项目风险评价

通过对项目风险的识别，把项目可能涉及的风险加以列表，就可以对风险进行评价了。风险评价的目的是确定每个风险对项目的影响大小，是对已经识别出来的项目风险进行量化估计。项目风险识别只是发现风险的过程，而这些风险对项目实施单位意味着什么，要采取什么样的应对措施，这都需要对风险加以评价后才能确定。由于风险承受力不同，某些风险事件会被忽略掉，而另一些则会被精心制定监控计划和转移计划。风险评估过程会把风险事件按重要性分成不同的等级。因此，风险评价是很重要的。

在任何具有风险的项目的实施中，最低限度必须保证企业在最不利的情况发生以后能够继续生存。而最不利的结果是由损失程度决定的。因此，损失的大小常常是决定采取应对措施的重要因素。例如，风险分析确定了智能建筑工程项目的风险列表之后，接下来就要搞清楚项目中存在的各种风险性质，进行风险分析。这一步骤将风险的不确定性进行量化，评价其潜在的影响。它的内容包括确定风险事件发生的概率和对项目目标影响的严重程度，如经济损失量、工期迟延量等，评价所有风险的潜在影响，得到项目的风险决策变量值，作为项目决策的重要依据。可能的损失程度必须加以量化，这至少有两个理由。

其一，损失程度可以对风险进行等级的划分。项目实施单位对某个风险的评价在很大程度上取决于对这一风险的最不利结果的承受能力。这也说明了项目风险评价应该基于项目单位承受损失的能力进行。同样的风险，对有些项目单位而言，是可以自己承担的，而对另外的项目单位而言则是必须转移的。

其二，如果确定购买保险，必须要根据可能损失的大小来决定购买保险的数量。过多地购买保险会加重项目单位的负担，有时这样的负担是相当巨大的，严重影响项目单位的经济效益，而过少购买保险有时会导致风险实施单位面对无法承受的损失。同样，对于同样的风险，不同单位的评价也不一样，所做出的购买保险的决策也不会一样。

9.3.2 项目风险评价思路

(1)项目风险的等级

可以根据项目风险的最不利结果对项目实施单位的财务影响，将风险分为三个等级。

①致命风险

如果某一项目风险的可能损失数额之大，一旦发生，将导致项目实施单位破产，这样的风险就成为致命风险。致命风险是最为严重的风险，它将影响项目单位的生存。但是，某一风险对这个项目单位是致命的，它对另一个项目单位却可能不是致命的。一个风险是否致命，是针对具体的风险承担者而言的。

②严重风险

如果某一项目风险的可能损失数额较大，虽然损失发生时不至于导致项目实施单位的破产，但会对项目单位的经营产生严重影响，项目单位自己的财务资源不足以弥补这样的损失，而必须通过借贷来渡过难关，则这样的风险就是严重风险。同样，相同数额的可能损失是否超出项目实施单位自己的财务资源，主要取决于项目单位的财务能力。

③轻微风险

如果某一项目风险的可能损失可以通过项目实施单位已有资产和收入加以弥补，则这样的风险是轻微风险。项目风险等级的确定，有赖于对风险造成的可能损失的估计和企业消化这样的损失的能力。不同的项目实施单位对同一风险可能做出不同等级的划分。

(2)损失程度

①最大可能损失与可能最大损失

项目公司的风险管理人员也可以利用保险公司的系统对损失程度加以度量。根据 Richard Prouty 所建立的体系，可以估计两种损失：最大可能损失和可能最大损失。最大可能损失是在最坏的情况下可能发生的最大损失，而可能最大损失是最可能发生的最大损失。

例如，考虑一幢钢筋混凝土结构的 10 层大楼可能发生的火灾损失。其最大可能损失是这幢大楼的总价值。尽管这幢大楼存在被完全焚毁的可能性，但这种可能性很小。大多数火势在起火之初就被发现了，消防部门会对火势做出快速反应，大多数损失是可以避免的。在具有自动喷淋装置的大楼，火灾将大楼完全焚毁的可能性微乎其微。这样，过多关注大楼的全部价值意义不是太大，而确定最有可能发生的损失(可能最大损失)的大小更有意义。

②损失单位的概念

对损失程度进行度量的一个方法是损失单位。损失单位是在考虑各种风险以后，一个风险事件造成的经济损失的总和。例如，在“9・11”事件中，爆炸造成的财产和收入损失十分巨大，但这一事件造成的总损失更大。爆炸这一事件的损失单位包括两幢大楼的总价值、大楼倒塌后的租金损失、大楼中所有伤亡的工作人员的补偿以及对顾客等伤害的责任损失。计算损失单位时，先考虑各个风险的最大可能损失，然后将它们加总。损失单位的重要性体现在这样的事实中：尽管项目单位也许可以自担某些单一的风险，但是，不能保证损失是单独发生的。提出损失单位的概念是为了警告项目的风险管理人员，潜在的灾难性后果可能在最坏的情况下发生。

9.3.3 财产损失的度量

财产的损坏是直接损失和间接损失的根源。通过考虑财产直接损失的损失程度，可以估价财产损失方面的风险。

(1)不动产损失度量

不动产主要是指房地产和其他结构物。

必须注意，项目风险管理人员所度量的损失程度与项目单位财产的账面价值没有必然的联系。如果资产遭受损毁或灭失，项目单位遭受的实际损失与基于历史成本和折旧率的账面价值关系不大。

从风险管理的角度来看，以财产的实际现金价值或重置成本(而不是账面价值)应该是损失程度的比较理想的表达。从这个意义上而言，不动产损失程度的度量实际上是确定不动产的实际现金价值或重置成本。

在确定不动产的价值时，可以通过专业的估价机构来估价；也可以进行内部的评估，评估时涉及的成本在时间上的调整可以依据有关部门颁布的建筑安装成本指数或其他指数进行，也可以通过对已知成本的类似财产加以比照进行估价。

(2)动产损失度量

在项目实施中，动产主要是机械、设备、家具、原材料和库存等。

①机械、设备和家具

与不动产一样，机械、设备和家具也有损失程度的度量。在确定机械、设备和家具的实际现金价值时，可以运用其市场价值。对动产而言，实际价值近似于市场价值，而市场价值可以通过供应商决定。如果存在所考虑的这些动产的二手货市场，只要确定在二手市场上重置这些动产的价格，就可以大体判断其价格。

②库存和原材料

库存和原材料损失的风险度量主要基于其实际现金价值，即重置成本减去贬值。多数情况下，库存和原材料在过时的情况下出现贬值的问题。

③珍贵文件和记录

珍贵文件和记录的损坏和遗失所引起的可能损失应特别加以注意。遗憾的是，这方面的损失是很难估计的。一般企业对置换损坏的记录所发生的成本考虑甚少。看来度量珍贵文件和记录的潜在损失程度的唯一方法是根据合理的劳动力成本计算重建记录上的信息所需的费用。而在许多情况下，重建记录是不可能的，这就给用这种方法度量损失程度带来困难。

9.3.4　间接损失的风险度量

间接损失是由于财产损失导致的其他经济损失。例如，如果项目实施单位价值1 000万元的建筑物被火彻底焚毁，则该单位损失掉由此建筑物所代表的1 000万元的价值。但是，该项目单位还失去了在该建筑物重新建造完成之前对其的使用价值，可能不得不去租用他人的建筑物，从而发生租金损失。该建筑物使用价值的损失就是间接损失的一种形式。

①营业中断的风险

在营业中断时，一般情况下，损失的度量主要包括两部分：停止经营期间继续发生的费用和在此期间失去的利润。当项目实施单位由于其设施损坏而被迫中断项目的进度时，其通过实施项目而得利的行为也中止。尽管项目的实施暂时停止了，一些费用却要继续支付。这些费用可能包括：贷款和其他债务利息、管理人员和一般员工的工资、维护费用、广告费、事故场地清理费用以及部分水电费等。

同时，有些费用可能会暂时停止支出。例如照明、电力、用水和电话等可能完全停止。如果损坏的是租用的建筑物，则租金也会停止支出。通常情况下，营业中断期间也会让一部分劳动力离开。

营业中断的损失还包括重新开张后经营方面的损失。例如，如果一家餐馆被火焚毁，则该餐馆被迫中止经营，顾客可能转向附近的其他餐馆。在餐馆重新开张以后的相当一段时间内，经营情况都会比火灾发生前差。

②继续营业的成本

在发生事故后，有些业务不能中断，而必须去其他场所继续经营。这样一般都会增加成本。设施损坏后继续营业的成本包括：临时场所和设备的成本、搬迁费用、额外的劳动力、广告、印刷和员工的交通费等。这些额外成本的计算可以依据已有信息进行，一直考虑到恢复正常经营为止。

9.4 项目风险的应对

项目风险应对是针对风险量化结果，为降低项目风险的负面效应制定风险应对策略和技术手段的过程。经过风险评估后，项目通常会出现两种情况：一是项目的风险超过了项目相关利益主体能够接受的水平；二是项目的风险在项目相关利益主体可以接受的范围内。因此，针对风险给项目相关利益主体带来的影响程度和接受水平，项目管理者要采取不同的风险策略来应对风险。

譬如，对于第一种情况，就应该停止或者取消项目，如果是稍微超过，可采取避免或减少风险损失的办法；而对于第二种情况，尽管没有超出项目相关利益主体承受的范围，也要采取措施以尽量降低损失值。

9.4.1 项目风险应对的依据

(1)量化的风险优先级清单

将风险按照发生的可能性、对项目目标的影响程度、缓急程度分级排序的风险优先级清单是风险应对首要应考虑的因素。重要的风险紧急应对，轻微的风险可以延缓甚至忽视。

(2)风险承受水平

项目团队以及项目相关利益主体抗风险的能力和水平从某一方面决定了其应对措施的差异。

(3)风险认知

认知指的是对可放弃的机会和可接受的风险的认知，组织的认知度会影响风险应对措施的选择。

9.4.2 项目风险应对的方法和工具

风险应对可以通过改变风险后果的性质、风险发生的概率和风险后果大小三个方面提出以下策略:减轻风险、预防风险、回避风险、转移风险、自留风险和制定后备措施等。对于不同的风险可采用不同的处理方法和策略,对于同一个项目所面临的各种风险,可综合运用各种策略进行处理。一般情况下,可参考如图 9—3 所示的流程与方法。

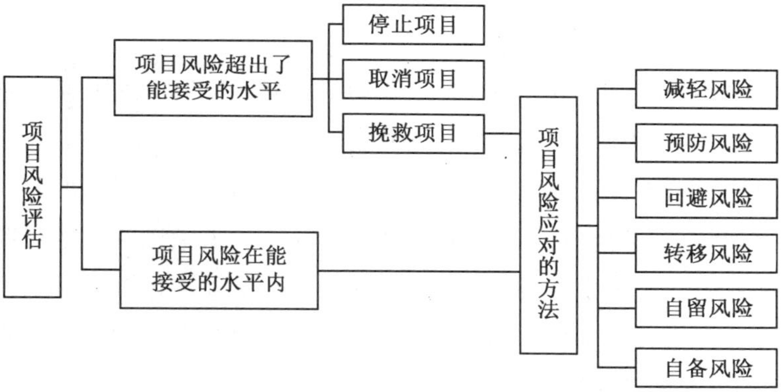

图 9—3 项目风险应对方法

(1)减轻风险

减轻风险,就是通过降低风险发生的可能性(如使用成熟技术代替新技术),或减小风险造成的损失(如编写项目计划文件时建立备份系统以减小文件受损对项目造成的损失)等方式来降低风险对项目的影响。早期采取措施降低风险发生的概率或风险对项目的影响,比在风险发生后亡羊补牢更为有效。

如何减轻风险,则要根据风险性质的不同来区别对待。对于已知风险,可以在很大程度上加以控制,甚至可以动用项目资源来降低风险。例如,可以通过压缩关键工序的时间、加班和赶工等方式来减低项目的进度风险;对于可预测风险,可以采取迂回策略,尽可能将每个风险因素都降低到可以接受的水平;对于不可预测风险,要尽可能将它转化为已知风险或可预测风险,然后按照它们各自的方式加以处理。总之。减轻风险,就是想办法将每一个具体风险都减轻到可以接受的水平,项目整体风险就减轻了,项目成功的概率也就增加了。

在减轻风险中,考虑到成本效益问题,要尽量集中力量对付威胁最大的几个风险。有时,高风险是由于风险的联合交互作用引起的。一个风险减轻了,其他一系列风险也随之减轻了。

(2)预防风险

预防风险是指通过主动控制风险发生的条件来防止风险发生的一种风险应对策略,是一种主动的风险应对策略。预防风险可以采取有形和无形的方式进行。

①有形方式,通常为工程法

即以工程技术手段消除物质型风险威胁。具体来讲,工程法可以通过采取措施防止风险因素发生的方法来预防风险。例如,工程施工过程中,高空作业设置安全防护网;在高速公路沿岸的山体地段采用岩锚锚住松动的岩体,防止岩体滑坡危害高速公路等。工程法可以通过减少或消除已存在的风险因素来预防风险。例如,施工中及时修整厕电设备,做好接地工作并有针对性地采取措施,防止伤亡事故。工程法还可以通过在时间上和空间上将人、财、物与风险因素隔离的方法来预防风险。

②无形方式,通常有程序法、教育法

与有形的工程法相比,程序法是一种无形的方法。它要求在从事项目实施和项目管理过程中,采取标准化、制度化和规范化的方式进行,从而避免可能引发的风险或不必要的损失。例如,在工程项目建设中,我们国家有工程建设基本程序,要求在工程项目实施中,按程序一步一步进行,甚至有些重要环节要经过评审和验收。

教育法就是通过对有关人员进行风险和风险管理教育来减轻与人的不当行为有关的风险的发生。教育的内容一般包括有关安全、质量、技术等方面的法规、规章、规范和标准等。通过风险教育,要让人员认识到,个人的任何疏忽或不当行为都可能给项目造成巨大的损失。

(3)回避风险

回避风险是指当项目风险潜在威胁发生的可能性太大,不利后果也严重,又无其他适合措施来应对时,主动放弃项目或改变项目目标与行动方案,从而回避风险的一种策略。如果通过项目风险评价发现，项目面临的风险太大，会给项目相关利益主体带来巨大的损失，又没有更好的方法解决时，就应选择放弃的方式以避免更大的损失。采取回避策略，最好在项目活动尚未实施时进行，放弃或改变正在进行的项目，一般都会给项目带来巨大的损失。

(4)转移风险

又称分担风险，其目的不是降低风险发生的概率和不利后果的大小，而是借用一定的方式，在风险事故一旦发生时将损失的一部分转移到项目以外的第三方身上。比如：采取合同协议、保险、担保以及发包等方式转移风险。采取转移风险方式时，应注意：

①当项目风险发生的概率较小但引起的后果较严重，而且项目团队无法或很难应付时，或当项目的资源有限，不能实施减轻策略时，选择风险转移方法可以收到较好的效果。

②在转移风险的过程中，必须让项目的第三方，也就是风险分组者得到相应的承担风险的收益，如保险费、担保费等。

③风险分担的第三方必须有能力管理其所承包的风险。

(5)自留风险

又称接受风险，也就是由项目团队承担风险导致的所有后果。有时候，这种风险是项目团队自愿接受的。自愿接受可以有主动和被动之分。由于已对一些风险做了一定的应急准备，当风险事件发生时马上执行应急预案，这是主动接受。被动接受风险是指风险实际发生时，不采取任何措施，只是接受一个风险损失最小的方案。采用接受风险的方式时，应注意：

①对那些造成的损失数额不大，不影响项目大局时，自留风险是最省事的方法，有时也是最节约的方法。

②当采用其他的风险应对策略所产生的费用大于不采取措施所造成的损失时，就应该采取风险自留的方法。

(6)后备措施

有些项目要事先制定后备措施。如果项目的实际进展与计划不同，就可以动用后备措施。后备措施主要包括预算、进度和技术措施三种。这些后备措施通常采取应急储备的方式进行。

预算应急储备就是一笔用于补偿差错、疏漏和其他不确定性对项目精确估计的影响而事先准备好的一笔资金。该应急储备要求在项目预算中单独列出，不能分散到其他费用中。

进度应急储备就是为了保证项目能在各方要求的日期前完成，而制定进度计划时在关键路径上留有的浮动时间。

技术应急储备专门应付项目的技术风险，它是事先准备好了的一段时间或一笔资金。只有因为技术原因发生事故，需要采取补救行动时，才动用技术应急储备。

> 三鹿集团的破产原因之一就是危机处理不当导致风险失控。2007 年年底，三鹿先后接到农村偏远地区反映，称食用三鹿婴幼儿奶粉后，婴儿出现尿液中有颗粒的现象。但是三鹿集团并没有对奶粉问题进行公开，原奶事业部、销售部、传媒部各自分工，试图通过奶源检查、产品调换、加大品牌广告投放和宣传软文，将“三鹿”“肾结石”的关联封杀于无形。对于经销商，三鹿集团也同样采取了糊弄的手法，隐瞒了事实的真相。
>
> 三鹿集团缺乏足够的协调应对风险的能力。在危机发生后，面对外界的质疑和媒体的一再质问，仍不将真实情况公布，引发了媒体的继续深挖曝光和曝光后消费者对其不可恢复的消费信心。

9.4.3 项目风险应对计划

风险应对计划就是针对已识别的项目风险制定的行动方案和措施计划，其目的在于增加项目目标实现的机会。此计划中应包括风险识别和风险评估的结果、每项风险的责任人员以及应急储备的分配和使用安排等。项目风险应对计划应该得到所有参与方的共同认可，并要有专人负责。

根据项目需求的不同，项目风险应对计划可以是正式的，也可以是非正式的，详略程度也要根据实际情况来具体确定，但至少要详细到可操作的层次。

9.5 项目风险监控

9.5.1 项目风险监控概述

风险监控就是在整个项目生命周期内跟踪已经识别的风险，监视残余风险，识别新的风险，实施风险应对计划并评估其有效性的过程。它伴随着整个项目实施过程，包括风险监视和风险控制两层含义。项目风险监控是建立在项目风险的阶段性、渐进性和可控性基础之上的一种项目管理工作。当风险事件发生时，实施风险管理计划中预定的规避措施；当项目的情况发生变化时，重新进行风险分析，并制定新的规避措施。一个好的风险监控系统可以在风险发生之前就提供给决策者有用的信息，并使之做出有效的决策。项目风险监控包括在整个项目过程中根据项目风险管理计划和项目实际发生的风险与变化，所开展的项目风险控制活动。

项目的风险是发展和变化的，在人们对其进行监视和控制的过程中，这种发展和变化会随着项目管理人员进行的风险控制活动而改变。因为项目风险的控制过程实际上是一种人们发挥其才智的创造过程，这个过程必然会影响整个项目及其风险形势，引导项目向目标前进。与此同时，从这一过程中掌握到的信息也会进一步改变项目组对于项目风险的认识和掌握程度，使项目组对风险认识更为深刻，对项目风险的控制更加符合客观规律。由此看来，人们对项目风险的控制过程也是一个不断认识项目风险的特性、不断修订项目风险控制决策与行为的过程。

(1)项目风险监控的内容

项目风险监控的内容主要包括：反复进行项目风险的识别与度量、监控项目潜在风险的发展、监测项目风险发生的征兆、采取各种风险防范措施或小风险发生的可能性、应对和处理发生的风险事件、减轻项目风险事件的后果、规定项目的不可预见费用的划分、实施项目风险管理计划等。

(2)风险监控的目的

风险监控的目的是为了确定以下内容：

①风险的应对措施已经按计划执行。

②风险处理达到预期效果,或采取了新的应对措施。

③项目假设仍然有效。

④根据趋势分析,风险状态已经发生变化。

⑤出现了导致新风险的因素。

⑥已制定了恰当的应付万一的方案。

⑦风险已经出现,但此前却没有意识到。

(3)风险监控的手段

风险监控的手段除了风险管理计划中预定的规避措施外,还应包括根据实际情况确定的应变措施。如果实际发生的风险事件事先未曾预料到或其后果比预期的严重,以及风险管理计划中预定的规避措施也不足以解决时,必须重新制定风险规避措施。

(4)风险监控的依据

①风险管理计划。

②风险应对计划。

③项目沟通。工作成果和多种项目报告可以表述项目进展和项目风险。一般用于监督和控制项目风险的文档有事件记录、行动规程、风险预报等。

④附加的风险识别和分析。随着项目的开展,在对项目进行评估和报告时可能会发现以前未曾识别的潜在风险事件,应针对这些风险继续进行风险识别评估、量化并制定应对计划。

⑤项目评审。风险评审者检测和记录风险应对计划的有效性以及风险主体的有效性,以防止、转移或缓和风险的发生。

冰岛，一个美丽富饶的北欧温泉岛国，被联合国评选为全球最适宜居住的国家。但由于受到世界金融危机的影响，一度面临“国家破产”的危险。在2005年，冰岛人均国内生产总值达到54 975美元，位居世界第三，被誉为“世上最幸福国家”。而如今，冰岛市值排名前三位的银行已全部被政府接管，冰岛货币克朗今年以来贬值已超过一半，很多冰岛人甚至产生了移民的想法。

根本原因就在于政府没有进行有效的风险监控，反而鼓励银行的投机行为，冰岛和欧洲的其他国家一样，对自己的金融体系进行了私有化，放松了对风险的监控。私有化之后带来了投资的繁荣，资产价格的上升，以及资产价值的泡沫。国际的贷款人愿意把资金无限制地贷到冰岛，而且房价在上升，股票市场也在上升。冰岛从一个简单的存款制度变成了一个全球的国际金融的中介机构。由于银行体系没有得到很好的监管，因此银行所面临的风险不断积累，直至爆发危机。

9.5.2 项目风险监控的技术和方法

(1)项目风险应对审计

在规避、转移风险的时候，风险审计员检查和记录风险应对措施的有效性。因此，风险审计在项目的整个生命周期的各个阶段中都会起到一定的作用。

(2)定期项目评估

风险等级和优先级可能会随项目生命周期发生变化，需要对风险进行新的评估或量化，因此，项目风险评估应定期进行，应作为每次项目团队会议的议程。

(3)赢值分析

赢值分析是按基准计划费用来监控整体项目的分析工具。此方法将计划的工作与实际完成的工作进行比较，确定是否符合计划的费用和进度要求。如果偏差较大，则需要进一步对项目进行风险识别、评估和量化。

(4)技术因素度量

即度量在项目执行过程中的技术完成情况与原定项目计划进度的差异，如果有一定的偏差(如没有达到某一阶段规定的要求)，则可能意味着在完成项目预期目标上存在一定的风险。

(5)附加风险应对计划

如果未曾预料到该风险，或其后果比预期的严重，则事先计划到的应对措施可能不足以应对，因此有必要重新研究应对措施。

(6)独立风险分析

项目办公室之外的风险管理团队比来自项目组织的风险管理团队对项目风险的评估更独立、公正。

9.5.3 风险监控的成果

风险监控的成果主要表现在如下几个方面：

①随机应变措施

即在消除风险事件时所采取的事先计划到的应对措施，这些措施应有效地进行记录，并融入项目的风险计划中。

②纠偏措施

包括实施应急计划和附加应对计划。

③变更请求

实施应急计划经常导致对风险做出反应的项目计划变更请求。

④修改风险应对计划

当预期的风险发生或未发生时，当风险控制的实施消减或未消减风险的影响或概率时，必须重新对风险进行评估，对风险事件的概率和价值以及风险管理计划的其他方面做出修改，以保证重要风险得到恰当的控制。

⑤风险数据库

该数据库的目的是整理、更新和分析收集的数据，有助于在整个组织过程中进行风险管理，并且随着时间的推移，逐步累积有关风险的基础资料。

⑥更新风险判别校直表

根据经验不断更新核查表，有助于将来的项目风险管理。

拓展阅读

某通信公司现有业务支撑系统包括综合营运系统、GSM计费系统、CDMA

计费系统、综合客服系统，即将建设综合统计系统和管理信息系统，包括企业综合信息系统、大客户管理系统。信息系统采用两级应用、三级中心的结构，即全国中心、省中心和地市中心三级节点，全国中心和省中心两级应用，各系统间以及系统与外部系统之间存在着大量的互联。在信息系统的建设中已配置了网管平台，可以对主机、数据库、应用进程和设备进行监控，同时进行系统安全管理。信息系统部门现行的组织架构模型根据"条块结合、界面明确"的原则设计，系统平台与业务应用分离，系统平台层由系统支持中心负责维护规划；业务应用层则根据业务种类逐步成立计费中心、结算中心及信息中心负责应用软件维护及业务规划。

随着我国电信市场竞争格局的初步形成，目前各运营商之间的竞争层面正在由低层向高层"跃迁"，"服务竞争"的时代已经来临。运营商间一味"拼覆盖、比放号"的时代即将过去，"服务竞争"的时代已经来临。业界这一深刻的变化必然导致业务支撑系统将成为今后运营商竞争的焦点。如何建好、管好业务支撑系统已成为各电信运营商在面对未来市场竞争时需要认真思考和解决的问题。考虑到通过自身的经验积累及技术提高，很难在短时间内将支撑系统管理水平提高到足以应对未来挑战的程度，该公司认为有必要引入 IT 服务管理的方法论及咨询服务，帮助其架构面向未来的支撑系统服务管理体系。

实现支持系统服务管理体系涉及很多方面，例如管理流程的再造，组织结构的改变，配套的管理制度的建立和贯彻，配合的技术平台的搭建。因此其建立和实施服务管理体系注定是一个渐进的过程，不可能一蹴而就。实施过程中尤其要考虑企业的文化特点和对变化的接受能力，处理不当反而会引起来自内部的极大阻力。IT 服务管理体系应立足现有的管理流程、组织分工、人员结构和管理工具，分期设计、实施；先选择最迫切、最需要的管理功能在首期项目中实现，为后续的各项功能搭建起整体框架，在取得广泛的理解、认可和支持，尤其是高级管理层的认可和支持后，再向深度和广度发展。

服务管理咨询项目的目的是通过采用 IT 服务管理国际标准和全新的 IT 管理结构，针对某省通信公司信息系统的各种资源，形成全面、统一、集中的管理构架及服务管理流程，确保信息系统为企业发展提供可靠、高效、安全的信息服务。

联盈数码提供的咨询服务的内容主要包括：

(1)设计以IT服务管理为核心的管理信息系统体系架构。该信息系统构架除包括传统的网络、系统及数据库等管理层面外,还应包括相对独立的服务管理功能层。

(2)IT组织结构、人员角色及职责设计。根据“确保关键业务的服务质量,并能使之不断改善”的部门总体工作目标,“自顶向下”划分部门内部的管理功能模块,确定每一功能模块的功能,并进一步完成各功能模块下的职位设计。

(3)IT服务管理流程的设计。建立健全依托于IT服务管理信息系统体系架构的支撑系统管理流程。管理流程的设计以“端到端的服务保障”为目标,主要包括以下流程设计:①突发事件管理流程;②问题管理流程;③配置管理流程;④变更管理流程;⑤服务级别管理流程。

在服务产品选择方面,需要综合考虑各个厂商服务产品的以下方面因素:①产品功能,能否覆盖ITIL的所有管理流程;②产品结构,国内的支持服务水平;③对IT服务管理的理解;④产品对中文的支持能力;⑤与其他网络系统管理产品的集成能力;⑥国内的成功案例,产品易用性、用户界面是否友好;⑦培训及实施能力。

针对本咨询项目,联盈数码建议按照3个阶段进行,包括:项目启动阶段;分析、评估与设计阶段;培训阶段。

项目实施中各个阶段的时间安排如表9—2所示:

表9—2　　项目实施各阶段的时间安排

<table>
<tr><td colspan="2">项目开始</td><td></td></tr>
<tr><td colspan="2">项目启动阶段</td><td>项目开始+1个月</td></tr>
<tr><td rowspan="6">分析、评估与设计阶段</td><td>现状访谈</td><td rowspan="6">项目启动阶段+3个月</td></tr>
<tr><td>形成访谈调研报告,提出ITSM流程改进、实施、建议</td></tr>
<tr><td>IT服务管理逻辑流程设计</td></tr>
<tr><td>IT服务管理组织结构、人员角色、职责设计</td></tr>
<tr><td>IT服务管理物理流程设计</td></tr>
<tr><td>流程设计、组织结构设计确认</td></tr>
<tr><td colspan="2">培训阶段</td><td>分析、评估与设计阶段+1个月</td></tr>
<tr><td colspan="2">项目结果</td><td></td></tr>
</table>

思考题：

1. 分析该公司对人力、物资、信息、技术资源的要求有哪些？

2. 针对项目的不同方面，运用风险识别的方法对可能会有的风险进行分析。

本章思考题

1. 什么是项目风险？什么是项目风险管理？

2. 项目风险识别的方法有哪些？

3. 研究项目风险管理的意义和作用是什么？

4. 什么是项目风险评价？

5. 项目风险评价的思路是什么？

6. 项目风险应对的方法和工具有哪些？

7. 项目风险应对的结果可能有哪些？

8. 哪些技术和方法可以用于项目风险监控？

第十章　项目采购管理

本章关键词

项目采购(Project Procurement);项目采购管理(Project Procurement Management);采购管理计划(Procurement Management Plan);询价(RFQ);合同管理(Contracts Management);总价合同(Fixed Price);成本补偿合同(Cost-Reimbursable Contracts);工料合同(T&M)

本章要点

本章的主要内容包括:项目采购计划的管理、项目采购工作的管理、采购询价与采购合同的管理、资源供应来源选择的管理、招投标与合同管理和合同履行管理。

10.1　项目采购管理概述

项目采购(Project Procurement)是指从组织外部获得物资和服务(合称产品)的过程。物资是实现项目基本功能不可或缺的设备和材料,其中材料是构成项目的永久组成部分;而设备可能不是一次性的消耗品,有些设备在项目结束后还在其他项目上继续使用。服务包括专家提供的咨询、设计单位提供的设计图纸、监理公司提供的监督施工过程、勘查单位提供的地质勘查等无形产品。

项目采购管理(Project Procurement Management)是指在整个项目过程中

项目组织从外部寻求和获取各种项目所需产品(物质和服务)的管理过程。开展项目采购管理的根本目的是要对项目所需产品的获得与使用进行有效的管理,以确保项目的成功。采购产品贯穿于项目实施的全过程,大量的项目管理实践已经证明,有效的项目采购管理是项目成功的关键要素之一。

10.1.1　项目采购的利益主体

项目采购管理主要涉及三个方面的利益主体,分别是项目业主/顾客、项目实施组织(承包商或项目团队)、项目供应商。

(1)项目业主/顾客

项目的业主/顾客是项目的发起人和项目最终买方。他们与项目实施组织之间存在合同关系。在这种合同关系中,项目业主是买方,项目实施组织是卖方。项目业主是项目所需产品的真正购买者,无论他们自己采购产品还是通过代理人(项目实施组织)采购都是如此。因此项目业主在项目采购中始终以买方出现。

(2)项目实施组织

项目实施组织指项目承包商和项目团队,是项目业主的代理人和劳务提供者。一方面他们受托作为买方代理项目业主完成项目产品采购,另一方面他们作为卖方直接向项目业主提供服务。

(3)项目供应商

项目供应商是为项目业主或项目实施组织提供项目所需产品的组织。他们既可以将产品直接卖给项目业主,也可以将产品卖给项目实施组织。他们在项目采购中始终以卖方出现,只有他们作为第三方的产品供应的集成商时才会以买方出现。

上述利益主体在项目采购管理中的关系如图 10－1 所示。

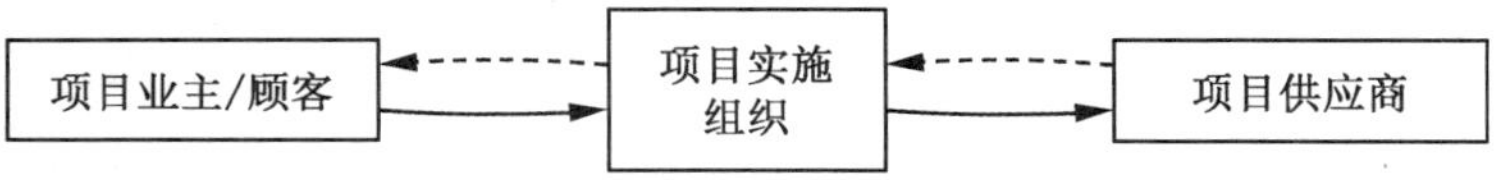

图 10－1　项目采购的利益主体

图10－1中,实、虚箭头成对出现,代表了采购中的买卖双方构成的"合同关系"。其中,实线箭线既表示"委托—代理"关系的方向,也表示项目资金的流向;而虚线箭线则表示项目采购中的责任关系,也表示产品的流动方向。项目采购管理主要是管理采购过程中的关系和行为,即对项目采购中可能发生的问题进行各种管理。

由于项目主要由项目实施组织展开,所以项目采购管理多由项目实施组织开展。项目业主也需要进行项目采购,但他们主要是向项目实施组织进行采购,所以项目业主主要管理他们与项目实施组织之间的采购活动。

10.1.2 项目采购的主要过程

依照PMBOK指南,采购过程主要包括:采购规划、采购实施、合同管理和合同收尾。

(1)采购规划

采购过程的第一步是采购规划,即制定项目采购计划。该过程涉及是否需要采购、如何采购、采购什么、采购多少以及何时采购等问题,并编制出详细可行的项目采购计划。

(2)采购实施

采购实施是项目组织依据项目采购计划所开展的采购工作,包括搜寻市场行情、询价、获得产品的投标报价,按照一定的选择评价标准,从竞标的供应商中选择一个或多个进行项目采购合同洽谈和订立,并最终购买其产品等工作。

(3)合同管理

在采购合同签订以后,项目的采购管理就进入了合同管理阶段。合同管理是项目采购管理的一个重要环节,是确保供应商履行合同义务、按要求提供项目所需的合格产品的管理工作。在项目采购管理过程中,所有的采购关系都应该按照有法律约束力的合同来进行。

(4)合同收尾

合同收尾是在项目采购合同全部履行完毕以后,或者是合同因故中断与终止以后所开展的各种项目采购合同结算和决算,以及各种产权和所有权的交接过程,这一过程中包括了一系列的项目采购合同条款的实际履行情况的验证、审计、完成和交接的管理工作。

项目采购管理的上述管理工作过程之间以及它们与项目其他管理过程之间都有相互作用和相互依存的关系，以及某种程度上的相互交叉和重叠。

10.2 项目采购规划

项目采购管理的第一步是采购规划，即从识别项目组织究竟需要从外部采购哪些产品开始，通过综合平衡安排，制定出能够满足项目需求的采购工作计划的过程。该过程涉及是否需要采购、如何采购、采购什么、采购多少以及何时采购的问题。

项目采购计划是项目采购管理的核心文件，而项目采购计划的制定是项目采购管理最重要的工作之一。为了保证能够按时、按质、按量获得各种资源还必须制定项目采购工作的具体作业计划，这是有关项目何时开展索要采购产品的询价、订货、签订合同等工作的作业计划，它是确保项目采购的各种资源能够按时、按质、按量和在需要的时候到位的管理安排。

10.2.1 采购规划的依据

为有效地进行采购，项目采购计划应该与整个项目管理保持良好的统一性和协调性，因此，项目团队通常从已有的项目文件中了解项目需要什么。采购规划通常基于下列基本材料和信息：

(1)项目范围说明

项目范围说明定义是项目界限，提供在采购过程中必须考虑的项目要求和策略的重要资料。

(2)项目产品说明

项目产品(项目产出物)说明是指有关项目最终产品的描述和说明，包括：项目产出物的功能、特性和质量方面的说明信息，项目产出物的各种图纸、技术说明书等资料。这些信息提供了项目采购规划过程中需要考虑的所有技术问题或注意事项的重要材料。

(3)采购活动所需要的资源

项目实施组织是否有正式的采购团队，如果没有，项目管理层将需要提供自己的时间和专业知识支持项目的各种采购活动。

(4)市场状况

采购规划过程必须考虑市场上有何种产品可以买到、从何处购买，以及采购的条款和条件。

(5)其他项目管理计划

在制定项目采购计划时必须以其他的项目管理计划作为依据和参照，因为这些综合或专项的项目管理计划对于项目采购计划具有约束或指导作用。在制定项目采购计划中需要参考或依据的主要有：项目集成计划、项目工期计划、项目成本计划、项目质量计划、项目资金计划、项目的人员配备计划等。

(6)约束条件与基本假设

项目的约束条件是限制组织选择所需产品的因素和条件，其中最普遍的约束条件之一是资金的约束。在制定项目采购计划时，一定要考虑由于项目资金的限制所不得不牺牲产品的质量等级(价格低但同样能满足项目需求的资源)。

基本假设是指采购规划过程中对变化不定的社会经济环境所做出的一些合理推断。例如，现在并不知道采购实施时某种产品的价格，需要假设一个合理价格以便规划项目采购计划。

10.2.2 采购规划常用的技术和工具

(1)自制或外购分析

在进行采购规划时，首先要开展“自制或购买”的决策分析，以决定哪些产品需要从外部购买。对于所有提出或需要外购的产品都应该开展这种决策分析。

利用平衡点分析法进行自制或外购选择决策分析，是一种普遍采用的管理技术。平衡点分析法可以用来判断某种具体的产品由组织自主生产，成本是否会更低。

自制或外购分析中，“采购成本”是决定是否外购所需产品的核心要素。现有统计资料表明，在制造业产品的原材料成本中有 2/3 是外部采购成本；在工程建设项目中原材料采购成本占项目总成本的 60%～70%，只有软件开发项目和管理咨询项目的外部采购成本相对小一些，因为这两类项目是以劳务为主的，所以人工费占很大的比重。在进行“自制或外购”决策分析中，间接成本和直接成本都是所必须考虑的两个成本构成要素。例如，对“购买”的分析应该既包括为了从外部购买某种产品而实际付出的采购直接成本和为管理整个采购过程而付出的间接成本（管理成本等）。“制造或购买”的决策分析还必须反映项目组织的愿望和项目的时间限制。如果在项目实施过程中急需某种产品，那么不论制造成本如何，只要外部能够提供就可以选择外购。

（2）咨询采购专家

采购专家即有专门知识或经过培训的单位和个人。咨询公司、行业团体、有发展前景的承包商以及项目实施组织内部的其他单位可能都具有采购的专业知识。项目实施组织可以聘任采购专家作为顾问，甚至直接邀请他们参与采购。

（3）经济采购批量分析

经济采购批量分析可以通过合理安排进货批量和进货时间，使采购的总成本最低，这个批量被称为经济采购批量或经济批量。

10.2.3 采购规划的内容

采购规划的内容包括：依据采购规划所需的信息，对整个项目实现过程中需外购的产品供应情况所做出具体的计划安排，并按照有关规定的标准或规范，编写出项目采购计划文件。项目采购规划的最终结果是生成各种各样的项目采购文件，主要包括：项目采购计划、项目采购作业计划、项目采购标书，供应商评价标准等文件。这些项目采购计划工作文件将用于指导项目采购计划的实施和具体的采购作业。采购规划过程开展主要活动如下：

（1）对各种信息进行加工处理

对收集获得的各种相关信息进行必要的加工和处理，以找出计划制定决策所需的各种信息。有时组织必须聘请各类顾问或专业技术人员对收集的信息进行必要的加工和处理。例如，工程建设项目关于工程造价信息的加工与处理就可以委托造价工程师咨询公司或者雇用造价工程师来来完成。

（2）进行自制或外购分析

开展“自制或外购”的决策分析，以决定需要从外部组织采购哪些产品。在制定项目采购计划的整个过程中，对于所有提出或需要外购的产品都应该开展这种决策分析。

(3)采购方式与合同类型的选择

必须确定不同类型的产品的获得方式以及与供应商签订的合同类型。产品的获得方式包括通过询价、议标选定供应商和采用公开招标或邀请招标的方式。合同类型的选择一般需要在固定价格合同、成本补偿合同、工料合同中选择一个。这三种类型的合同对资源的买卖双方各有利弊，必须根据项目和所要采购资源的具体情况反复权衡后做出选择。

(4)项目采购计划文件的编制和标准化处理

完成上述工作之后就可以动手编制项目采购计划。编制计划的过程中可以采用专家分析法、经济期量订货法等具体方法。项目采购计划编制工作将最终生成项目采购计划、项目采购工作计划、项目采购标书、供应商评价标准等文件。最后需要开展的一项工作是，对项目采购计划的各种文件进行标准化处理，即将这些计划管理的文件按照一定的标准格式给出。在这方面常见的标准格式文件包括标准采购合同、标准劳务合同、标准招标书和投标书、标准计划文件等。

10.2.4 采购规划的输出

项目采购计划编制工作的最终成果是形成了一系列的项目采购工作及其管理所需的指导文件。最主要的输出成果为项目采购计划和工作说明书。

(1)项目采购计划

项目采购规划工作中最重要的成果就是生成一份项目采购计划。项目采购计划全面地描述了项目实施组织所需开展的采购工作的计划和安排，包括从项目采购的具体工作计划到招投标活动的计划安排以及有关供应商的选择、采购合同的签订、实施、合同完结等各项工作的计划安排。

①项目采购工作的总体安排

在项目采购计划中，项目实施组织要明确规定项目所需采购的产品列表以及在采购中应该开展的采购工作及其管理活动的计划与安排。

②项目采购的合同类型

项目采购计划应明确规定产品采购中的合同类型。

③项目采购的估价办法

项目采购计划应确定所需采购产品的估价办法，并以此作为筛选供应商或分包商的依据和评价报价与投标书的标准。

④项目采购工作与责任

项目采购计划还应该规定项目产品采购分别由项目业主或项目实施组织承担哪些责任和需要开展的询价、招投标、发盘、还盘、谈判与签合同等工作的责任、时间安排等。

⑤供应商管理办法

如果需要采购多种产品，在项目采购计划中还应该规定如何管理好各产品供应商：包括如何选择、控制供应商的活动以及如何确定其履约的情况等。

一个项目采购计划可以是正式的或非正式的、详细的或粗略的、标准的或非标准的，但是它们的内容都应该包括上述几个方面。

(2)工作说明书

工作说明书也叫要求说明，每一个单独的采购项目都应当有一个单独的工作说明书。工作说明书详细地说明了采购项目，以便潜在的供应商确定能否提供该采购项目的产品。工作说明书的详细程度可以视采购项目的性质、买方的要求或者预计的合同形式而异。多个产品可以组成一个采购项目，使用一个工作说明书。工作说明书应尽可能清晰、完整、简洁。

另外需要指出的是，在项目采购过程中，上述各种文件都需要随着项目过程的不断展开和各种项目信息的传递与交流，重新评估、定义、更新或改写，因为，项目开发过程存在着大量的不确定性，没有哪个项目是能够完全按照最初的计划实现的，所以必须修订和更新。

10.3　采购实施

采购规划完成后，项目采购管理就进入采购计划的实施阶段。实施采购通常有两种方式：询价和招标。图 10－2 是询价方式实施采购的一般过程。

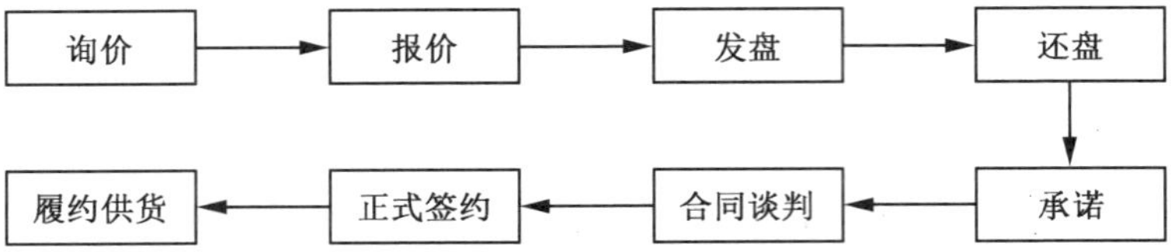

图 10－2 采购实施的过程

10.3.1 询价

询价主要用于采购市场上成熟的“标准产品”，一般是通过对比各个潜在卖方的产品报价来做最后决定。通过询价方式采购产品的过程如图 10－2 所示。

（1）编制询价文件

询价文件是帮助潜在卖方具体了解买方需求的文件。根据外购的是物资还是服务，询价文件有两种不同的形式：报价邀请书（request for quotation，RFQ）和建议邀请书（request for proposal，RFP）。

报价邀请书，主要用于对项目选择“外购”，且可以在市场上买到的标准有形产品。项目实施组织可以准确定义出所需产品的规格、数量和预计交货时间，仅仅需要供应商提出报价。

建议邀请书，主要用于“外包”的工作或者服务。这部分市场上缺乏标准化产品，与标准化产品相比，有如下特征：

①由于没有类似的成熟的产品可以参考，项目组可能无法提供准确的产品规格，而只能提供产品需求。

②由于产品还没有被制造出来，所以虽然成本是一个重要的考虑因素，但更重要的是产品质量。很多时候可能因为低估了达到“质量要求”所付出的代价，从而造成了更大的损失。

（2）询价

询价就是从潜在的卖方那里获得针对报价邀请书的报价或者针对建议邀请书的建议的过程。

此时需要向可能的供应商发出邀请，通过多种途径为采购产品做广告，以期更多有实力的卖方参与进来。一般来说，如果有更多的卖方有意向参与到买方的项目采购活动中，会形成一种竞争环境，帮助项目实施组织找到最佳的合作伙伴。

在获得供应商报价的过程中，项目实施组织要与各个可能的供应商进行联系，要求对方追加报价信息，解释报价中的依据和理由，确认报价所包括的商品与售后服务的内容等。供应商的报价从法律上讲是一种邀约，或叫发盘。项目业主或项目实施组织在承诺接受对方的报价以前，必须非常明确地知道对方报价的实际内涵，所以必须开展从各个可能的供应商之处获得报价和相关信息及其确认的工作。

(3)供应商选择

明确了供应商报价以后就可以根据供应商报价和在项目采购计划中的采购评价标准对供应商及其报价进行评价了。在这一评价过程中，首先必须审查供应商各方面资格的合法性和合格性，从而去掉从法律能力上存在缺陷的供应商。然后，将剩下的供应商进行比较和评价并给出优先序列，然后选出最佳者和次佳者，以便随后分别进行还盘和讨价还价等供应合同的谈判工作。表10－1是一个供应商评价示范表。

表10－1　　供应商评价范例表

标准	权重	A		B		C	
		评价	评分	评价	评分	评价	评分
需求的理解	30%						
技术能力	25%						
实施经验	20%						
管理能力	10%						
报　价	15%						
总　分							

(4)项目合同谈判

在对可能的供应商进行评审并选定主要供应商候选人以后就可以开始项目合同洽谈，即进一步的项目采购讨价还价和具体责任与义务的商定工作。在这个过程中，项目实施组织要尽可能地为维护项目业主和自己的利益而展开价格条件等方面的反复讨论。既要争取到最大利益，又要合理地给对方留下余地，否则无法实现一项供应交易。

(5)签订合同

如果双方基本在价格条件等方面达成一致，就可以进入采购合同细节谈判和签约阶段。这项工作的主要内容是与供应商谈判和商定采购合同的各项条款，包括价格条款、数量与质量条款、交货期与交货方式条款、支付条款、违约条款等。项目采购合同一旦签订，项目采购管理就进入合同管理阶段。

10.3.2 招标

招标是一种因招标人的邀约，引发投标者的承诺，经过招标人对投标者择优选定，最终形成协议或合同关系的一种平等经济主体之间的活动过程，是法人之间形成有偿、具有约束力合约的法律行为。招标主要用于将项目中的某一部分工作范围外包给第三方所提供的服务或者订制产品。这种形式的供应商的选择过程比较复杂，因为在选择供应商的过程中需要在各个因素之间平衡。

项目业主或项目实施组织按照采购计划的安排，可以通过多种招标方式来选择供应商或承包商，常见方式有公开招标、邀请招标、两段招标、协议招标等。

按照我国标准的招标程序，一般招标活动可分为四个阶段：招标准备阶段、投标准备阶段、开标评标阶段和决标签约阶段。

10.3.3 采购实施的输出

项目实施组织实施采购的结果就是选出满意的供应商并与之签订合同。合同是项目实施组织与供应商双方签订并应共同遵守的协议，其中规定了供应商提供特定的产品和项目实施组织为之支付货款的义务。按照所需采购产品的规模、种类、数量、交货条件等因素的不同，这种协议可以是简单的也可以是复杂的。在任何情况下，评价和审批项目合同的过程主要着眼于确保合同中清楚地描述了能够满足项目需求的产品。

10.4 合同管理

在采购合同签订以后，项目的采购管理就进入了合同管理阶段。合同管理是项目采购管理的一个重要环节，是确保供应商履行合同义务、按要求提供项目所需的合格产品的管理工作。在较大的项目中通常存在多个产品的供应商，此时项目合同管理的关键是管理不同供应商或承包商的履约行为，以保障项目实施工作的资源。

10.4.1 合同类型

采购不同类型的产品应签订不同类型的合同。“项目业主/客户供应条款”是项目业主/客户在与项目实施组织进行项目承发包合同谈判时，双方约定而写入承发包合同的。它规定了项目业主/客户应该交付给项目实施组织的部分项目所需资源。同样，项目实施组织要从外部购买产品时需要与供应商签订采购合同，合同中要详细地规定产品的交易价格、交货期、交货地点、数量以及质量规格等。在项目采购中，通常项目实施组织是买方，供应商是卖方。项目实施组织与供应商可以通过友好协商，选择签订各种不同类型的采购合同。不同类型的合同双方所承担的风险不同，而合同类型决定了买卖双方在采购过程中的风险分担。

PMBOK 指南将合同类型分为三大类：总价合同、成本补偿合同和工料合同。

(1)总价合同

总价合同又称为价格固定合同，即为既定产品的采购设定一个总价。在这类项目合同中，项目业主与项目实施组织之间(或者项目实施组织与供应商之间)通过谈判对采购标的确定一个双方认可的总体价格，不经双方协商同意不得变更，在整个项目过程中，采购标的按照这一固定价格结算。

从成本风险的角度而言，总价合同的买方风险较小，因为不管卖方为提供产品花费了多少成本，买方都不必付出多于合同固定价格的部分。当供应商提供产品的实际成本高于合同固定价格时，那么他们甚至可能亏损，乃至违约。

因此，在选择签订总价合同时，项目实施组织通常会要求供应商提供合理的成本预算。一般而言，固定价格合同对于工作范围清楚的项目是比较合适的。因为工作范围界定的越明确，违约或超预算的风险就越低。同时，固定价格合同中常会包含有为超出或落后既定项目目标而设置的奖惩措施。

(2)成本补偿合同

成本补偿合同以卖方(项目实施组织或供应商)从事项目的实际工作成本为付款基础，要求买方(项目业主或项目实施组织)给卖方支付其提供产品的实际成本，然后附加一定比例的利润。

从成本风险的角度而言，成本补偿合同对于合同买方风险较大，因为项目所发生的成本是全额补偿的，所以产品提供方会放松成本控制，项目的实际成本很可能超过项目预计。在项目成本补偿合同的实施中，买方通常会要求供应商定期将实际费用与原始预算进行比较，并通过比较和控制来保护自己的利益。同时，供应商也会尽量不使项目成本超出预算，以避免信誉受损，致使他们未来赢得项目合同的机会减少。成本补偿合同适用于不确定性较大、风险较高的项目。成本补偿合同通常也会有相应的奖励或惩罚条款。如项目实际结算的成本超出预计成本一定比例，买方将扣除卖方的结算金额等。

(3)工料合同

工料合同也称单价合同，即只规定了卖方所提供产品的单价，根据卖方在合同执行中实际提供的产品数量计算总价。工料合同是兼具总价合同和成本补偿合同的某些特点的混合型合同，它与成本补偿合同的相似之处在于，它们是开口合同，合同价因成本增加而变化。

从成本风险的角度而言，工料合同对于买方有较高的风险，因为不管是计时还是计件报酬，如果没有准确的绩效评估标准是很难保证考核的科学性和报酬的有效性的。特别是对于项目而言，多数项目工作是一次新的、独特性的和创新性的，所以很难事先确定它们的绩效考核标准，这样在采用项目单位价格合同中就难免出现侵害项目采购合同买主利益的情况。因此，这种类型的项目采购合同一般是用于那些工作内容确定、工作绩效评估标准明确的项目工作。

> 二滩工程作为三峡电站建成之前中国最大的水电站，其项目建设从未与合同脱轨。世界银行官员每半年从进度、质量、投资三个方面对二滩工程进行打分，结果都是“A”。这一成绩的取得，一个重要的原因在于二滩工程成功地引入了“FIDIC”条款。FIDIC，即国际咨询工程师联合会编写的《土木工程施工合同条款》，是国际通用的土木工程建设规范化管理方式，它能够比较科学地反映业主、设计院、工程监理单位、承包商等项目各方的相互关系，合理规划合同双方的责、权、利。这种机制的表现形式是合同，通过合同使所有者和承包者的权益以及工程质量、进度、概算得到了保证。

10.4.2　合同管理的内容

项目合同管理的实质是采购合同的履约管理，具体内容包括：

(1)产品供应绩效报告管理

项目实施组织要针对供应商的工作及时进行必要的跟踪与评价，这一工作被称为项目产品供应绩效报告管理。这项工作会形成文件——项目供应绩效报告书。项目供应绩效报告书提供了相关供应实现项目合同的信息。项目供应绩效报告书是项目实施组织监控供应商、控制项目成本和进度以及质量的主要依据。例如，在成本补偿合同中，项目实施组织会要求供应商及时提供产品供应的成本情况，并与预定的计划成本比较，当发现项目实际成本超出预算计划时，就必须及时调整产品的供应情况。

(2)合同变更管理

在合同执行过程中，可能由于合同双方出现了重大变化或者其他原因，需要修改合同条款。合同变更会对双方的利益产生影响，需要合同双方对变更达成一致的意见，否则，可能导致合同终止或者订立新的合同。通常，在项目合同中都有合同变更控制办法的规定，这些条款规定了变更合同的做法和过程，这包括项目合同实施跟踪与争议解决程序以及批准合同变更所需程序和审批手续等。除了项目合同规定之外，中国的有关法律对项目合同变更也规定了一些法定程序。

采购合同变更的控制系统应该与项目总体变更控制系统相结合，因为项目采购合同的变动可能会影响到整个项目计划和实施的变更，所以凡是出现项目采购合同的变更都应该对项目计划和其他的相关文件进行更新，从而确保项目按计划进行。一旦项目采购合同发生变更，项目实施组织必须使组织内部人员了解和清楚这种变更，以及这种变更对整个项目所带来的影响，以确保项目合同的变更得到项目组织人员的认知，从而降低合同变更对整个项目实施的影响。

(3)合同索赔管理

合同的变更经常会导致双方争议乃至经济纠纷，即涉及一方对另一方的索赔问题。合同各方应树立索赔意识，在合同实施过程中预测和发现索赔机会，及时提出索赔要求和妥善解决争执。索赔的提出和解决过程在合同中一般有严格规定，如果未按合同规定的程序提出，会导致索赔无效。按照国际惯例，索赔过程包括索赔意向通知、声明对索赔事件进行调查和解决索赔三个主要环节。索赔方要对索赔事件进行调查，评估损失量，收集对方原因造成的损失证据，起草提交索赔报告。赔偿方应积极收集有利于己方的证据反索赔，反驳对方不合理的索赔要求。

(4)合同支付管理

项目实施组织通常应依据合同的规定，按照供应商提交的发货单或完工单对供应商进行付款并严格管理这些支付活动。对供应商的支付管理通常是通过项目实施组织的可支付账户控制系统实现的。在有众多采购需求的较大项目管理中，项目组织可以开发建立自己的项目支付控制系统。这一系统必须包括由项目管理者做出的供应商或承包商的履约评价和认可等控制措施。

10.4.3 合同收尾

项目采购合同双方依照合同规定履行了全部合同义务之后，项目合同就可以进入收尾阶段。包括以下几个方面的内容：对交付的产品进行验收，以确保合同被正确地履行；汇报、记录卖方整体绩效；识别将来合同的提升空间；采购审计，总结项目采购过程中的经验与教训；将所有必需的文件进行归档。

拓展阅读

工程逾期三年 中铁建工海外工程设计纠纷案上诉①

2月19日，中铁建工集团有限公司(下称中铁建工)诉浙江东南网架股份有限公司(下称东南网架)建筑工程设计合同纠纷案在浙江省高级人民法院二审开庭。案件涉及国企中铁建工一起延宕多年的海外工程大单。

位于阿尔及利亚的BARAKI体育场从2009年就已启动，项目建成后将是阿尔及利亚及北非最大的综合体育场之一，将作为2017年非洲杯足球赛的主场馆，但这座体育场至今仍没有完工。

外形酷似草帽的BARAKI体育场的设计极具现代感。这座由法国设计公司设计的体育场最大特点是其大跨度的钢结构，资料显示，体育场的钢结构主桁架最大跨度为200m，通过角部巨型铰支座坐落在四个矩形混凝土塔柱上。也正因此，其对钢结构设计质量的要求甚高。

中铁建工的分公司中铁建工集团有限公司国际工程公司(下称国际工程公司)是BARAKI体育场的总承建商，资料显示，仅截至2013年6月，国际工程公司已拥有境外在施项目17个，累计合同额2.57亿美元。

2009年3月5日，国际工程公司与东南网架签订《合作意向书》，约定由东南网架完成该工程钢结构的设计工作，涉及体育场多个部位和系统。东南网架应尽的义务包括，按意向书中明确的设计提交时间完成设计方案，并通过国际工程公司、法方建筑设计公司、监理、当地CTC等有关部门的审核通过和认可。意向书设定了3个时间节点：2009年4月15日提交钢结构最终施工图，2009年5月1日前施工图和安装方案通过甲方及甲方指定的设计院审核，2009年6月前通过业主、法方设计院审核通过。

"但事实证明，中铁建工找错了合作对象"，中铁建工的代理律师、北京道信律师事务所律师万欣说。东南网架并没能在约定的时间拿出设计方案，并且一拖再拖，竟延后了三年多时间都没完成。

① 资料来源：秦晶.工程逾期三年 中铁建工海外工程设计纠纷案上诉[OB/OL].法制网，http://www.legaldaily.com.cn/index_article/content/2016－03/14/content_6523550.htm? node＝5955.

国际工程公司在2010年5月7日给东南网架的一份公函中提出："贵公司对该工程屋面钢罩棚的设计一直采取消极态度，主要设计人员不能全力投入到设计工作中，目前已经严重制约了整个工程的施工进度和设计进度。"

东南网架也并非故意拖延工期。收到国际工程公司函件的第3天，东南网架就回函对方，记者获得的这份传真函件显示，东南网架"就该项目前期执行过程中存在的问题进行了深入的探讨和反思"，并向对方"表示歉意"。这封函件中还称，东南网架"将该项目定位为我司一号工程，由董事长亲自来抓"，表示接下来将首先完成三个方案的设计工作，力争6月1日前将法方要求的内容全部完成。

但事实上，东南网架再次未能兑现承诺。万欣介绍，直到2010年11月5日，东南网架才提交了第一份可供审核的设计图。至于意向书中约定的附属用房屋面钢结构等3部分设计图，则自始至终没有提交。

据材料显示，在合同约定期限的1年半后拿出的这一部分设计图，也没能通过甲方委托的设计单位、业主、法方设计院的审核。

"东南网架在这个项目中出现的最大问题在于，他们没有表现出具备按照阿尔及利亚建筑规范完成设计任务的能力，也没有按照业主要求进行设计"，万欣说。

记者得到的一份国际工程公司委托中铁工程设计院有限公司上海分公司进行的审查回函显示，上述设计院指出了东南网架施工图纸中需要修改的6个方面的问题，包括图纸深度、焊缝质量等级、焊缝检测检验、防腐保护等。

无奈之下，2012年12月，国际工程公司只好再花费430万元，找了另一家设计公司重新做了设计。

按照国际工程公司与东南网架签订的意向书，"由于乙方原因，未按进度计划中规定节点计划完成设计内容并通过甲方、甲方指定设计院、业主、监理、CTC等单位审批的，每逾期提交一天，应承担报价单(1)中价款总额千分之一的逾期违约金"。而报价单(1)中载明的价款总额为1.56亿元。

2014年2月，中铁建工向杭州市中级人民法院起诉了东南网架，提出因对方违约的索赔，中铁建工的代理律师万欣介绍，"考虑到对方的支付能力，我们仅要求对方承担目前已经发生的实际损失5 000万元"。

但东南网架认为，首先事实上双方 2009 年 3 月签订的合作意向书在随后已经终止履行，其次又提出，体育场设计图延期交付和延期通过审核并非自己造成的。

尽管东南网架迟迟未能交付设计方案，但国际工程公司在开始仍然希望维持双方的合作，于是在 2009 年 10 月，与东南网架签订了《钢结构销售合同》，这份合同价值1 178多万美元，他们还支付了1 610多万元的预付款。

然而在法庭上，东南网架方面却认为，双方在 2009 年 3 月 5 日签订的合作意向书已经终止履行，所以中铁建工的起诉没有依据。

东南网架方面的解释正是双方于 2009 年 10 月签订的《钢结构销售合同》，其认为双方签订了这份“正式合同”后，之前的合作意向书就终止了。

从 2009 年 6 月一直到 2012 年 4 月，东南网架延迟交付设计图是不争事实，争议在于，延期的原因是什么？是中铁建工主张的东南网架自身设计能力缺陷，还是东南网架主张的因为业主或监理方提出了修改要求？

原告中铁建工指出，东南网架两次提交的设计成果分别未能通过原告设计院以及甲方、监理的审核，是因为其设计成果没有达到合同中约定的技术标准。被告认为，双方在风洞试验数据上意见存在不同。然而，双方在是谁的原因造成逾期上的争论，却在一审判决中“达成了一致”。一审判决书写到，法院认为，在意向书的履行过程中，“原告国际工程公司与被告一致变更了意向书关于最终完成案涉工程设计的期限之约定”。原告中铁建工对一审判决不服，向浙江省高级人民法院提出上诉。中铁建工认为，所有证据都没有证明双方一致变更了意向书关于最终完成设计的期限，中铁建工方面只是在对方未按约定完成任务的情况下，反复催促东南网架履约。

对于中铁建工这桩海外设计合同维权纠纷，却在考验着国内地方法院的司法判决能力。

思考题：

1. 分析中铁建工在选择供应商时应考虑的因素，如何取舍与平衡？

2. 关于中铁建工的合同索赔，有何建议？

本章思考题

1. 项目的采购规划包括哪些内容?
2. 采购规划中常用的技术和工具有哪些?
3. 如何实施询价?
4. 如何实施招投标?
5. 合同可以分为哪几类?不同类型合同的买卖双方的风险分摊有何不同?

下篇

项目管理综合案例

案例一:政府引导环保项目:上海 LPG 燃气助动车

一、项目基本情况

随着城市的全面改造和社会经济发展的需要,20 世纪 90 年代以来,大量人口从中心城区向周边住宅区转移,人流、物流激增。由于城市公共交通网络配套相对不足和滞后,市民对个性化的交通工具的需求促使了机动快捷、价格适中的燃油助动车的产生,并迅速成为数十万家庭生活和工作中不可或缺的交通工具。由此背景下,国产二冲程助动车仓促推广,并得到普遍使用。然而,该类燃油助动车普遍存在噪声大、排放污染严重等缺点,给社会交通以及行人带来极大的安全问题,对城市居民生活水平和生活质量产生了严重危害。

20 世纪末,为解决上海市燃油助动车尾气排放严重污染环境问题,通过数年论证、技术改进等,上海市政部门否定了一步淘汰的方案,启动了与燃油助动车改进有关的工程项目,研制推出 LPG 燃气助动车,为“过渡阶段的替代车型”,定下了“总量控制,严格管理,逐步替代,平稳过渡”的原则处理燃油助动车问题,并明确由公安车管部门按照非机动车进行登记管理。2000 年,上海市府办公厅发文《沪府办[2000]8 号文件》,要求 5 年内分期分批对燃油助动车进行报废更新,推广 LPG 燃气助动车,如图 11—1 所示。

随之,通过政府的推动,符合环境保护以及能源节约的新要求的 LPG 燃气助动车进入市场。然而,该文件只有一份行政文件,没有出台具体实施的细则,没有配套的政策法规,导致 LPG 燃气助动车的推广受阻,消费者出于自身财产

图 11－1　LPG 燃气助动车

保护考虑，不愿意牺牲自己污染程度高的燃油助动车。

此后，上海市政府依照国家文件《摩托车报废标准暂行规定》，发布了更新和报废燃油助动车的政策意见，并于 2002 年编制完成《上海市城市交通白皮书》，提出为了城市的环境和环保需求，取消 LPG 燃气助动车的建议。2003 年，上海市公安局交警总队据《上海市摩托车报废管理规定》（沪经[2002]739 号），印发[2003]108 号文件作为具体实施意见。之后，又颁布了[2003]419 号文件——《关于燃气助动车（LPG）替换燃油助动车有关情况处理意见的通知》，细化了上海燃油/燃气助动车的"报废和更新"的流程及标准。据统计，2001 年开始投放燃气助动车，至 2006 年 2 月 10 日停止办理注册登记，注册登记数约为 27 万辆。根据日均加气量进行保守估算，目前约 6 万辆车还在使用。

二、安全隐患

燃气助动车的隐患一般是进气管破损泄漏等，泄漏时间若不是很长，可以及时处理。但此类情况每周会发生 2 次左右，因在加气禁火区域发生，易引起其他事故，这种情况来得较突然，威胁性更大。

据上海市住建委燃气管理部门和市质量技术监督局披露，上海市燃气助动车处于待报废状态多年，车辆失检失修，充气泄漏现象频发，频频闯祸。据不完全统计，燃气助动车泄漏类似事件每周会发生 2～3 起，安全隐患巨大。LPG 液化石油气爆炸极限浓度低于天然气，且密度大于空气，如果出现泄漏，会聚而不

图 11－2　LPG 加气站

散,不能自行挥发流散,遇通风不畅环境,如社区非机动车车棚内,碰到明火,后果不堪设想。而一旦在加气站发生爆燃,其后果更是难以想象。

公安交警部门统计,上海市涉及燃气助动车一般程序事故,2017 年共 10 起,6 人死亡 10 人受伤。燃气助动车驾驶人死亡 3 人,受伤 7 人,燃气助动车乘客死亡 2 人,造成对方死亡 1 人,受伤 3 人。人员轻伤以下的简易程序事故约 3 500余起,受伤1 500多人。由此可见,燃气助动车行驶超速、超载等行为,给城市交通安全、人民生命财产安全带来了极大危害。

2017 年 7 月 7 日,国家安委会巡视组在接到群众举报后,当天对上海昆仑新奥清洁能源股份有限公司中山北一路加气站进行突击检查。检查过程中,一辆燃气助动车在加气后,车辆发生气体泄漏,站内人员立即将车辆转移至安全区域。经查,该辆助动车的气瓶已超检验有效期。之后,虹口区市场监督管理局对上海昆仑新奥清洁能源股份有限公司立案调查,并进行处罚。

2017 年 9 月 18 日,上海阳光九环能源发展有限公司西藏北路加气站员工,在为燃气助动车加注 LPG 过程中,助动车内置钢瓶软管突然脱落(该钢瓶超期未检),造成该助动车气瓶内的 LPG 泄漏。加气站立即启动应急措施,关闭该站,公安、消防赶到现场开展紧急处置。虽未造成人员伤亡,但也造成了该站停止了供油、供气的正常运行服务,现场附近道路暂时关闭。

三、统一回收

上海所有的LPG燃气助动车钢瓶均已超出检验有效期，目前这些车辆都处于失检失修状态，加气站每星期都要发生2～3起加气过程中的燃气泄漏事故，严重影响公共安全。为安全起见，管理部门希望广大燃气助动车车主积极配合报废回收政策。根据上海燃气管理条例第44条第二款的相关规定，发布广告通告，从2018年4月8日零时起，停止LPG燃气助动车的加气业务，以确保社会公共安全。

上海的LPG助动车的集中报废回收工作从2014年开始，已经回收18 500多辆。据不完全统计，从2018年4月1日到4月4日，已经回收360多辆。上海市停止为LPG燃气助动车加气的同时，将增设回收点。即在原5处集中报废回收点的基础上，杨浦、虹口、宝山、浦东新区等车辆较多、有加气站点的区，将增设燃气助动车临时报废回收点，做到回收进社区、进街道，且针对部分区域无法开动的LPG助动车，将直接上门进行回收，以便利车主报废车辆。

根据上海市住建委发布的《关于本市液化石油气加气站停止为燃气助动车供气的通告》，2018年4月8号零点起，上海市所有液化石油气加气站停止LPG燃气助动车的加气业务。车辆报废回收工作正有序开展。

四、案例总结

在项目制定的问题上，如果没有充分的科学论证和规范指导、中长期的发展预测和规划、客观公平的评估和监管体系、严格和规范的奖惩制度等机制保障，那么科学性和有效性将无法得到保证。

作为公共项目制定的失败案例，20世纪90年代燃油/燃气助动车推广的决策失误，缺乏详细的科研规划和指导为依据，导致项目的最终失败，浪费资源的同时对环境造成了严重的污染和危害，为城市发展和社会环境优化带来了一定的教训和反思。

案例二：政府引导产业项目：上海光伏产业[①]

一、上海市光伏产业发展现状

近年来，可再生能源在各个国家政府的重视和支持下得以迅速发展。其中，太阳能光伏发电产业和市场发展尤为迅速，政策支持力度较大，其相关政策主要集中在以下四个方面：立法指引、购电补偿、税收抵扣以及投资补贴。将其发展的模式进行总结可得出如图11—3所示的光伏产业发展模式示意图。

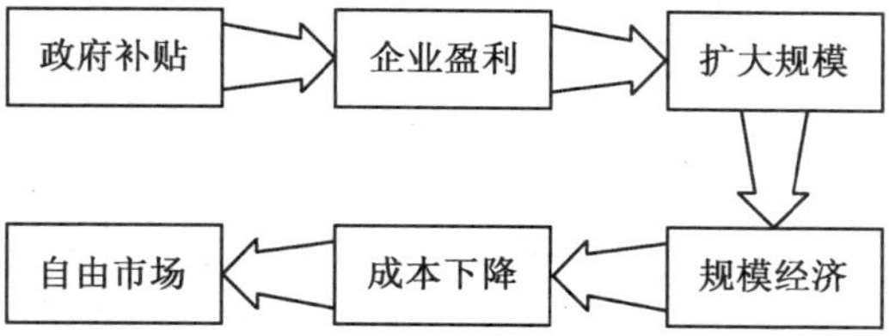

图11—3　目前光伏产业发展模式示意

上海市委、市政府非常重视新能源产业的发展，并将其列为上海市重点发展行业。目前上海市的光伏产业涉及的范围从上游的硅材料到下游的组件生产、系统集成，从装备制造到配套器件、辅助材料的开发，可以说上海市已经拥有光伏发电整个产业链。

2000～2006年，上海光伏产业迅猛发展。技术方面，早在"八五"期间，政府

① 注：该案例中所提的政府资助均为上海市科学技术委员会项目资助。

对太阳能光伏发电技术进行了支持和资金投入，培育了相关产业的雏形。近几年又通过开展重大科技攻关项目，支持一批高等院校和科研院所对太阳电池理论、材料、生产工艺、系统应用、测试手段等方面进行了比较深入的研究，重点解决了影响太阳能晶体硅产业化的技术瓶颈，如太阳电池低成本高效率制备、钝化、组件固化等关键技术，有效降低了成本，建立了独立自主的应用标准以及测试规范，培育了如上海太阳能科技有限公司、上海交大等研发基地和研发队伍，培养了相当数量的高素质研究开发人员，研制投入使用的设备与装备有相当比例的技术达到国际先进或国内一流的水平，如大面积层压封装设备已走入国际市场，少子寿命测试仪也仅为日、美等少数几个国家可以研制。

二、光伏产业技术发展趋势

通过对光伏产业近几年的发展分析，结合国内光伏产业相关专利数据可以发现，从 2012 年起，光伏行业依旧未摆脱供过于求的难题，光伏产品价格大幅下滑，光伏产业相关专利申请数量也呈现逐年递减的趋势(图 11—4)。

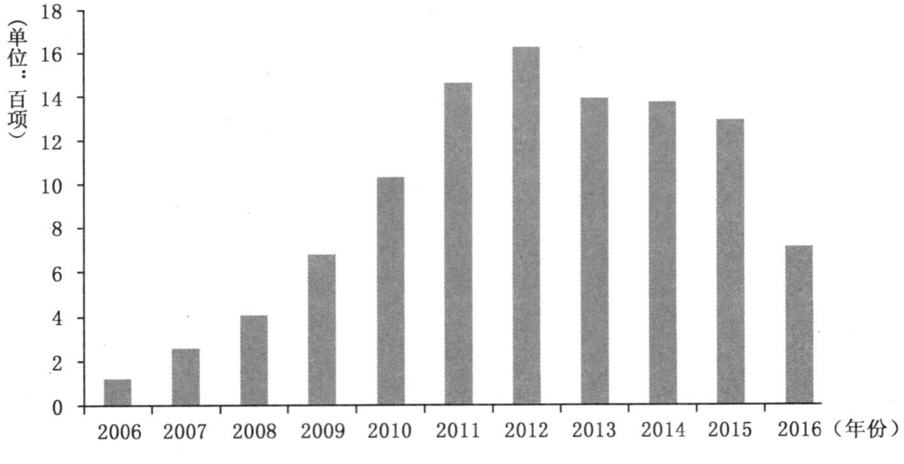

图 11—4　2006～2016 年中国光伏产业专利数量

从不同专业领域的相关专利近十年的申请数量可以看出(表 11—1)，系统和应用相关的专利数量逐年稳定增长；光伏设备相关专利数量于 2011 年达到最多，随后逐年降低；电池和组件相关专利数量在 2012 年达到最多，随后逐年降低,且降低幅度较大;光伏材料相关专利数量于 2012 年达到最多,随后呈逐年降低趋势。

表 11－1　　2006～2016 年中国光伏产业各相关领域专利数量　　单位:项

年份	2006	2007	2008	2009	2010	2011	2012	2013	2014	2015	2016
光伏设备	32	34	74	114	233	445	426	330	386	375	117
光伏材料	27	105	133	210	261	332	418	361	322	231	96
电池和组件	47	106	159	262	390	502	513	471	414	335	153
系统和应用	12	10	35	85	142	174	260	218	239	339	339
总　计	118	255	401	671	1 026	1 453	1 617	1 380	1 361	1 279	705

三、上海光伏产业政府立项趋势

目前我国光伏产业的研究和应用范围非常广泛,主要涉及以下方面的研究热点:技术创新、竞争战略、产业价值。从研究热点来看,目前对光伏产业等研究主要聚焦在技术创新、太阳能、光伏发电等方面,光伏产业未来的研究趋势将主要聚焦于竞争战略和产业价值的研究,如何提升国际竞争力和发展战略制定、产业价值链分析等方面。

(一)项目数量

通过对上海市政府自 2003 年至今对上海市光伏产业项目的引导和支持数据分析可以发现,上海市政府对光伏产业的扶持力度较大,每年都投入几千万的经费资助和扶持产业项目发展(表 11－2)。从项目数量上来看,2003 年至 2012 年政府投资项目数量逐年增多,2014 年项目数量较多,达到 53 项。从政府资助经费额度上可以看出,每年上海市政府投资光伏产业力度均在千万元以上,每个项目平均资助额也达到百万元左右,资助力度非常可观。

表 11－2　　2003～2016 年上海市光伏产业相关项目信息

年　份	2003	2004	2005	2006	2007	2008	2009
项目数量(项)	11	6	12	13	15	45	54
总经费(千元)	37 052.6	5 740.5	19 579.8	35 146.7	211 284	150 928	190 199

续表

年　份	2003	2004	2005	2006	2007	2008	2009
每项平均资助额（千元）	991	142	678	362	640	630	451
政府资助（千元）	10 900	850	8 130	4 710	9 600	28 350	24 380
年　份	2010	2011	2012	2013	2014	2015	2016
项目数量（项）	53	48	50	29	53	29	39
总经费（千元）	200 186	98 494.5	211 783	67 420	115 499	17 366.3	118 512
每项平均资助额（千元）	803	497	1 373	545	543	169	1 204
政府资助（千元）	42 534.3	23 840	68 650	15 800	28 760	4 900	46 974

（二）政府资助比重

从政府资助占总经费比重来看，如图 11－5 所示：上海市光伏产业政府资助经费占总经费比重基本呈现逐年递增的趋势，其中 2005 年和 2016 年相对较高，都超过 40%；除去 2007 年的比重不足 5%，其他年份的政府资助占总经费比重均高于 10%。

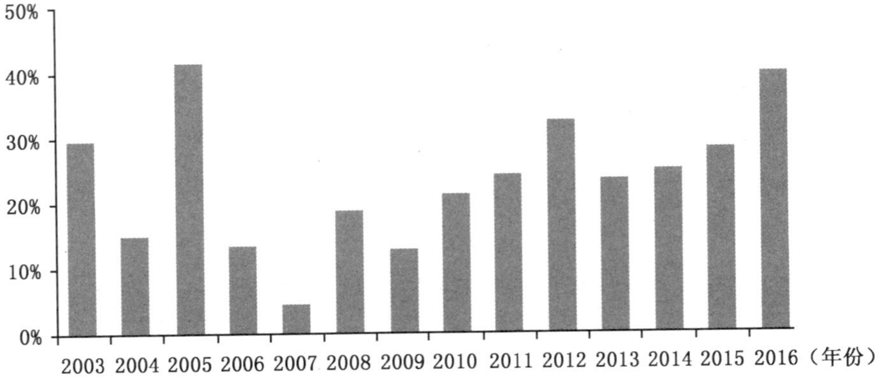

图 11－5　2003～2016 年上海市光伏产业项目政府资助经费占总经费比重

(三)项目研究领域

通过检索光伏产业项目的关键词,汇总了上海市政府自 2003 年以来资助的光伏产业不同领域的项目数量对比(图 11－6),其中薄膜电池相关项目数量最少,仅有 4 项;太阳能相关项目数量最多,高达 268 项;光伏相关的项目数量仅次于太阳能,为 163 项。

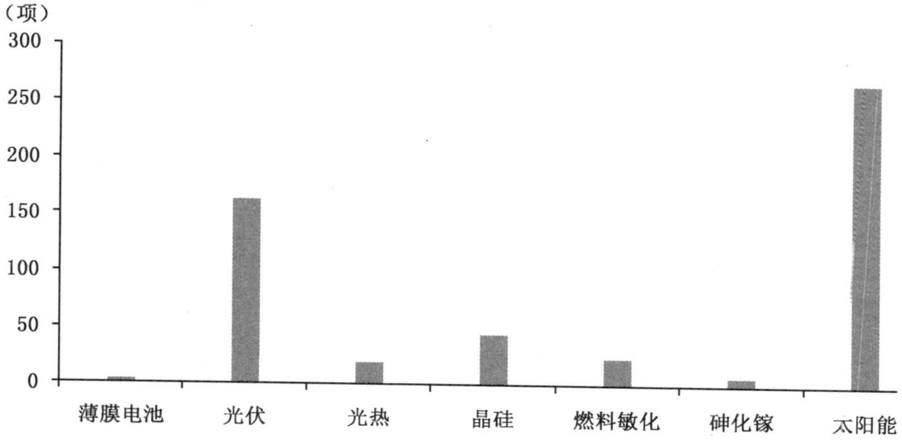

图 11－6　2003～2016 年上海市光伏产业不同领域项目数量对比

四、案例总结(产业发展与政府引导趋势分析)

通过对上海市光伏产业代表性企业的数据整理和汇总,对其近 6 年来的经营数据及获得政府项目资助的情况进行对比,探索上海市政府引导产业项目与光伏产业发展间的相关性。首先,可以发现企业获得政府项目经费每年的金额相差不大,表明近几年来上海市政府在光伏产业的科研投入方面是一个持续平稳的状态。其次,企业获得政府项目经费额与企业年产值的高低基本一致,即年产值高的企业获得的政府资助相比年产值低的企业获得的资助额较高,由于政府投资项目的比重基本一致,表明经营规模较大的企业对于科研项目的投入较高,相对获得的政府资助较高。另外,比较四家企业申请专利数据趋势与企业经营数据可以发现,两者基本保持一致。因此可以发现政府引导和投资项目能够促进企业产出创新成果(专利),进而能够推动企业规模扩大、市场销售增长以及经营利润的提升，从而形成良性循环的产业健康可持续发展的生态趋势。

通过对企业近几年的经营数据和获得上海市政府资助项目数量及金额的分析，可以看出在上海市政府扶持下，目前上海市光伏产业得到了快速发展，相关企业也得以迅速成长，通过政府引导项目的开展推动企业研发水平的提高以及创新产品的商业化，进而优化了产业生态，使得产业能够健康可持续发展，体现了政府引导项目制定的科学性和有效性。

案例三:大型基础设施项目:中国高铁

中国高铁不仅获封外国青年最想带回国的"中国特产",还让风靡全球的动画片《托马斯和他的朋友们》增添了新角色——中国小火车"勇宝"。中国高速铁路发展起步虽晚,但发展十分迅速。不仅很快形成了比较完善的高铁技术体系,并且与其他国家相比具有成本优势。中国高铁技术先进、安全可靠,成本具有竞争优势,在短短几年时间里就迅速受到世界欢迎。

一、中国高速铁路的发展①

(一)高速铁路的定义

高速铁路是指通过改造原有线路,使营运速率达到每小时 200 公里以上,或者专门修建新的"高速新线",使营运速率达到每小时 250 公里以上的铁路系统。

(二)世界高速铁路的发展历史

1964 年 10 月 1 日,最高时速达 210 公里的日本东海道新干线开通,标志着真正意义的高速铁路诞生。此后,法国、德国、意大利等国相继开工建设高速铁路,促成了高速铁路建设的第一次高潮,到 20 世纪 90 年代初,建成了3 216公里高速铁路。高速铁路运营取得了明显的社会经济效益,促使欧洲在 20 世纪 90 年代再次形成了高速铁路的建设热潮。欧洲议会还批准了泛欧高速铁路网的规划,规划新建线路12 500公里,改造既有线路14 000公里,形成连接欧洲所有

① 资料来源:干佳薇. 中国高速铁路的发展历程与展望[J]. 经济研究导刊,2014(17):31—32。

主要城市的高速铁路网。到 90 年代中期，高速铁路在经济、节能、环保等方面的优势得到了各国政府的认可，开始大力发展。

（三）中国高速铁路发展历史

1994 年，我国第一条广州—深圳准高速铁路建设成功并投入运营，其旅客列车速度为 160 公里/小时～200 公里/小时，不仅在技术上实现了质的飞跃，更主要的是通过科研与试验、引进和开发，为建设我国高速铁路做好了前期的准备，被称为我国高速铁路化的起点。

2012 年 10 月 8 日，世界上首条穿越高寒地区的高铁，也是中国东北地区第一条高速铁路——哈大高铁开始全线试运营，并于 2012 年年底正式开通。哈大高铁北起哈尔滨，南至大连，纵贯东北三省，线路全长 921 千米，从哈尔滨到大连全程仅需 4 小时左右。2012 年，我国有 1.3 万千米时速达 250 公里/小时～350 公里/小时的客运专线建成投产，以"四纵四横"为骨架的快速客运网基本形成，标志着中国铁路全面进入高速铁路时代。到 2014 年，中国高铁运营总里程达到11 028千米，居世界第一位，已成为世界上铁路发展最快、系统技术最全、集成能力最强、运营里程最长、运行速度最高、在建规模最大的国家，每天开行的动车组就有1 000多列，运送旅客约百万人次。中国用 6 年左右的时间跨越了世界铁路发达国家一般需时 30 年的历程，形成具有完整自主知识产权的高速铁路技术体系。

（四）国内高铁发展现状

2016 年，全国铁路固定资产投资完成8 015亿元，投产新线3 281公里，其中高速铁路1 903公里。

2017 年，我国计划铁路再投资8 000亿元，前 4 个月已完成投资的 19.3%。另据 BHI 不完全统计，2017 年取得新进展的高铁拟建项目共计 30 个，项目累计投资7 563亿元，涉及陕西、河北、江苏、云南等 14 个地区。

二、中国高铁的海外轨迹[①]

早在 2009 年，中国就正式提出了高铁"走出去"战略，并确定了 3 条高铁的

① 资料来源：王萧. 中国高铁的海外轨迹[EB/OL]. http://www.chinatoday.com.cn/chinese/sz/sd/201708/t20170807_800101875.html.

规划——中亚高铁、欧亚高铁和泛亚高铁。而从 2013 年以来,“中国高铁”已是国家领导人出访的新外交名片,随着国家主席习近平提出“一带一路”倡议,以及亚投行成立,基础设施的互联互通越来越受到重视,中国高铁也以前所未有的速度和广度出海,不断刷新着人们的认知。

2014 年 7 月,中国在海外承建的首条高铁土耳其“伊安高铁”全线建成通车;2016 年 1 月开始,中国第一条全系统、全产业链对外输出的高铁项目——印度尼西亚“雅加达—万隆”高铁项目顺利推进;第四届中俄博览会中国中铁股份有限公司与俄罗斯签署修建高速铁路协议;中国具有完全自主知识产权、达到世界先进水平的中国标准动车组“复兴号”正式运营……中国高铁和轨道交通“走出去”取得积极进展。

(一)雅万高铁[①]

印度尼西亚“雅加达一万隆”高铁项目是中国第一条全系统、全产业链对外输出的高铁项目,于 2016 年 1 月 21 日动工。雅万高铁从技术标准、勘察设计、工程施工、装备制造,到物资供应、人才培训、列车运营等都将采用中国标准,堪称中国高铁全系统、全产业链“走出去”的第一单。

雅万高铁将连接印度尼西亚首都雅加达和印尼第四大城市万隆,铁路全长 142 千米,设计最高时速 350 公里,计划 3 年建成通车。通车后,雅加达到万隆的时间由 3～5 小时缩短至 40 分钟左右。印度尼西亚是中国提出的 21 世纪“海上丝绸之路”的重要合作伙伴,因此雅万高铁的建设,不仅在于方便印度尼西亚民众的出行、带动沿线商业和旅游产业开发,更能促进印度尼西亚经济社会发展、推动“一带一路”倡议的设施联通、政策沟通、贸易畅通、资金融通、民心相通的“五通发展”。

印度尼西亚政府将雅万高铁列为印度尼西亚的国家战略性项目。印度尼西亚政府之所以将雅万高铁列为国家战略性项目,主要基于印度尼西亚经济腹地爪哇岛的发展现状。面积与中国安徽省相当的印度尼西亚爪哇岛,居住有1.5 亿人口,占全国 2.6 亿总人口的 57.6%,是世界上人口密度最大的岛屿之一。爪

① 资料来源:梁辉. 中国高铁“走出去”,为这个国家打通“任督二脉”[OB/OL]. http://ihl.cankaoxiaoxi.com/2018/0928/2333233.shtml.

哇岛还贡献了印度尼西亚国内生产总值(GDP)的58%。但长期以来,因交通基础设施落后,爪哇岛的人口与物流始终难以快速流动,散落在爪哇岛上的几大城市,相互之间缺乏强有力的经济纽带,难以形成相互支撑与促进的发展格局。

印度尼西亚首都雅加达与第四大城市万隆,两大城市相距仅140多公里,公路与普通铁路交通却需花费三个多个小时,如果遇到周末节假日,两地的通勤时间会更长。雅万高铁建成后,将有力促进万隆地区的体育事业,让雅加达与万隆的人员流动更加快速便捷。

印度尼西亚政府决定引进高铁项目正是基于打破爪哇岛经济发展掣肘的考虑,以实现该国经济重地的腾飞。雅万高铁不仅仅是一条高铁线路,更是一条连接雅加达与万隆两大城市之间的经济发展走廊。根据规划,中印尼雅万高铁合资公司将以公共交通为导向对项目站点及沿线土地进行开发,将高速铁路与商业、居住等建筑有机融合,实现周边空间的效益最大化。

印度尼西亚国有企业部部长苏玛尔诺曾表示,雅万高铁将令沿线地区成为新的经济增长区,还将为未来建设雅加达至泗水的高铁奠定基础。

万隆市长里德宛·卡米勒称,万隆是一个依靠商业、投资和旅游业拉动经济的服务型城市,雅万高铁的建成将为当地带来10倍于之前的客流量,对万隆的经济发展有巨大的刺激作用。“目前,没有轨道交通的万隆市年经济增长率达8.8%。”他说,“如果雅万高铁能够建成,再加上配套的轻轨交通体系,我确信经济增长率可以超过10%。”雅万高铁项目的实施将直接拉动印度尼西亚冶炼、制造、基建等配套产业发展,增加就业机会,推动产业结构升级。

自2016年1月21日印度尼西亚雅万高铁项目开工以来,虽然一路伴随着外界各种质疑声,但事实上项目一直在按照自己的节奏稳步推进。目前,雅万高铁项目征地与施工同步推进,取得重大进展。

至2018年9月,项目全线征地签约已完成76%,业主交付给工程承包方的土地约有70公里的路段,接近全线142公里的一半,预计2018年年底前完成全部征地任务。

截至2018年9月,全线22处控制性工程多数已经开工或处于准备开工状态。其中,瓦利尼隧道已经掘进100多米,100多名印度尼西亚工人在中国技术人员的带领下,正加快推进施工,计划于2019年3月实现贯通。全长1 885米的一号隧道同样处在紧张施工中。其他桥梁工程以及大型临时设施等主要工程都已经陆续开工建设。

至 2018 年 9 月,雅万高铁项目已经完成总体工程量的 5%,一旦征地全部完成,资金到位,很快就能进入全线施工阶段。

虽然以中国国内建设速度来衡量,雅万高铁项目显得进展缓慢,但相比印度尼西亚的其他建设项目,雅万高铁如此体量的重大工程,其进展在印度尼西亚已经创造纪录了。例如,日本资助印度尼西亚并合作建设的雅加达快速轨道交通项目于 2013 年开工,建设一直不温不火,预计要到 2019 年 3 月才能完工,而项目里程仅 15.7 公里,且其中相当一部分位于地下,不涉及工作难度大的征地拆迁任务。

雅万高铁项目启动以来,中印尼合作团队先后完成了高铁线路规划审批、项目建设许可、特许经营协议、线路环评、勘察设计、总承包合同、融资贷款协议等各项准备工作。这些开工建设前的各种准备,工作量巨大,中印尼双方的各种谈判协商,花费大量时间。

作为中国高铁全要素"走出去"的第一单,雅万高铁是国际上首个政府主导搭台、两国企业合作建设与管理的高铁项目,一期工程全长 142 公里,最高设计时速 350 公里,建成后的项目将具有世界先进水准,有力促进印度尼西亚经济的发展。

随着雅万高铁项目进入多点并进的施工阶段,除了征地尚未完成造成的障碍,中国承包方的施工速度还受到技术人员与设备材料不能按时到位的制约。施工期间,印度尼西亚劳工部与移民局几乎每周都到施工现场进行执法检查,查看中国工人是否具有合法的工作签证,这对中方现场施工造成一定程度干扰。相比以前,现在中国技术人员的工作签证申请时间明显延长,申请难度增大,数量限制更严格。按照当前的工作签证申请量,前来参与现场建设的中国技术人员数量远远不能满足施工需求,而印度尼西亚技术人员的培训尚跟不上进度需要。另外,因为印度尼西亚方面的限制与拖延,中方施工单位所需要的特殊设备与材料不能按时按量抵达印度尼西亚,从而影响到施工进度。

不过,虽然面临这样那样的客观制约与困难,中印尼合作团队始终对雅万高铁项目抱有信心。中印尼雅万高铁合资公司有关负责人表示,双方团队磨合得较为顺利，都在为共同的目标努力。

从技术层面，雅万高铁将为海外高铁项目竖立起一根标杆。雅万高铁采用中国标准“复兴号”动车组技术平台，并会根据印度尼西亚当地气候、线路条件以及文化与生活习惯进行量身打造。考虑到高铁沿线分布着5座火山（其中3座为活火山）的地质情况，雅万高铁采用了最新技术的地震监测预警系统，运用三级地震预报模式，根据地震等级、震中距离与震源深度，采取接触网断电、列车限速或停车等不同方式进行处理。

雅万高铁还将是中印尼两国开展铁路建设与技术研发合作的起点。印度尼西亚方面多次表达了要求中国加大技术转让力度与印度尼西亚铁路人才培养的期望。印度尼西亚有借中国技术实现自己铁路雄心的长远考虑，希望能在未来的铁道制造国际市场分得一杯羹。

（二）核心竞争力——中国标准

中国高铁这张国家名片，肩负着“走出去”的重任，背后包含了产品的性能、质量、发展速度、创新、拼搏和敢于担当精神等多种成分，其中还有一个关键因素是中国拥有完全自主知识产权，而知识产权所起到的作用就是让国家名片更加闪亮夺目。

在近年来一次次的竞标博弈中，中国高铁屡屡拔得头筹。目前中国已经制定了100多项高速铁路建设标准规范，覆盖了工务工程、通信信号、系统设备、牵引供电、客运服务、运营调度六大系统，形成了具有世界先进水平的中国高铁技术标准体系和成套工程技术。可以骄傲地说，中国高铁的自主知识产权已牢牢掌握在自己手中。

2017年6月，中国铁路行业发生了一件具有里程碑意义的“大事”：中国具有完全自主知识产权、达到世界先进水平的中国标准动车组“复兴号”正式通车。作为今后高铁“走出去”的主力军，“复兴号”持续运行时速为350公里，254项重要标准中，中国标准占了84%，是目前全球运行能耗最低的高速列车。这标志着中国高速动车组技术全面实现自主化、标准化和系列化，极大增强了中国高铁“走出去”的核心竞争力。

以前在关于中国高铁的相关报道中，出现较多的“拥有自主知识产权”，被替换成“拥有全面自主知识产权”，仅仅多了两个字，意义却大不同。回顾几年前中国高铁受到质疑之际，最多的问题就是中国能否自己设计研发并制造出拥有全面自主知识产权的动车组。而今，中国终于用实际行动打消了人们的顾虑。

而与此同时，中国铁路在输出硬件设施的同时，也输出软件设施。比如吉亚铁路开通运营时，列车乘务员、维护人员甚至司机身穿的制服跟中国国内几乎一模一样，包括乘务员的服务姿势、窗口和车票的样式和中国国内铁路如出一辙。

标准的制定非常重要，中国标准才是中国产品的核心竞争力，随着越来越多的中国标准诞生，以高铁为代表的中国产品必将在世界落地生根、开花结果，“走出去”的步伐将更加坚定自信。

（三）其他海外高铁项目

2017 年 6 月 20 日第四届中俄博览会上，中国中铁股份有限公司与俄罗斯签署了一项价值 25 亿美元的备忘录，在俄罗斯修建一条连接俄罗斯第三大城市叶卡捷琳堡和车里雅宾斯克的高速铁路。该铁路全长约 200 公里，建成后预计将使这两座城市之间的旅程从现在的 5 小时缩短至 1 小时 10 分钟。

中国铁建所属的中土集团也于 2017 年 5 月拿下了尼日利亚阿布贾城铁一期运营服务、动车组及车辆段设备采购、城铁二期工程施工等 3 个项目，合同总金额约 17.93 亿美元，约合人民币 123.74 亿元。这标志着中国铁建使用中国标准建设的西非首条城铁即将正式投入运营。

至 2017 年，中国的高铁已经在泰国、巴西、墨西哥、俄罗斯等全世界各个国家和地区开展并实现了合作，辐射非洲、亚洲、欧洲、美洲、大洋洲等区域。这些项目的顺利推进，昭示着中国高铁出海的喜人态势。中国高铁的“走出去”，不仅使中国高铁开始作为“中国速度”“中国制造”的一张名片加速走向世界，而且也为推动“一带一路”建设和国际产能合作释放出强大动能。

截至 2017 年 6 月 15 日，中国拟在建项目网 BHI 已收录中国意向/参与的海外高铁项目 14 个，涉及印度尼西亚、新加坡、俄罗斯、塞尔维亚等 12 个国家，如表 11—2所示：

表 11－2　　海外高铁项目相关信息

地区	项目名称	投资额	最新进展
新加坡	马新高铁(吉隆坡至新加坡项目)	1 236.73 亿元	2017 年 5 月 17 日，港铁有意与中铁合作竞投该项目
俄罗斯	莫斯科—喀山高铁项目	1 084 亿元	2017 年 5 月 13 日，勘察设计已完成
印度尼西亚	雅加达—高隆高铁(雅万高铁)项目	55 亿美元	2017 年 5 月 14 日，国开行与印尼中国高铁有限公司就项目签署贷款协议
泰国	中泰高铁项目	358 亿元	2016 年 6 月 13 日，泰国与中国已同意建设一条高速铁路，连同泰老边境与泰国南部
塞尔维亚	匈塞铁路项目	28.9 亿美元	2017 年 5 月 13 日，已签署塞尔维亚段的商务合同、匈牙利段的建设合同
柬埔寨	金边—西哈努克港高速铁路项目	—	2017 年 5 月 17 日，中铁十七局与柬埔寨代表签署铁路网建设谅解备忘录

三、中国高铁未来展望①

(一)更快的高铁

更快速度是铁路科技人员永恒的追求。目前，高铁速度的提升有赖于以下几种形式：

轮轨高铁。目前中国运营的高铁都是轮轨关系的高铁，最高行车速度 350km/h。根据研究试验成果推断，轮轨关系高铁的最高商业运行速度不宜超过 400km/h。其原因，一是环保节能的需要。就能耗而言，实测表明：当高铁速度 420km/h 时，其能耗相比速度 400km/h 提高 10.6%，增长迅速；就产生振动的噪音而言，速度为 420km/h，比 400km/h 提高 5%，会对高铁沿线居民造成较大影响。二是旅客舒适度的需要。速度在 420km/h 时，车内噪音比 400km/h 时上升 4%，乘客的舒适感下降，连带安全感也下降。目前，轮轨高铁实现 400km/h 运行需解决的技术难题不多，主要在于节能降噪和标准制订。

磁悬浮高铁。磁悬浮分为常导磁悬浮和超导磁悬浮，其中后者发展前景较

① 资料来源：卢春房. 中国高铁技术发展展望：更快、智能、绿色[J]. 科技导报，2018，36(6)：1—1.

好。日本正在试验建设中央新干线超导磁悬浮高铁,设计速度为 505km/h。中国也迎头直上,已进行 600km/h 磁悬浮技术的研究论证。目前,超导磁悬浮需解决的主要技术问题是:①系统研究,突破车载超导块材及其低温系统、地面永磁轨道系统、直线驱动系统三大关键技术;②工程技术研究,包括设计方法、施工技术、施工装备等;③工程试验线建设,需立项建设一条 50～100km 长的试验线,以验证和改进理论计算、设计施工方法。

低真空管道飞行列车。所谓真空管道飞行列车是高速磁悬浮技术与真空管道运行技术的结合,以解决空气阻力大、产生噪音高、能耗高等问题。研究表明,这种飞行列车最高运行速度为4 000km/h,比飞机还快。目前美国在进行研究和局部试验工作,中国拟分时速为1 000、2 000、4 000km/h 这 3 个阶段研究推进此项工作,首先研发低真空管道飞行列车。低真空管道飞行列车需解决的主要技术问题是:①系统方案研究,包括飞行列车一体化设计技术,复杂多物理场系统耦合分析技术、系统可靠性、安全性分析;②列车车体系统;③牵引动力系统;④真空管道与线路;⑤运行控制与通信信号;⑥安全防护与制动;⑦试验线路。

(二)智能高铁

所谓智能高铁,就是通过大数据、云计算、物联网等信息技术和现代通信技术的应用,实现对旅客的智能服务和智能运输。目前,高铁的智能化已有一定基础,下一步重点要解决 5 个技术问题:

旅客自决策技术。旅客只要输入目的地和时间,网上便会自动提供多个方案以供选择,且提供如何到站、进站、乘车的选择方案。

环境感知技术。进出车站、进出动车均可通过手机引导,对候车环境自适应寻找。

免检技术。进站不再排队安检,而是通过高精扫描、感应技术远距离、快速、无感觉的安检。

调度指挥自动化。应用人工智能技术,根据客流情况自动生成线路运行图;根据突发情况,自动调整运行图并提供救援方案。

智能动车。在自动驾驶的基础上,动车运行状态能自感知,故障自诊断、保证安全自决策。

（三）绿色高铁

绿色铁路包括绿色通道、节能环保和节约用地3个方面。

绿色通道：主要研究植被覆盖和恢复技术，如沙漠、石漠、干旱、高原、高寒地区的植物培育和种植养护技术；铁路取弃土（石）场的植被快速恢复技术，把高铁建成绿色长廊。

节能环保：深化研究轮轨关系和空气动力学，降低轮轨噪音和空气阻力；研究新型轨下基础，降低振动；研究新型动车，降低能耗。

节约用地：研究双层车站、双层桥梁技术，减少用地；研究临时用地高质量复垦技术，避免土地荒芜；研究平原地区地下低成本修路技术，充分利用地下空间。

“更快、智能、绿色”是高铁的发展方向，不仅符合国家的要求、人民的期望，也顺应科技发展的潮流。随着科技的快速发展，这些愿景在不远的将来都将一一实现。

案例四:合作创新项目:ZTE全球创新网络[①]

中兴通讯全称为“中兴通讯股份有限公司”,英文缩写名为“ZTE”(以下简称ZTE)。ZTE成立于1985年,是中国最大的通信设备上市公司,为全球160多个国家和地区的电信运营商和企业网客户提供创新技术与产品解决方案,是我国国际化高科技企业的代表及我国企业国际竞争力的象征。2012年,ZTE实现全年营业收入人民币842.19亿元。其中,国际市场实现营收446.63亿元人民币,占整体营收53%。ZTE已全面服务于全球主流运营商、企业网客户,并已跃居为全球第四大手机厂商。

ZTE的产品涵盖无线、核心网、接入、承载、业务、终端、云计算、能源与配套等领域,并坚持以持续技术创新为客户不断创造价值,多年蝉联PCT国际专利申请量全球企业首位。ZTE依托分布于全球(包括中国、美国、法国、瑞典、印度等地)的107个研发分支机构,通过对全球范围内组织内外部创新资源的开发、整合与利用,已逐步形成了ZTE主导的全球创新网络,通过层次分明、科学规范的创新体系和持续的研发投入,ZTE在技术开发领域取得一系列的重大科技成果,近年来年度国际专利申请量在世界范围内名列前茅,在2011年国际专利申请量更是跃居全球企业第一。

① 本案例研究中所涉信息除特别标注外,均来自实际调研或企业网站。

一、主导合作创新项目的基本现状

(一)企业内部建立全球研发网络

要进入全球市场,实现规模持续增长,伴随着产品国际化的进程,ZTE制定并遵守"与世界同步,研发一流技术"的技术战略,逐步推进并建立起遍布全球的研发网络以掌握核心技术。

目前,ZTE在全球科技和人才最集中的多个城市(如美国的新泽西、硅谷、韩国首尔、圣地亚哥等)设立了多个研发机构,这些海外研发机构的设立是其向技术创新国际化迈出的标志性一步,与国内的研发机构一起形成了全球研发体系(表11—3)。

表11—3　　ZTE的全球研发中心

国家/地区	研发中心名称	重点领域
美国	美国达拉斯研发中心	光通信
	美国新泽西研发中心	软件交换机
	美国硅谷研发中心	软件
	美国圣地亚哥研发中心	无线产品
欧洲	欧洲研究所	3G产品
	德国研发中心	通讯和测试
韩国	韩国研发中心	CDMA产品
巴基斯坦	巴基斯坦实验室	新市场开发
印度	印度研发中心	软件R&D、新市场开发
俄罗斯	俄罗斯研究院	算法研究、新市场开发
瑞典	瑞典研发中心	第三类移动通信
中国研发中心分布	深圳、南京、西安、三亚、北京、上海、成都、武汉、重庆	—

(二)主要合作企业

通过与上下游企业及竞争对手间持续建立与发展的合作创新关系,ZTE逐步建立了全球化创新合作平台。

首先,与下游企业进行合作创新。伴随着产品的流入方向,ZTE在成为多个发达国家主流电信运营商的终端供应商的同时,亦在主设备方面与它们建立了重要合作研发与创新关系,如法国电信、西班牙电信、南非电信、意大利电信、美洲移动、和记电讯、沃达丰、巴西 VIVO 等。

其次,与竞争者或同类企业建立研发联盟。ZTE 与作为同行竞争对手的多家著名跨国电信设备供应商(如思科、爱立信、高通、阿尔卡特等)建立了战略合作伙伴关系,形成研发联盟,以整合及共享跨国通信设备制造企业的技术专长和擅长的领域。如通过与爱立信的合作实现产品、成本、技术和品牌上的互补,并吸收其先进技术与研发方法;与阿尔卡特在全球范围内 CDMA 基站系统设备上实现合作研发;与高通在核心技术和芯片上进行的合作研发和产品制造大幅提升了 WCDMA 系统容量与商用性能。此外,还与英特尔、微软等企业建立了战略合作伙伴关系。

表 11—4　　ZTE 的部分合作企业及其合作创新项目

合作创新企业	合作项目 地域分布	合作领域
巴帝电信	南亚	发布首个 TD-LTE 商用网络
KPN	比利时	部署统一融合核心网
和黄电信	瑞典、丹麦	建设 LTE FDD/TDD 双模商用网
和记电讯	奥地利	部署 LTE/DC—HSPA+全国网
BK 集团	南斯拉夫	GSM 移动通信设备
Telenor	马来	部署 5000 个 HSPA+/LTE 站点
Telenor	匈牙利	LTE 网络及基站部署
Telenor UMTS	欧洲	基站
斯里兰卡 Mobitel	南亚	LTE 网络
Cell C	非洲	42Mbps DC—HSPA+900MHz 商用网络
Telefonica	西班牙	WiMAX 商用网
荷兰电信(KPN)	德国、比利时	HSPA 网络
中国香港(CSL NWM)	中国香港	打造全球首个基于 SDR 技术的 HSPA+网络
Vodafone	—	签署系统设备全球合作框架协议
美国 Sprint Nextel	—	在 WIMAX 方面进行合作

续表

合作创新企业	合作项目 地域分布	合作领域
加拿大 Telus	—	签署 3G 终端合作协议
英国 FT	—	达成长期战略合作协议，在固网接入、业务、终端领域深度合作
微软（中国）有限公司	—	签署在电信领域的战略合作备忘录
IBM	—	签署合作谅解备忘录
Hi3G	瑞典	签署战略合作协议
思科、爱立信、高通、阿尔卡特等	—	建立战略合作伙伴关系

（三）合作高校及科研机构

在国内开展与大学、科研机构的产学研合作是 ZTE 研发创新的重要途径，除此之外，还与多家东道国的大学、公共科研机构合作创新，如 2010 年与德国德累斯顿大学开展的合作研发新项目，以增加对东道国的人才和其他创新资源的引进与利用。

（四）加入相关国际组织

ZTE 已加入包括 3GPP2（The Third Generation Partnership Project 2）在内的 80 多个国际标准化组织，并获得多个领域的国际标准编辑者和起草权的席位，参与国际标准的制定。通过加入国际通信技术标准联盟，相当于将一个独立的国际技术交流网络纳入了本身主导的分布式创新网络。

（五）合作创新综合情况

纵观 ZTE 海外研发机构的区位选择与布局，发现其大部分研发机构都设立于世界通信技术的卓越研发中心，以跟踪世界通信行业技术动态及快速获取最新技术，如在光通信企业最为集聚的美国圣地亚哥设立了圣地亚哥 R&D 中心，在著名的 IT 技术研发聚集地美国硅谷设立硅谷 R&D 中心。此外，通过考察当地市场增长率，以及考虑到俄罗斯与印度分别在算法研究人才和软件研发人才的优势，在俄罗斯、印度和巴基斯坦设立了研发中心。2004 年以来，ZTE 开始将设在美国的 3 个研发中心整合成统一的平台并向达拉斯转移。

这些海外研发中心之间，及其与国内研发机构、生产单位之间都并非互不相关的孤岛,而是相互支撑、相互联系并实现知识与信息的分享与互动,从而构成了相互交织的全球化全球研发网络(徐晨,2012),如图 11－7 所示。

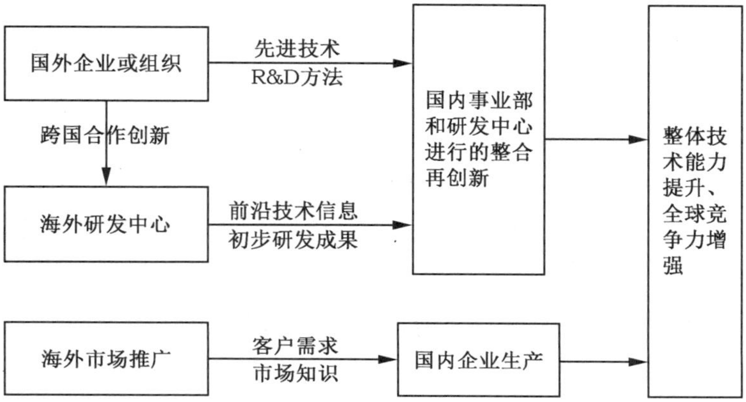

图 11－7　ZTE 的全球合作研发网络战略

二、合作创新项目的主要管理平台及措施分析

(一)文档库 DMS——知识库系统构建与管理

在文档库的结构方面,首先,设立的 DMS(Document Management System,文档管理系统)是文档管理的统一信息平台,它以统一存储、统一搜索各类文档为目的,如技术支持类文档、过程资产类文档、项目文档、技术文档、品牌文档得到整合,从而达到统一管理这些文档的目的,设有可编辑的加密空白文档模板。包含的模块有文档规范发布平台、UDM 通用文档库、PAL 资产档案库、TSM 技术支持库、BDM 品牌文档库。其中,UDM(通用文档库)是部门级文档管理系统,允许用户自定义文档分类和进行文档属性配置,继承了全文搜索和文档安全,用户高效可靠地管理部门及会议摘要、培训文档、宣传资料等文档,是库位＋类型、加密、特殊授权的文档管理模式,用户有“与我有关”和“系统管理”两级菜单选择,在“与我有关”的菜单下分为“我的文档”和“个人业务”两个二级菜单;PAL(资产档案库)中资产类型进行“红头文件”“企业制度”“企业标准”“模板”“培训资料”“最佳实践”“资源共享”及“项目化运作报告”的分类管理,且有“与我有关”“公司资产”“部门资产”“资产统计”“系统管理”等模块设

计;TSM(技术支持库)是售前商务、售后、各事业部技术类资料、知识、经验共享和统一管理的平台,是资料信息发布和获取的唯一正规渠道,分为"商务技术库""售后文档库""方案云中心"三个字库;BDM(品牌文档库)是对外品牌宣传资料的管理系统,涉及宣传口径、新闻图片、软文报道、宣传画报、广告及 VI 素材等大量信息,用户可获得文字、图片、视频、flash 等多种形式的宣传资料,更可以与资料提供者进行互动交流。

ZTE 对文档库的管理兼顾了流程、文档描述、分类及信息安全等多方面的规范。首先,规定了知识发布流程及职责分配,如知识提交者需在线登陆知识库、提交知识;产品知识专家判断是否采纳知识、编辑知识、将不采纳意见反馈给知识提交者、审核知识内容;知识管理经理负责审核是否通过知识格式规范,并设置知识权限及发布知识。其次,对知识文档质量有明确的针对性、清晰性、完整性、可操性、追溯性等描述要求;再次,为进一步方便文档管理,对文档的分类进行明确要求:文档按照业务的应用进行类别的固定划分,统一管理;类别的增加、修改、删除需得到网络中心的知识管理经理统一审核同意;内容的管理按照业务类别及产品类别进行二维分类;此外,信息管理及维护信息安全,提出了明确的信息安全要求,如:撰写的文档必须符合信息安全要求,以及保护客户的信息;对于每篇文档必须设置安全级别,针对不同的群体进行权限开放等。

综合来看,目前其知识库所具有的加密、授权等管理模式适用于全球创新网络中差异化的关系型契约及保护信息安全,对于文档及知识的描述及发布有统一明确的规范化管理。涉及节点间流动性知识的流动促进目标,对文档知识的管理尚需进一步完善,如从节点间文化及语言的差异化分布特性出发,对知识描述及管理模式做出相应优化,如多语言的匹配,及多种知识表达方式的匹配及综合利用;从节点间关系及合作模式特性出发,对权限进行跟进动态管理。

(二)ZTE 通讯学院——培训与咨询结合的 E-Learning 平台

ZTE 通讯学院成立于 2003 年 7 月,是 ZTE 股份有限公司创办的企业大学。作为 ZTE 知识服务产品的主要交付部门,ZTE 学院拥有完善的课程体系及实力雄厚的师资队伍,课程开发、专职讲师和咨询师队伍超过 150 名,并拥有一支由 ZTE 管理干部及产品研发、营销、售后等部门专家组成的实力雄厚的兼职讲师队伍。

ZTE通讯学院的使命与愿景是在全球范围内传播ZTE的企业文化和核心价值观,2015年成为卓越的企业大学。旨在向ZTE员工、客户及其合作伙伴提供专业的知识服务,助力行业发展。ZTE通讯学院在全球14个区域设置了培训中心和4个海外分部,覆盖南美、中美、北美、南亚、东南亚、中东、南非、北非、印度、埃塞、亚太、西欧、东欧和俄罗斯区域的知识服务业务。为全球近100个国家和地区,50多万名国内外客户提供过培训、咨询、评估认证和学习工具等知识服务。

ZTE认为,在未实现E-Learning管理信息化的企业中,提高工作效率、准确及时地记录E-Learning业务信息成为他们引进HR软件的主要驱动力,E-Learning市场将是HR软件的发展集中点。因此,ZTE基于自身在云计算领域的专家地位与领先的云技术平台,以及公司研发及业务的国际化、分布化特征,构建了组织自用的先进个性化E-Learning平台,并致力于开发及推行SaaS型E-Learning管理软件,将这一知识管理体系的推广与运营纳入公司的服务业务范围,构建了"学习云"网络大学。

"学习云"网络大学(企业版)解决方案针对企业员工和渠道商、代理商、供应商、外包商、客户等合作伙伴的学习和发展需求,可灵活集成在线直播系统、点播学习系统、学习管理系统、在线考试系统、协同社区系统、能力管理系统、运营支撑系统等功能模块,一站实现知识管理、学习培训、人才管理、互动交流、资质认证、学习运营等需求,以快速建立一体化、综合性的在线学习平台、渠道大学、客户网络学院。这一E-Learning平台实现方案采用电信级网络部署,满足大容量需求及流畅的用户体验,提供标准化的接口,可与企业OA办公系统、邮件系统、人力资源管理系统等实现无缝对接,拥有完善的视频保护机制,有效防止盗链、录屏、下载等,切实做到版权无忧;并无须下载安装应用程序,即点即播,方便学员学习的考试系统,降低考试成本,提高考试效率,如图11-8所示。

其具体效用体现在以下几个方面:一是打造学习生态圈,从根本上解决企业学习驱动力问题。通过学分制和积分制,把员工的学习、绩效和职业发展紧密关联起来。营造乐学乐教的学习型组织氛围,让知识自发地产生、自主地转换、有序地传播,打造富有生命力的学习生态圈。二是学习社区让非正式学习常态化。学习社区把对组织最有价值的知识从专家的脑袋里挖掘出来。学习

图 11－8 “学习云”网络大学界面(E-Learning 平台)

社区让“7－2－1”理念在工作中落地，让员工的学习与工作紧密连接起来，员工不再是为学而学，会基于工作中出现的问题，去“搜索”，去“提问”，去“分享”；还可以在“圈子”内与同行交流，享受学习分享的快乐。三是从知识管理到知识运营，ZTE 学习云将传统的知识管理，向知识运营转型。让知识的沉淀、转化和传播过程不再通过职能的冷冰冰方式驱动，而是通过“市场的手”，来检验知识的价值，彰显知识的价值，实现知识的价值转换，将企业培训部门从成本中心向利润中心转化，让企业获得可持续发展的动力，构建能力提升的有效路径。四是以任职资格为切入点，针对各类职位的能力要求，提供人才测评、通用课程体系及学习路径，方便企业快速构建自身学习发展体系(图 11－9)。

通过培训与咨询服务的形式，ZTE 将这一平台由作为企业培训部门的成本中心向利润中心转化，让企业获得可持续发展的动力，同时在创新系统中实现知识的转移与共享，是非常值得称道的。但调研发现，目前其对这一平台的运营主要以组织内部使用及客户服务为主，尚未将这一平台在以 ZTE 为主导的全球创新网络中发挥其最大的效用，从而促进其与供应链上下游企业、合作或战略联盟组织及其他合作创新组织间的知识共享及学习效率，提升其在所主导的全球创新网络中的创新效率及效益。当然，正如上文所述，全球创新网络中

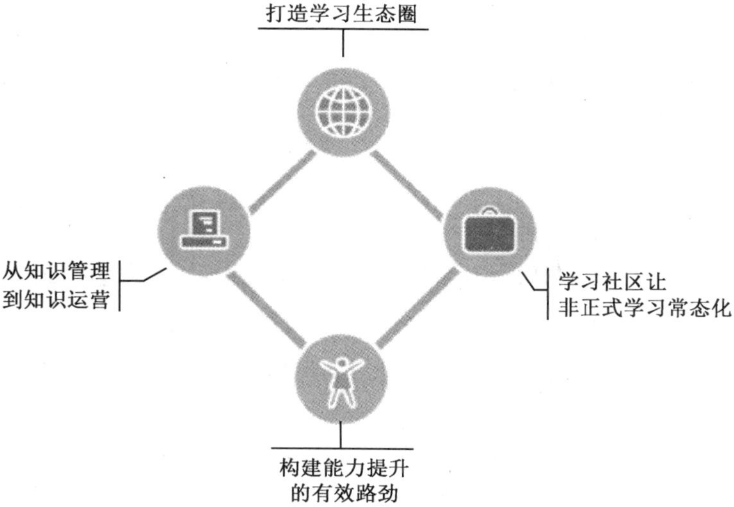

图 11—9 “学习云”网络大学的效用分布

的 E-Learning 平台与组织内的 E-Learning 平台构建在技术上无须太大突破，但在一些制度、管理、协调问题上仍存在一些挑战，需要进一步克服，并结合全球创新网络的结构、性质、领域特征进行系统化建构。

(三)多元化虚拟实践社群构建

“e 员”这一平台，在 ZTE 全球研发团队的虚拟实践及文化交流方面有举足轻重的意义。“e 员”首先有管理、评论、市场、行业、任务、图片、视频、报纸等信息板块，同时，有 BBS、EAP(Employee Assistance Program，员工帮助计划)、CSR(Corporate—Social—Responsibility，企业社会责任)等互动交流及文化传播功能板块。尤其是全国研发基地中的 BBS 板块，对员工的情绪宣泄、信息共享，甚至组织文化的形成与宣扬都发挥着重要作用。BBS 及文化的建设也是一个渐进的过程，由以前的无专业的 BBS 管理员转变到设立专门的企业文化主管(后改名为运营推进主管)岗位。另外，还有“e 家”作为员工用户生活服务平台，提供生活超市、景点门票、旅游保险等非正式的虚拟实践途径。

需要指出的是，“e 员”“e 家”这些平台是企业内全球创新网络的虚拟实践平台，虽然对于企业内部异地研发团队的虚拟实践及交流有着举足轻重的作用，但尚未设立以节点间虚拟实践及交流的平台，虽然这并不涉及技术上的突破，但依据网络及节点具体关系、结构、发展及文化特色的个性化定制是需要的。如：e员是企业员工以用户名登录，但网络虚拟实践平台则是网络创新参与者依据专门的用户名登录；以节点间的契约约定及周期为依据对用户权限及其内容、板块进行设置及动态管理等。

（四）竞合关系下的知识产权管理

2011年4月1日，ZTE与全球最大的移动网络设备制造商爱立信关于一项无线通信技术（即GSM和WCDMA）的部分技术专利许可付费协议，发生诉讼纠纷。爱立信要求其进行赔偿，并计划请求意大利、英国和德国法院制止ZTE手机或某些网络基础设施在当地的销售。

由于爱立信和ZTE都是全球排名前五的设备制造商，且又建立了战略合作伙伴关系，双方是典型的竞合关系，尤其是在创新合作过程中，这种关系机制对其合作过程中的知识流动有着重要影响，而知识产权机制则是这一影响机制的重中之重。尤其在国际标准的普遍性采用的信息通信行业，通过向其他公司支付合理的专利使用费的方式，以合法获取所需的专利技术来完成产品的开发及争取更早地进入市场，已经成为行业内的商业惯例。当然，技术积累雄厚的企业也可以通过专利交叉授权的方式来解决知识产权问题。付费和交叉授权，是业内实现知识共享并避免知识产权纠纷的主要途径。

最终，这场产权纷争得到了双方的和解，并在TD-LTE试验项目中继续双方的合作关系。以前中国企业在国际知识产权问题中往往处于“失语”状态，这一直是中国企业参与国际竞争的软肋。而此次ZTE在知识产权纠纷中敢于行使自己的话语权，运用游戏规则参与国际竞争，其做法和经验值得借鉴。

伴随着中国高科技企业核心竞争能力的日渐提高，在国际竞争中越来越多地触及他人利益，面对的知识产权纠纷也将越来越多。中国企业在全球化竞合及全球创新的过程中，尤其是在处理与竞合伙伴间的知识产权问题时，一方面应进行全球专利布局，不断积累自身核心领域的自主知识产权，以保持参与市场竞争所必需的知识产权能力；另一方面也应以开放的态度学习、遵守和运用国际知识产权规则，按照国际通行的规则来处理知识产权事务。简言之，即应攻守兼备，既需积极提升核心创新的效率及核心性，也应秉持积极友好的态度，运用法律和国际知识产权领域规则,通过协商谈判、产品合作等多种途径进行解决。

(五)会议管理系统

ZTE的会议管理系统E-meeting支持及服务于常规会议、电话会议(虚拟会议室,通过电话终端接入会议)、视频会议(可连接内外部会议电视进行视频会议)及培训会议等各种会议的预定、指南及连接。

(六)团队协作系统

ZTE的团队协作系统TeamShare则是服务于项目团队协作的信息管理平台,支持项目、项目群、任务、问题等各个模块,用户服务方面也有待办事项和团队交流的个性化功能支持。此外,还有即时协作系统IM作为项目Instant Message的支持平台。

参考文献

[1][美]杰克·吉多,詹姆斯·P. 克莱门斯著,张金成等译. 成功的项目管理[M]. 北京:机械工业出版社,1999.

[2][英]菲尔德,凯勒著. 严勇,贺丽娜译. 项目管理[M]. 大连:东北财经大学出版社,2006.

[3] Adams, J. and Campbell. *Roles and Responsibilities of the Project Managers*, PMI, 1982.

[4] Gido, Jack, James P. *Clements*, *Successful Project Management*, South-Western College Publishing, 1999.

[5] Lewis, J., *Fundamentals of Project Management*, Amacom Books, 1995.

[6]PMI Standard Committee, *A Guide to the Project Management Body of Knowledge*, PMI, 1996.

[7] RICS, *Life Cycle Costing*: *A Work Example*, London: Surveyors Publication, 1987.

[8]白思俊. 现代项目管理(上、下册)[M]. 北京:机械工业出版社,2010.

[9]毕星,邓韬. 项目管理精要[M]. 北京:化学工业出版社,2002.

[10]曾赛星. 项目管理[M]. 北京:北京师范大学出版社,2007.

[11]陈心德,吴忠. 生产运营管理(第二版)[M]. 北京:清华大学出版社,2011.

[12]戴大双. 现代项目管理[M]. 北京:高等教育出版社,2014.

[13]丁荣贵. 项目管理——项目思维与管理关键[M]. 北京:机械工业出版社,2004.

[14]段世霞,马歆. 项目管理[M]. 上海:立信会计出版社,2008.

[15]李涛,张莉. 项目管理[M]. 北京:中国人民大学出版社,2005.

[16]李涛. 项目管理[M]. 北京:中国人民大学出版社,2009.

[17]刘国靖. 现代项目管理教程[M]. 北京:中国人民大学出版社,2009.

[18]刘荔娟,李风云. 现代项目管理[M]. 上海:上海财经大学出版社,1999.

[19]刘文波. 政府创新项目立项决策的关键问题研究[D]. 同济大学博士学位论文,2018.

[20]刘新梅等. 项目人力资源与沟通管理[M]. 北京:清华大学出版社,1999.

[21]戚安邦,等. 管理学[M]. 北京:电子工业出版社,2006.

[22]戚安邦,孙贤伟. 项目管理[M]. 北京:高等教育出版社,2015.

[23]戚安邦. 现代项目管理[M]. 北京:对外经贸大学出版社,2001.

[24]伍春来,王振雨. 项目管理[M]. 北京:经济管理出版社,2004.

[25]徐莉,赖一飞,程鸿群. 项目管理[M]. 武汉:武汉大学出版社,2003.

[26]杨坤,胡斌. 分布式创新网络中节点间的知识黏滞研究——机理、管控与实例[M]. 上海:上海交通大学出版社,2015.

[27]殷焕武. 现代项目管理导论(第三版)[M]. 北京:机械工业出版社,2012.

[28]尤建新. 质量管理学[M]. 北京:科学出版社,2014.

[29]张喜征等. 项目管理[M]. 北京:清华大学出版社,2018.

[30]周三多等. 管理学——原理与方法(第四版)[M]. 上海:复旦大学出版社,2003.

三、合同签订和履行方面的风险

在建筑工程项目施工管理过程中，合同的签订和履行环节也存在着一些风险，其主要包括以下方面：

（1）存在缺陷、显失公平的合同

合同条款不全面、不完善，文字不细致、不严密，致使合同存在漏洞。如在合同条款上，存在不完善或没有转移风险的担保、索赔、保险等相应条款，缺少因第三方影响因素造成工期延误或经济损失的条款，存在单方面的约束性、过于苛刻的不平等条款。

（2）发包人资信因素

发包人经济状况恶化，导致履约能力差，无力支付工程款；发包人信誉差，不诚实守信，不按合同约定进行工程结算，有意拖欠工程款。

（3）分包方面

选择分包商不当，遇到分包商违约，不能按质、按量、按期完成分包工程，从而影响整个工程的进度或发生经济损失。

（4）履约方面

合同履行过程中，由于发包人派驻工地代表或监理工程师的工作效率低，不能及时解决遇到的问题，甚至发出错误指令等。

四、技术与环境方面的风险

建筑工程项目在施工管理过程中，存在着一些技术与环境方面的风险，其主要包括以下方面：

（1）地质地基条件

工程发包人一般应提供相应的地质资料和地基技术要求，但这些资料有时与实际出入很大，处理异常地质情况或遇到其他障碍物都会增加工作量和延长工期。

（2）水文气象条件

水文气象条件主要表现在异常天气，如台风、暴风、雨雪、洪水、泥石流、塌方等不可抗力的自然现象和其他影响施工的自然条件出现，都会造成工期的拖延和财产的损失。

（3）施工准备

由于业主提供的施工现场存在周边环境等方面自然与人为的障碍或“三通一平”等准备工作不足，使得建筑企业不能做好施工前期的准备工作，给工程施工正常运行带来困难。

（4）设计变更或图纸供应不及时

设计变更会影响施工安排，从而带来一系列问题，设计图纸供应不及时会导致施工进度延误，造成承包人工期推延和经济损失。

（5）技术规范

由于发包人没有明确采用的标准、规范，在工序过程中又没有较好地进行协调和统一，使得施工人员采用技术规范以外的特殊工艺，因而会影响工程的验收和结算。

（6）施工技术协调

工程施工过程中出现与自身专业技术能力不相适应的工程技术问题，各专业间又存在不能及时协调的困难等；由于发包人管理工程技术水平差，对承包人提出的需要发包人解决的技术问题，而发包人又没有做出及时答复。

第三节 建设工程项目施工风险管理的任务

一、施工风险管理的任务

项目施工风险管理是为了达到工程项目施工的各项既定目标，而对项目施工所承担的各种风险进行管理的系统过程，其采取的方法应符合公众利益、人身安全、环境保护及有关法规的要求。施工风险管理包括策划、组织、领导、协调和控制等方面的工作。

二、施工风险管理的工作流程

工程项目施工风险管理工作只是风险管理理论和实践方法在施工过程中的具体应用，其工作流程遵照一般风险管理的流程分为风险识别、风险评估、风险响应、风险控制四大步骤。

1. 施工风险的识别

施工过程中风险识别的任务是识别施工全过程存在的风险，其工作程序包括：

① 搜集与施工风险有关的信息。

② 确定风险因素。

③ 编制施工风险识别报告。

2. 施工风险的评估

施工过程中风险评估包括以下工作：

① 利用已有数据资料（主要是类似项目有关风险的历史资料）和相关专业方法分析各种风险因素发生的概率。

② 分析各种风险损失量，包括可能发生的工期损失、费用损失，以及对工程的质量、功能和使用效果等方面的影响。

③ 根据各种风险发生的概率和损失量，确定各种风险的风险量和风险等级。

3. 施工风险的响应

施工过程中风险响应指的是针对项目风险而采取的相应对策。

常用的风险对策包括风险规避、减轻、自留、转移及其组合等。对难以控制的风险，向保险公司投保是风险转移的一种措施。

风险对策应形成风险管理计划，它包括：

① 风险管理目标。

② 风险管理范围。

③ 可使用的风险管理方法、工具及数据来源。

④ 风险分类和风险排序要求。